Wirtschaft und Gesellschaft

Reihenherausgeber

Andrea Maurer
FB IV, Universität Trier

Uwe Schimank
Fachbereich Sozialwissenschaften, Universität Bremen

Wirtschaft und Gesellschaft ist ein wichtiges Themenfeld der Sozialwissenschaften. Daher diese Buchreihe: Sie will zentrale Institutionen des Wirtschaftslebens wie Märkte, Geld und Unternehmen sowie deren Entwicklungsdynamiken sozial- und gesellschaftstheoretisch in den Blick nehmen. Damit soll ein sichtbarer Raum für Arbeiten geschaffen werden, die die Wirtschaft in ihrer gesellschaftlichen Einbettung betrachten oder aber soziale Effekte des Wirtschaftsgeschehens und wirtschaftlichen Denkens analysieren. Die Reihe steht für einen disziplinären wie theoretischen Pluralismus und pflegt ein offenes Themenspektrum.

Herausgegeben von
Andrea Maurer, Universität Trier
Uwe Schimank, Universität Bremen

Beirat
Jens Beckert, Max-Planck-Institut, Köln
Anita Engels, Universität Hamburg
Stefanie Hiß, Universität Jena
Sighard Neckel, Universität Frankfurt am Main

Patrik Aspers

Märkte

 Springer VS

Patrik Aspers
Uppsala, Schweden

This edition is published by arrangement with Polity Press Ltd., Cambridge

Wirtschaft und Gesellschaft
ISBN 978-3-658-08779-1   ISBN 978-3-658-08780-7 (eBook)
DOI 10.1007/978-3-658-08780-7

Die Deutsche Nationalbibliothek verzeichnet diese Publikation in der Deutschen Nationalbibliografie; detail-
lierte bibliografische Daten sind im Internet über http://dnb.d-nb.de abrufbar.

Springer VS

Übersetzung: Ulrike Berger
Lektorat: Cori Antonia Mackrodt, Katharina Gonsior

Gedruckt auf säurefreiem und chlorfrei gebleichtem Papier

Springer Fachmedien Wiesbaden ist Teil der Fachverlagsgruppe Springer Science+Business Media
(www.springer.com)

Inhalt

Abbildungen und Tabellen

Vorwort

Wir alle beteiligen uns ständig am Marktgeschehen. Wir tun das, wenn wir das Auto auftanken, auf dem Weg zu einer Vorlesung einen Bagel kaufen oder entscheiden, welches Buch wir beim Internet-Buchhändler ordern sollen. Märkte sind inzwischen eine Selbstverständlichkeit; sie sind so mit unserem täglichen Leben verquickt, dass wir kaum etwas machen können, ohne an ihnen teilzunehmen. Die Konfrontation mit der ökonomischen Wirklichkeit, nicht zuletzt durch die 2007 einsetzende und bis zum Abschluss dieses Buches anhaltenden Finanzkrise, rief jedoch zunehmend ins Bewusstsein, dass Märkte versagen und Turbulenzen auslösen können – aber auch, dass sie weltweit miteinander verknüpft sind. Ob wir wollen oder nicht: Die globale Marktwirtschaft betrifft uns alle.

Obwohl weder Märkte noch Forschungen über Märkte neu sind, haben das öffentliche und das wissenschaftliche Interesse an Märkten in den letzten 20 Jahren deutlich zugenommen. Mitte der 1980er Jahre entstand in den USA die ›Neue Wirtschaftssoziologie‹ und erkor bald die Märkte zu einem ihrer zentralen Forschungsfelder. Dass die Märkte ins Zentrum der öffentlichen Debatte gerieten, hat sicher etwas mit der Welle konservativer marktliberaler Politik während der Präsidentschaft des Republikaners Ronald Reagan in den USA von 1981 bis 1989 und der Regierungszeit von Premierministerin Margaret Thatcher in den Jahren 1979 bis 1990 zu tun. Wenn wir von ›Globalisierung‹ sprechen, meinen wir damit teils die weltweite Durchsetzung des Marktprinzips, teils aber auch die Herausbildung wahrhaft globaler Märkte.

In diesem Buch möchte ich die florierende sozialwissenschaftliche – und insbesondere die soziologische – Forschung über Märkte vorstellen und erörtern. Das Buch bietet einen systematischen Überblick über die wichtigsten Themen der wissenschaftlichen Debatte über Märkte und möchte den Lesern so viele Details vermitteln, dass sie Studien über reale Märkte verstehen und selbst durchführen können.

Wir haben täglich mit Märkten zu tun, aber die Alltagsbegriffe, mit denen wir sie beschreiben – beispielsweise Konsumentenmärkte, Produzentenmärkte, Business-to-Business-Märkte oder Arbeits-, Finanz-, Welt- oder Monopol-»Märkte« – sind zum Verständnis der Marktprozesse wohl kaum optimal. Diese verschiedenen Präfixe für Märkte sind ad hoc entstanden – gebraucht werden aber theoretisch begründete Unterscheidungen zwischen Typen von Märkten. Eine zentrale Frage für uns ist also, welche Arten von Märkten es gibt und nach welchen Kriterien man Märkte unterscheiden sollte. Wir möchten auch wissen, wie Märkte miteinander zusammenhängen und einander beeinflussen. In der Literatur werden darüber hinaus die Voraussetzungen und Folgen von Märkten diskutiert; dabei bleibt aber unklar, was allen Märkten gemein ist und was die diversen konkreten Märkte, die wir erleben und beobachten, unterscheidet.

Mit diesem Buch möchte ich nicht nur einen Literaturüberblick bieten, sondern auch einen soziologischen Zugang zum Thema Märkte. Das Buch soll zweierlei leisten. Es soll, erstens, systematisches und analytisches Wissen über Märkte generieren und, zweitens, einen Ansatz zum Verständnis und zur Erklärung von Märkten bieten.

Systematisches und analytisches Wissen über Märkte ist auch die Voraussetzung für eine Beteiligung an der breiteren gesellschaftlichen Debatte über die ›Marktgesellschaft‹ und den Kapitalismus. Analytisch gesehen ist es ziemlich paradox, dass so viel über Marktgesellschaft und Kapitalismus geschrieben wird, ohne dass man deren zentrale Institutionen, die Märkte, definiert oder ihnen genügend – theoretische oder empirische – Aufmerksamkeit schenkt.

Es gehört zu den zentralen Prämissen dieses Buches, das wir von Märkten statt von *dem* Markt reden sollten. Im gesellschaftlichen Leben sind wir mit Märkten konfrontiert – ›der Markt‹, etwa der ›einheitliche Binnenmarkt‹ der EU, ist aber nirgends in Sicht. Um das zu verdeutlichen müssen wir zeigen, was Märkte sind und wie verschiedene Märkte funktionieren. Dafür schlage ich eine alle Märkte umfassende Definition vor: Ein Markt ist eine soziale Struktur für den Austausch von Rechten, in dem Angebote bewertet und mit Preisen versehen werden und miteinander konkurrieren.

Generell plädiere ich in diesem Buch dafür, Märkte als eine elementare Form der Koordination zu betrachten. Damit folge ich dem von Simmel gewiesenen Weg, soziale Einheiten und Beziehungsformen herauszuarbeiten, die in verschiedenen gesellschaftlichen Sphären zu beobachten sind. Betrachtet man Märkte als eine Form der ökonomischen Koordination, heißt das, dass man sie auch mit anderen ökonomischen Koordinationsformen, so vor allem mit Hierarchien (Organisationen) und Netzwerken, vergleichen kann.

Eine für die Definition von Wirtschaft folgenreiche Kernaussage dieses Buches ist, dass wirtschaftliches Handeln seinem Wesen nach soziales Handeln ist. Ich halte es für essentiell, anstelle des ökonomischen Menschen den Menschen als soziales Wesen in den Blick zu rücken, statt, wie schon so viele Sozialwissenschaftler, den *homo oeconomicus* mit Fleisch und Blut ausstatten zu wollen.

Ich wende mich im Folgenden einigen zentralen Ideen zu, die in manchen zeitgenössischen Texten über Märkte zwar berücksichtigt, aber als Selbstverständlichkeiten behandelt werden. Statt bloß einen Überblick über die vorhandene Literatur zu geben, konzentriere ich mich daher zunächst auf die Argumente in den ursprünglichen Quellen und beziehe sie dann auf neuere Denker. Um Komplexität zu reduzieren, versuche ich, die zentralen Argumente vorzustellen, ohne mich in Details zu verlieren. Einzelheiten, die zur Erklärung und Erörterung wichtiger Punkte notwendig sind, werde ich aber nicht übergehen.

Dieses Buch bietet eine Art Landkarte, mit deren Hilfe man verschiedene Ansätze nach der Art der von ihnen betrachteten Märkte sortieren kann, statt nach den in der Wirtschaftssoziologie gebräuchlicheren kulturellen, strukturellen (Netzwerk) oder Organisationsgesichtspunkten.

Ich verarbeite und präsentiere in diesem Buch einen großen Teil der sozialwissenschaftlichen Forschung über Märkte. Dabei betrachte ich das Material allerdings in einer besonderen Perspektive. Obwohl genau das die Aufgabe des Autors ist und in seiner Verantwortung liegt, ist kein Autor eine »Insel« – »ich« wird daher im Folgenden durch »wir« ersetzt.

Danksagung

Das Buch entstand großenteils in Deutschland, am Max-Planck-Institut für Gesell-schaftsforschung in Köln. Einige Teile habe ich in Schweden geschrieben, wo ich als Professor für Mode-Management am Department of Sociology und in SCORE – beides Einrichtungen an der Universität Stockholm – arbeite.

Alle wissenschaftlichen Interpretationen wurzeln in den Lebenswelten von Wissen-schaftlerinnen und Wissenschaftlern – egal, wie viele Bücher sie geschrieben haben. Unser Wissen über Märkte ist von unserem täglichen Agieren auf Märkten beeinflusst. Für den wissenschaftlichen Blick auf die Wirklichkeit genügt das allerdings nicht. Alles was ich weiß – und wie viel das wert ist, müssen Sie als Leser beurteilen – habe ich durch Lektüre und durch Gespräche mit Kollegen in aller Welt gelernt. Die natürlichste Dis-kussionsarena war die Forschungsgruppe über Märkte am Max-Planck-Institut für Ge-sellschaftsforschung in Köln. Die Forschungsgruppe wurde 2005 gegründet, und ich war von Anfang an dabei. Diese Gruppe und ihre Arbeitsergebnisse sind eine wichtige Quelle der hier präsentierten Befunde. In der Diskussion mit vielen Gruppenmitgliedern, so mit Jens Beckert, Philipp Gerlach, Thorsten Kogge, Mark Lutter, Guido Möllering, Sascha Münich, Geny Piotti, Irene Troy, Raymund Werle und Frank Wehinger, wurden wesent-liche Fragestellungen dieses Buches entwickelt. Lehrreich für die Entwicklung wichtiger Ideen war auch ein Graduiertenseminar der Oslo Summer School (an der Universität Oslo) im Jahr 2008; dasselbe gilt für Kommentare von Risto Heiskala.

Alexander Dobeson hat einen wertvollen Input für den historischen Teil des Buches geliefert. Sebastian Kohl war an Forschungen über einige der behandelten Gegenstände beteiligt. Die anonymen Gutachter und meine Herausgeber bei Politiy Press, Jonathan Skerrett und Emma Longstaff, sowie Helen Gray, die Lektorin, haben mir bei der Ver-besserung des Buchs geholfen.

Finanziell wurde meine Arbeit an diesem Buch unterstützt vom Max-Planck-In-stitut für Gesellschaftsforschung, von der Universität Stockholm – vom Department of

Sociology und SCORE mit dem Forschungsstipendium für Organisation und Märkte (M2007-0244:1-PK) des Riksbankens Jubileumsfonds – und von dem Forschungsstipendium (2009-1958) des Swedish Research Council, VR (Schwedischer Forschungsrat).

Dass Märkte in der Wirtschaftssoziologie ein entscheidendes Thema sind, habe ich von Richard Swedberg gelernt. Was er gegeben hat, kann nie zurückgegeben, sondern nur weitergereicht werden. Ich widme dieses Buch Richard, meinem lieben Freund und Lehrer.

Die letzte Überarbeitung dieses Buches habe ich in einem kleinen Dorf an der schwedischen Ostküste vorgenommen, wo man auch die soziale und wirtschaftliche Bedeutung anderer ökonomischer Koordinationsformen deutlicher sehen kann.

Patrik Aspers, Axmarby, den 20. Juni 2010

Wenn Leute gefragt werden, wie viel Alkohol sie in der letzten Woche konsumiert haben, unterschätzen sie ihren Konsum regelmäßig. Das tun sie nicht etwa wegen der direkten Wirkung des Alkohols, sondern weil sie gewöhnlich einige der Trinkgelegenheiten deren Alltäglichkeit wegen vergessen. Könnten Sie korrekt antworten, wenn man Sie fragte, in wie viele Märkte sie in der vergangenen Woche verwickelt waren? Die Antwort hängt zwar davon ab, was wir unter einem ›Markt‹ verstehen, aber wir sind uns vermutlich einig, dass es viele sind – und von denen werden Sie sicher einige auslassen.

Obwohl es Märkte nicht seit Beginn der menschlichen Geschichte gibt und ein erheblicher Teil des sozialen Lebens außerhalb von Märkten stattfindet, wird es kaum jemandem entgangen sein, dass Märkte in unserem Alltagsleben zentral sind. Wenn Sie in Großbritannien, Deutschland, China oder den USA leben, sind Sie und ihre Tätigkeiten in Märkte eingebunden. Kinder werden in eine Lebenswelt hineingeboren, in der man Märkte für selbstverständlich hält. Nicht lange, und sie spielen ›Kaufladen‹. Märkte haben mit der Zeit andere Lebensbereiche durchdrungen, wie sich etwa an der Einführung der Lebensversicherung und den begleitenden Märkten zeigt. Dieses Eindringen von Märkten in viele Lebenssphären bedeutet, dass wir Wahlmöglichkeiten haben, aber auch, dass wir wählen *müssen*. Märkte haben Wohlstand geschaffen, aber sie sind auch mitverantwortlich für Wirtschaftskrisen. Sehen wir uns zunächst einmal an, wie Märkte miteinander zusammenhängen.

Märkte, nicht Markt

Märkte kommen nicht vereinzelt vor, sondern zu mehreren. Der Grund dafür ist, dass Märkte in einander eingebettet sind. Beginnen wir mit einem speziellen, uns allen vertrauten Konsumgütermarkt, und sehen wir, wohin uns das führt. Wenn Sie in einem örtlichen Geschäft eine Hose kaufen, konkurriert der Betrieb, von dem Sie die Hose kaufen, mit anderen Modegeschäften, indem er Angebote zu unterschiedlichen Preisen, und unterschiedlicher Qualität sowie in verschiedenen modischen Stilen macht. Das Geld, das Sie für den Kauf bezahlen, wird von Ihnen, vielleicht per Kredit- oder Lastschriftkarte, dem Betrieb übertragen, der die Hose verkauft. Die Karte wird von einer Bank ausgestellt, und Banken konkurrieren mit anderen Banken um die Spar- und Einlagenkonten der Kunden, aber auch um das Kapital, das sie für die Kreditvergabe an Kunden und Unternehmen brauchen. Die Bank hält Geld, das vom Staat emittiert und in Devisenmärkten weltweit rund um die Uhr gehandelt wird. Die Plastikkarte wird von einem Unternehmen ausgegeben, das im Wettbewerb mit anderen Firmen den Banken seine Dienstleistungen anbietet. Betriebe, die Arbeitskräfte beschäftigen, brauchen Kapital für den Start, für Investitionen sowie für die Kreditvergabe und können sich dafür in verschiedenen Märkten für Kapitalanlagen engagieren. Die Produktion von Bekleidung ist heute zudem eine globale Angelegenheit und wird hauptsächlich auf Märkten koordiniert, deren Abnehmerbetriebe in anderen Ländern angesiedelt sind als die in Ländern mit deutlich niedrigeren Lohnkosten produzierenden Lieferbetriebe.

Obschon es möglich wäre, kontrolliert keine Firma im Bekleidungsbereich die gesamte Produktionskette, zu der etwa auch die Verpflegung der Arbeiter sowie Leistungen vieler anderer nicht direkt in die Bekleidungsproduktion involvierter Lieferanten gehören. Die Beziehung zwischen dem Modegeschäft und den es beliefernden Hosenherstellern ist für den ganzen Markt typisch: Die Käufer sitzen in entwickelten Ländern und die Hersteller produzieren, über den ganzen Globus verteilt, in weniger entwickelten Ländern. Die Wettbewerber eines Herstellers in Indien können Betriebe im gleichen Gewerbegebiet aber auch Produzenten in China oder Mexiko sein.

Der zuliefernde Herstellerbetrieb operiert auf mehreren Märkten. Er kauft auf verschiedenen Märkten Vormaterial wie Reißverschlüsse und Stoffe von Firmen oder Firmenbeauftragten. Die Güter müssen versandt und versichert werden, womit Akteure auf wiederum anderen Märkten ins Spiel kommen. Das Modeunternehmen und seine Lieferanten bewegen sich auch auf verschiedenen Arbeitsmärkten. Diese können teils global und teils völlig lokal sein; auf einigen Produktionsstufen – etwa bei den Zulieferern der Bekleidungsproduzenten oder gar bei den Zulieferern der Zulieferer – gibt es außerdem höchstwahrscheinlich Berührungspunkte mit ›informellen‹ oder ›schwarzen‹ Märkten. So hat möglicherweise der Betrieb, der die Kleidungsstücke vor dem Versand wäscht, Zulieferer, die illegale Emigranten beschäftigen.

Aufzugreifende Fragen

Wir erleben die ›Marktwirtschaft‹ täglich in direkter oder indirekter Form. Ihre Komplexität verbirgt sich allerdings oft im Räderwerk der mit einander verbundenen Märkte, Hierarchien und Netzwerke. Um diese Komplexität besser erklären und verstehen zu können, müssen wir uns mit einer Reihe konkreter Fragen befassen. Wie kommt es bei-spielsweise, dass die Verkäufer (und Käufer) an der Börse anonym, die Verkaufsschla-ger in einem Konsumgüter-Massenmarkt aber als Marke bekannt sind? Weshalb sind Märkte zur dominanten Form des Austauschs geworden und nicht etwa die Tätigkeiten von Hausierern oder auf Messen? Ist der Kapitalismus ohne Märkte zu haben? Unter welchen Bedingungen florieren Schwarzmärkte? Wieso werden einige Gegenstände auf Märkten gehandelt und andere nicht?

Um Märkte zu verstehen müssen Wissenschaftler auch einige eher theoretische Fra-gen stellen. Wie wird auf Märkten Ordnung hergestellt? Welche Rolle spielen die An-gebote, die soziale Struktur und die Kultur des Markts im Hinblick auf die Ordnung in Märkten? Wo enden Märkte? Welche anderen Formen der ökonomischen Koordination sind als Alternativen zum Markt möglich? Die übergreifende Frage ist ebenso trivial wie vertrackt: Was ist ein Markt? Wir schlagen nun eine Definition vor, auf die sich das Buch im Folgenden stützt.

Der Markt: eine Definition

Dieser und der nächste Abschnitt befassen sich mit dem, was Märkte im Kern ausmacht und obschon diese zentrale Frage schwierig ist, werden wir sie auch in den folgenden Kapiteln ausführlich und detailliert erörtern. Ein *Markt* ist eine soziale Struktur für den Austausch von Rechten, in der Angebote bewertet und mit Preisen versehen werden und miteinander konkurrieren – was ein Kürzel dafür ist, dass Akteure, seien es Perso-nen oder Firmen, über Angebote miteinander konkurrieren. Unsere Definition umfasst sowohl den Markt als Platz wie die Märkte als ›Institution‹. Auf diese Doppelbedeutung stoßen wir nicht nur bei der Betrachtung des Phänomens Markt in Kapitel 3, sondern auch bei dem lateinischen Begriff für Markt, *mercatus,* der den Handel aber auch den Platz bezeichnet. Auch ein anderer Begriff, *forum,* sei hier erwähnt. Er meint den Platz und speziell den Marktplatz. Beide Begriffe beziehen sich aber auf öffentliche Aktivitä-ten. Jeder Markt hat gewöhnlich einen Namen, der in der Regel mit dem zusammen-hängt, was dort gehandelt wird – so etwa der Markt für Militärflugzeuge; wir werden aber sehen, dass das Produkt nicht unbedingt das Ordnungsprinzip des Marktes ist. An-dere Märkte und ihre Namen hängen mit einem bestimmten Platz zusammen, so etwa der *Spitalfields Market* in London.

Diese Marktdefinition basiert, wie andere Definitionen auch, auf der Lebenswelt und ihren für selbstverständlich gehaltenen Verhaltensweisen, Institutionen und Ideen, die die verschiedensten sozialen Beziehungen verkörpern und ermöglichen. Im ersten Schritt konzentrieren wir uns aber zunächst einmal auf die den Markt bestimmenden Elemente. Erst danach nehmen wir die drei Vorbedingungen von Märkten in den Blick, die zwar ebenso notwendig sind wie die definierenden Elemente, aber im Unterschied zu diesen auf unterschiedliche Weise eingelöst werden können. Zusammen ergeben die

Definition und die Vorbedingungen von Märkten ein gutes Bild davon, was Märkte von anderen gesellschaftlichen Formationen unterscheidet.

Elemente der Marktdefinition

Im gesamten Buch betrachten wir Strukturen als Resultate menschlicher Handlungen, die ›geronnen‹ und daher im Zeitablauf relativ stabil sind. Grundsätzlich kann man von einer Struktur immer dann reden, wenn Akteure Praktiken und/oder einen kognitiven Rahmen teilen. Der Begriff Struktur trägt also der zeitlichen Erstreckung des Marktes Rechnung. Die Marktstruktur wird von den beiden Rollen des Käufers und Verkäufers bestimmt, die einander auf den beiden Seiten des Marktes gegenüber stehen. Konstitutiv für einen Markt sind daher tatsächliche, nicht bloß potentielle Transaktionen. Mit den beiden Rollen sind unterschiedliche Interessen verbunden (Swedberg 2004), nämlich »zu einem hohen Preis zu verkaufen« und zu »einem niedrigen Preis zu kaufen« (Geertz 1992: 226). Allein das Interesse der Akteure am Handel ermöglicht einen Markt (Swedberg 2003). Auf einem Markt bekommen die Akteure für das, was sie geben, etwas zurück – das macht die Beziehung von Kauf und Verkauf aus. Kennzeichnend für einen Markt ist die ›freiwillig‹ und friedliche Interaktion (Weber 1922: 383; 1968: 17); dies folgt aus der Anerkennung der Eigentumsrechte – das heißt einer Form des Eigentums, die auf der Festschreibung von Nutzungsrechten (Carruthers und Ariovich 2004: 30) beruht. Die von den Akteuren getauschten Eigentumsrechte müssen anerkannt werden; geschieht das nicht, haben wir es mit Raub zu tun, sofern eine Partei sich einfach alles nimmt, oder mit einer Schenkung, wenn jemand etwas gibt, ohne etwas dafür zu bekommen. Eigentumsrechte müssen ferner bei allen Arten von Handel und nicht nur beim Handel auf Märkten durchsetzbar sein – das erleichtert den Handel (North 1990).[1]

Mit der Anerkennung von Eigentumsrechten wird keineswegs der Kampf geleugnet (Simmel 192: 216–32; Weber 1978), der mit dem »Feilschen und Aushandeln« (Marshall 1961: 453) unter Käufern und Verkäufern (Swedberg 1998) auf dem Markt verbunden ist, und auch nicht die Rivalität der auf derselben Marktseite operierenden Akteure (Simmel 1955: 57). Reine Markttransaktionen haben – anders als die offenen und zukunftsorientierten Netzwerkbeziehungen – ein klares Ende (Powell 1990). Austausch auf Märkten ist eine freiwillige Form der ökonomischen Koordination, in der die Akteure eine Wahl haben: Sie können sich bei allen als legitim betrachteten Warenangeboten dafür oder dagegen entscheiden, sie zu dem angebotenen Preis zu handeln, zu verkaufen oder zu kaufen. Wenn früher ein Sklavenhändler einem anderen auf einem Sklavenmarkt Sklaven verkaufte, haben wir es, so schrecklich das klingt, ebenso mit einem Markt zu tun wie bei den Kindern, die entscheiden, welchen Lutscher sie im Supermarkt kaufen wollen. So lange die Eigentumsrechte und das Recht, Handel zu betreiben, legitim sind und vom Staat oder einer anderen sanktionsfähigen Institution – zumindest den Inhabern der Rechte – garantiert werden, kann ein Markt existieren. Auf illegalen Märkten werden Eigentumsrechte natürlich auch mithilfe von Gewalt, Reputation und Status durchgesetzt, so etwa in den von der Mafia kontrollierten Märkten (Gambetta 1996). Eigentumsrechte sind oft in das gesellschaftliche Brauchtum eingebettet und darum normalerweise nicht umstritten (Hodgson 1988: 147–71).

Mit Hilfe dieser Begriffe wollen wir uns nun ansehen, was aus der Marktinteraktion herausfällt. Menschen können mehr oder weniger gezwungen sein, Güter, und selbst ihre Organe oder Kinder, auf einem Markt zu verkaufen. Dies berührt aber die Funktionsweise des Marktes nicht unbedingt. Es geht hier auch nicht um die Frage, ob wir es mit einem Markt zu tun haben oder nicht, sondern darum, wie Menschen durch sittenwidrige Handlungen (mit Gewalt) auf einen Markt gedrängt oder (in Erwartung von ›Wohlstand‹) von ihm angezogen werden. Die Gefangennahme von Sklaven in Afrika oder anderswo war dagegen kein Markt, da die Sklaven keine Wahl hatten. Dass der Sklavenmarkt durch freiwillige Transaktionen der Sklaveneigentümer charakterisiert ist, heißt nicht, dass die Marktteilnahme die gehandelten Sklaven erfreut. Auch auf anderen Märkten werden Menschen verkauft, so beispielsweise die in der National Hockey League oder im europäischen Fußball unter den Clubs gehandelten Spieler. Diese erhalten allerdings erhebliche Teile der Transfersummen, sind freiwillig auf diesem Markt und dürften die Bedingungen kennen.

Wir müssen daher die Frage, wie die Angebote auf dem Markt zustande kommen, von der Marktanalyse trennen. Wie schon angedeutet, müssen die auf dem Markt gehandelten Objekte nicht nur von Interesse für die Akteure sein, sondern auch, wie Zelizer und andere Autoren gezeigt haben, als moralisch legitime Gegenstände von Markttransaktionen gelten (Zelizer 1979, 1981; Healy 2006). Einige Gegenstände, wie etwa politische Entscheidungen, sind vom Handel ›ausgeschlossen‹ (Beckert 2006). Finanzmärkte, die heute im Großen und Ganzen als legitim gelten, wurden dies erst ganz allmählich; im achtzehnten Jahrhundert galten sie jenseits von Finanzkreisen nicht gerade als akzeptabel – damals »fanden Finanztransaktionen in Kaffeehäusern und den angrenzenden Straßen statt und wurden die Händler und Kunden oft von der Polizei vertrieben« (Preda 2009: 60–61). Die Legitimität von Märkten muss von ihrer Legalität oder Illegalität unterschieden werden – so wurde zwar beispielsweise der Markt für Studentenwohnungen in der ehemaligen Sowjetunion von vielen als legitim angesehen, war aber illegal (Katsenelinboigen 1977). Dass Legitimität eine Bedingung von Märkten ist, erscheint vielleicht tautologisch; wichtig ist aber, welchen Legitimitätsgrad ein spezieller Markt hat – einige Schwarzmärkte werden unter bestimmten Bedingungen von vielen, und unter anderen Bedingungen von wenigen Menschen akzeptiert; darauf kommen wir in Kapitel 7 zurück, in dem die Schaffung von Märkten behandelt wird. Abschließend ist zu festzustellen, dass die Koordinationsform Markt an sich keinerlei Güter oder Dienstleistungen ausschließt. Es gibt aber ›schwarze‹ oder illegale Märkte, das heißt Märkte, auf denen Gegenstände gehandelt werden, die zu handeln illegal ist.

Handel und Märkte

Jeder Austausch auf Märkten ist Handel, aber nicht jeder Tausch findet auf Märkten statt. Im Unterschied zum Handel, der zwischen zwei, verschiedene ›Rechte‹ austauschenden, Parteien stattfinden kann, sind Märkte durch zwei weitere Elemente, nämlich Austauschbarkeit der Käufer- und Verkäuferrollen sowie Wettbewerb, charakterisiert.[2] Zu Rollen gehört die Auswechselbarkeit von Verkäufern und Käufern. Anders als beim Handel muss daher bei einem Markt zumindest eine der beiden Seiten – Käufer oder Verkäufer – aus zwei oder mehr Akteuren bestehen. Die Mindestteilnehmerzahl für einen Markt ist also drei; erst ab drei Akteuren können wir von Rollen sprechen. Nur dann kann man ihre Angebote vergleichen. Vergleichen ist allerdings für einen Markt nicht genug. Definitionsgemäß kann man von einem Markt nur sprechen, wenn auf einer Seite wenigstens zwei Angebote (Parteien) miteinander um den Tausch mit der anderen Seite konkurrieren. In diesem Selektionsprozess werden die konkurrierenden Angebote so bewertet, dass sie miteinander verglichen werden können. Wettbewerb ist eine Beziehung zwischen zwei oder mehr Akteuren, die alle ein Ziel verfolgen, das sie nicht miteinander teilen können.[3] Wichtig ist, dass Wettbewerb der dritten Partei dient, die seine Vorteile genießt – dem *tertius gaudens*. Dieser Dritte, beispielsweise ein einziger Käufer, der zwischen konkurrierenden Verkäufern wählen kann, profitiert vom Wettbewerb und nicht die Wettbewerber (Simmel 1955: 154–162). Abbildung 1.1 illustriert den Unterschied zwischen Handel und Markt.

Der Unterschied zwischen Handel und Markt, beides Fälle von ökonomischem Austausch, deutet darauf hin, dass die bereits erwähnte Konnotation von ›Markt‹ mit etwas ›Öffentlichem‹ oder Transparentem wichtig ist. Wettbewerb kann entweder öffentlich oder geheim sein. Der *Tertius gaudens*-Käufer benutzt möglicherweise seine überlegene Position dazu, zwei oder mehr Anbieter öffentlich miteinander konkurrieren zu lassen, damit Beteiligte und Dritte davon erfahren; das Ganze kann aber auch geheim sein, sodass kein Akteur außer dem *Tertius gaudens* von der Konkurrenz unter den Anbietern erfährt. Wenn ferner eine Seite, etwa ein einziger Verkäufer, dem einzigen Käufer wahrheitswidrig sagt, es gebe einen weiteren Käufer, haben wir einen ›Quasi-Wettbewerb‹, da dies möglicherweise den einzigen Käufer zur Offenlegung des Wertes veranlasst, den er dem Produkt in einem ›realen‹ Wettbewerb beimessen würde. In manchen Fällen, so beispielsweise bei der sogenannten Doppelauktion an der Börse, gibt es auf einem Markt sowohl Wettbewerb zwischen den Verkäufern als auch zwischen den Käufern.

Öffentliche Preise sind für die Markttransparenz sehr wichtig, und die Herstellung von Transparenz durch den Markt ist ein wichtiger Aspekt seiner Koordinationsfunktion. Konkurrenz lässt sich nicht auf den Preiswettbewerb zwischen homogenen Gütern reduzieren – der ist bloß ein Spezialfall. Der Wettbewerb kann auch auf Innovation beruhen, wie bei Schumpeter (Nelson 2005: 9), oder auf praktisch allen wahrnehmbaren Merkmalen des Angebots, so etwa auf Qualität, Service oder Stil (Chamberlin 1953).

Abbildung 1.1   Handelsbeziehungen und Marktbeziehungen als zwei Formen von ökonomischem Austausch.

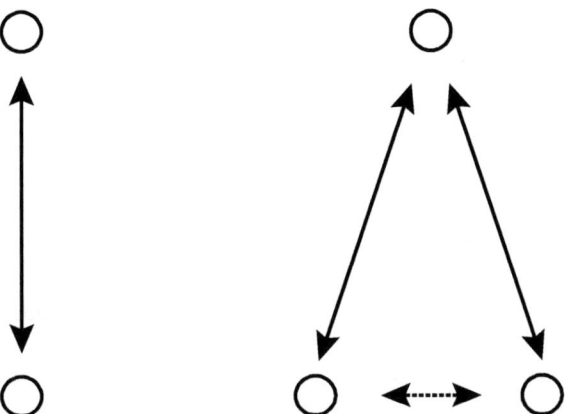

Anmerkung: Die Kreise stellen die Akteure dar, die Pfeile die Beziehungen zwischen ihnen.

Vorbedingungen der Marktordnung

Wir haben bisher die wesentlichen Merkmale von Märkten beschrieben und auf diese Weise umrissen, was ein Markt ist. Damit ein Markt geordnet ist und man wirklich von einem Markt reden kann, müssen außerdem drei Vorbedingungen erfüllt sein. Wir behandeln sie separat, weil jede von ihnen empirisch auf unterschiedliche Weise eingelöst werden kann: entweder aktiv, durch organisierte Koordination, oder passiv, in Form einer emergenten Ordnung. Zu den Vorbedingungen für einen Markt gehört, erstens, dass klar ist, was auf dem Markt gehandelt wird, zweitens, dass es Regeln dafür gibt, was auf einem Markt getan wird und was nicht, sowie, drittens, dass die gehandelten Angebote auf dem Markt einen ökonomischen Wert erhalten. Diese drei Marktbedingungen werden in Kapitel 4 ausführlich erörtert.

1) *Was auf dem Markt gehandelt wird.* Menschliche Organe werden nicht auf dem gleichen Markt verkauft wie Autos. Kleidungsstücke werden in wieder einem anderen Markt verkauft. Das bedeutet, dass ›Dinge‹, die man als ähnlich wahrnimmt, auf dem ›gleichen‹ Markt gehandelt werden.
2) *Wie auf dem Markt normalerweise agiert wird.* Die zweite Voraussetzung hat etwas mit der Kultur eines Marktes zu tun. Wir definieren Kultur als die Überzeugungen, Normen, ›Werkzeuge‹, Regeln und Verhaltensweisen – beispielsweise Diskurs und Praxis –, die in einem bestimmten Bereich üblich sind. Das soll heißen, dass der institutionelle Rahmen unterschiedlich sein kann, auch bei Märkten, auf denen es ›um das Gleiche geht‹; so können beispielsweise zwei Märkte, auf denen Aktien des

gleichen Unternehmens gehandelt werden, unterschiedliche institutionelle Rahmen haben.

3) *Der Wert des Angebots.* Wenn die Akteure wissen, was gehandelt wird, kann und muss der ökonomische Wert des Gutes bestimmt werden. Das ist auf unterschiedliche Weise möglich, so etwa in verschiedenen Arten von Auktionen (Smith 1989) oder auf Märkten wie Lebensmittelgeschäften, auf denen die Verkäufer Lebensmittel zu festen Preisen anbieten und die Konsumenten dann auf diese Preise reagieren können.

Wenn die definierenden Elemente von Märkten gegeben und die drei Vorbedingungen erfüllt sind, haben wir es mit einem geordneten Markt zu tun. Nur beim Vorhandensein einer Ordnung kann man von einem Markt reden. Ordnung befähigt die Akteure zur Überwindung von Ungewissheit (Beckert 1996; White 2002b: 1). Das Ordnungsproblem ist allerdings auf jedem bestehenden Markt bereits gelöst (Luhmann 1981). Die Ordnungsproblematik hat sowohl für Soziologien (zum Beispiel Aspers 2010, Beckert 2009b) wie für Ökonomen höchste Bedeutung. Ein Unterschied zwischen den beiden ist allerdings, dass Soziologen Ordnung überwiegend als Resultat von Werten oder sozialen Strukturen ansehen und beispielsweise die moralische Ordnung in den Blick nehmen (Durkheim 1984), während Ökonomen vor allem die in evolutionären Prozessen entstehenden Gleichgewichte betrachten (Nelson und Winter 2002). Soziologisch gesehen ist Ordnung das Grundproblem, was natürlich bedeutet, dass es auch in der Wirtschaft zentral ist. Die Entstehung von Gleichgewichten ist, wie wir zeigen werden, nur eine bestimmte Form der Herstellung von Ordnung, und das deutet darauf hin, dass die soziologische Fragestellung grundsätzlicher ist als die ökonomische (oder: als die der Ökonomen?). Die Letztere ist enger und kommt mit einem vollständigen Set von Prämissen daher, die beispielsweise viele kleine Akteure, homogene Produkte oder den freien Marktzugang und -austritt beinhalten.

Überblick und Gliederung des Buches

Das erste Kapitel gibt einen Überblick über diverse theoretische Konzepte, die dann in den nachfolgenden Kapiteln eingehender erörtert werden. Ausgangspunkt jeder seriösen Auseinandersetzung mit Märkten ist eine Marktdefinition – das ganze weitere Buch wird auf unserem Marktbegriff und dem entsprechenden Begriff von Identitäten auf Märkten aufbauen. In den folgenden Kapiteln präsentieren wir den soziologischen Unterbau und Ausgangspunkt einer Ökonomik sowie, ausführlicher, einer Soziologie der Märkte.

Alle Kapitel beginnen mit einer Einleitung, die an das oder die Kapitel zuvor anknüpft, und enden mit einem Resümee. Am Ende des Buches präsentieren wir unsere Ergebnisse und schlagen eine Reihe von Fragen für das Studium der Märkte sowie zusätzliche Forschungsgebiete vor.

In Kapitel 2 befassen wir uns auf Basis der zuvor erstellten Definitionen mit dem ökonomischen Hauptproblem, der Produktion und Konsumtion unter Ungewissheit, und versuchen zu zeigen, wie es von verschiedenen Koordinationsformen – Märkten, Hierarchien und Netzwerken – gelöst werden kann. Dabei vergleichen wir Märkte mit anderen Formen der ökonomischen Koordination und klären auf diese Weise, was Märkte sind und was nicht. Kapitel 2 behandelt außerdem die Expansion von Märkten zuungunsten anderer ökonomischer Koordinationsformen. Kapitel 3 befasst sich eingehender mit den die Märkte bevölkernden Akteuren und stellt zudem mit einem Exkurs zur Geschichte der Märkte und der Marktwirtschaft die Märkte in einen weiteren gesellschaftlichen Kontext. Im vierten Kapitel treffen wir einige wichtige marktbezogene Unterscheidungen. Die wichtigste bezieht sich auf die Wurzeln der Marktordnung. Die Ordnung kann entweder in den Angeboten wurzeln oder in der sozialen Struktur, wobei die realen Märkte jedoch in der Regel aus einer Kombination beider hervorgehen. Kapitel 4 befasst sich mit den Menschenbildern, die den wesentlichen Markttheorien zugrunde liegen, führt die Differenz zwischen Statusmärkten und Standardmärkten sowie zwischen Märkten mit und ohne Rollenwechsel ein und diskutiert schließlich Monopolmärkte und andere Formen von Märkten. Dabei werden die wichtigsten Arten von Märkten herausgearbeitet. Die Unterscheidungen in Kapitel 4 bilden die Grundlage für eine eingehende Erörterung von Märkten in den Kapiteln 5 und 6. Kapitel 5 widmet sich Märkten, auf denen die gehandelten Waren etabliert sind; diese Märkte werden Standardmärkte genannt und wir werden zeigen, dass sich genau auf diese Märkte das neoklassische Standardmodell bezieht. Kapitel 6 spiegelt Kapitel 5, konzentriert sich aber auf Märkte, in denen die jeweiligen sozialen Strukturen etablierter sind als die Marktangebote. In Kapitel 7 geht es um die Frage, wie Märkte geschaffen werden. Der Schluss, Kapitel 8, gibt ein Resümee, blickt aber auch nach vorn und diskutiert Forschungsgebiete sowie Methoden zur Erforschung von Märkten.

Koordination in der Wirtschaft 2

Das erste Problem für menschliche Wesen war nicht, wie sich auf einem Markt verhalten, sondern, wie überleben. Um zu überleben mussten unsere Vorfahren sammeln, jagen, Nachwuchs zeugen, Unterkünfte bauen und sich, allgemeiner, sowohl vor der Umwelt schützen als auch ihre Ressourcen zu nutzen lernen. Im Laufe der Zeit kultivierten sie die Umwelt im Dienste ihre Bedürfnisse. Diese Kultivierung schließt natürlich auch die Menschen selbst und das soziale Leben ein. Die historische, soziologische und anthropologische Forschung bietet umfassende Informationen über die im weitesten Sinne kulturelle Variation. Egal, welchen historischen Pfad wir betrachten: Es verging viel Zeit und bedurfte großer Mühen, bis die ersten ›Märkte‹ gebildet wurden, die auch nur entfernte den heute üblichen ähneln.

Die historische Entwicklung von Märkten greifen wir erst in Kapitel 3 wieder auf; hier entwickeln wir weiter die Instrumente, mit denen wir Märkte erklären und verstehen können. In diesem Kapitel geht es um verschiedene Formen der ökonomischen Koordination, das heißt um unterschiedliche Weisen, Menschen und Ressourcen auf geordnete Weise zur Produktion, Konsumtion und Distribution zusammenzuführen. Außer den Märkten dienen auch die – oft als Organisationen bezeichneten – Hierarchien sowie Netzwerke und Autarchien als ökonomische Koordinationsformen. Durch den Vergleich von Märkten mit den anderen sozialen Formationen ist leichter zu verstehen, was Märkte sind und was nicht. Im Folgenden analysieren wir zunächst die Wirtschaft und bestimmen das ökonomische Hauptproblem; im nächsten Schritt erörtern wir die verschiedenen ökonomischen Koordinationsformen, die es neben den Märkten gibt; danach erläutern wir, wie diese idealtypischen Formen miteinander – auch in der realen Wirtschaft – zusammenhängen.

Die Wirtschaft

Wir haben gesagt, dass Märkte sich in der Wirtschaft befinden, aber den Begriff Wirtschaft nicht definiert. Es ist, wie Sklair (1997) bemerkt, blamabel, dass die Neue Wirtschaftssoziologie nicht definiert hat, was Wirtschaft ist. Zur Entwicklung einer solchen Definition wenden wir uns zunächst einigen existierenden Definitionen von Ökonomie zu. ›Ökonomie‹ bezieht sich im Wortsinn auf die Verwaltung eines Haushalts, Bauernhofs oder Unternehmens; eine Definition von ›Ökonomie‹ geht auf Aristoteles, oder genauer, auf einen Text von Xenophon zurück. Xenophon schrieb seinen Text im vierten Jahrhundert v. Chr. für die ›Landedelmänner‹, die damaligen Bürger. Xenophons Text besteht aus einer Reihe von Instruktionen zur Leitung des Haushalts, geht der Frage nach, wie man ein gutes Leben führt und seine Frau und Sklaven behandelt und organisiert und befasst sich mit der landwirtschaftlichen Technologie (Xenophon 1970). Dieser Begriff von Ökonomie ist deutlich weiter als der heute übliche.

Xenophons Konzept spiegelte die Situation seiner Zeit wieder, was auch für die von Alfred Marshall etwa zweitausend Jahre später vorgeschlagene Definition gilt:

> Die Politische Ökonomie oder Volkswirtschaftslehre studiert die Menschen im alltäglichen Geschäftsleben; sie untersucht jenen Teil des individuellen und sozialen Handelns, der am unmittelbarsten damit beschäftigt ist, die materiellen Bedingungen für das Wohlergehen der Menschen zu erfüllen und zu nutzen. Sie ist somit sie auf der einen Seite eine Untersuchung des Reichtums; auf der anderen, und wichtigeren, Seite ist sie eine Wissenschaft des Menschen (Marshall 1961: 1).

Marshalls weite Definition stellt den Menschen und, indirekt, das soziale Leben in den Mittelpunkt der Wirtschaft und bezieht sich auf die Produktion, Konsumtion und Distribution des Reichtums *(wealth)*. ›Wealth‹ verweist nicht nur auf die materiellen Bedingungen sondern, seinem Wortsinn nach, auch auf ›Glück‹ und ›Wohlergehen‹.[4] Gleichwohl muss er irgendwie ›produziert‹ werden. Wie und was man *produzieren*, also tun oder hervorbringen, sollte, war das erste konkrete Menschheitsproblem. Im Verlauf von mehreren tausend Jahre machten die Menschen dabei Fortschritte, was unter anderem zu einem Bedeutungszuwachs des Konsums führte. Marshall hielt, darin Aristoteles und Marx folgend, produktive Tätigkeiten (›Produktion‹) für wichtiger als Bedürfnisse (›Konsumtion‹): »[O]bgleich in den ersten Stadien der Menschheitsentwicklung die Betätigungen des Menschen von seinen Bedürfnissen hervorgebracht wurden, ist doch später jeder neue Schritt aufwärts als die Hervorbringung neuer Bedürfnisse durch neue Aktivitäten zu betrachten, und nicht als Entwicklung neuer Tätigkeiten infolge neuer Bedürfnisse« (Marshall 1961: 89).

Das englische Wort für Bedürfnisse, ›wants‹, hat seine Wurzeln in skandinavischen Sprachen *(vänta)* und bedeutet, auf etwas zu warten, was uns fehlt und noch nicht vorhanden ist. Die aktive Lösung besteht darin, das Gewünschte (›das, worauf wir warten‹)

zu ›produzieren‹. Auf diese Weise werden unsere Bedürfnisse (›Konsumtion‹) oder was uns fehlt mit unseren Tätigkeiten (›Produktion‹) verknüpft.

Zumindest seit Lionel Robbins' Arbeit von 1935 betrachten allerdings viele Ökonomen die Volkswirtschaftslehre nicht als das Studium einer besonderen Einheit, der Wirtschaft, sondern als einen Ansatz, der dem gesellschaftliche Leben aus einem bestimmten Blickwinkel auf den Grund geht: »Volkswirtschaftslehre ist die Wissenschaft, die das menschliche Verhalten als Beziehung zwischen Zwecken und knappen Mitteln mit alternativen Verwendungsweisen erforscht« (Robbins 1935: 16). Ein anderer Ökonom, Friedrich A. von Hayek, schließt sich dieser Idee an und erklärt, dass eine Wirtschaft »aus einem Komplex von Tätigkeiten [besteht], durch die eine gegebene Menge von Mitteln nach einem einheitlichen Plan auf die konkurrierenden Ziele nach deren relativer Wichtigkeit aufgeteilt wird« (Hayek 2003: 258–259).[5] Hayeks formale Definition der Wirtschaft steht im Einklang mit der Österreichischen Schule der Wirtschaftswissenschaft, der er angehörte; Wirtschaft umfasst demnach jene Tätigkeiten, die aufgrund ihrer Wichtigkeit geschätzt werden, und er betont damit den Aspekt der ›Knappheit‹ in Relation zu den Wünschen der Akteure (Menger 1871: 79).[6] Die Handlungstheorie im Herzen der Volkswirtschaftslehre ist eine normative Entscheidungstheorie, die zu einer Prämisse über das tatsächliche Verhalten von Akteuren umgeformt zu wurde. Diese formalen Definitionen sagen mehr über die imperialistischen Ambitionen der Volkswirtschaftslehre (Stigler 1982) als darüber aus, was die Wirtschaft oder die ›Substanz‹ der Wirtschaft ist.

Die Akteure der Volkswirtschaftslehre sind zudem isolierte Atome, die ihren Nutzen zu maximieren versuchen. Tatsächlich bedeutet die von Wirtschaftswissenschaftlern entwickelte ökonomische Definition der ›Robinson-Crusoe-Ökonomie‹, dass »[d]er ökonomische Charakter der Güter […] in keinerlei Weise an die Vorbedingung der menschlichen Wirthschaft in ihrer socialen Erscheinung geknüpft [ist]« (Menger 1871: 79). Das perfekte ›ökonomische Laboratorium‹ des gestrandeten Crusoe übersieht aber, was man nicht übersehen darf – dass Crusoe in seinen Orientierungen wesentlich sozial bestimmt ist und unmöglich nicht-sozial werden kann.

Was also ist Wirtschaft? Wir verstehen unter *Wirtschaft* die Koordination der Produktion, Konsumtion und Distribution des Reichtums durch die Menschen. Genau das ist der Gegenstand der Wirtschaftssoziologie. Er impliziert, dass die Wirtschaft ihrem Wesen nach sozial und die Orientierung der Akteure an anderen (Swedberg 1999; Weber 1978) auch bei der Behandlung ökonomischer Fragen wesentlich ist. Die volkswirtschaftliche Theorie ist, wie wir in Kapitel 3 sehen werden, nur ein spezifischer Zugang zur Wirtschaft, der mit einem restriktiven Menschenbild operiert.

Erwähnenswert ist ferner, dass unsere Definition der üblichen wirtschaftssoziologischen Praxis – nämlich den soziologischen Ansatz auf die Wirtschaft anzuwenden – eine völlig andere Sichtweise gegenüberstellt. Die unselige wirtschaftssoziologische Herangehensweise beinhaltet, dass ›das Soziale‹ einfach ›dem Ökonomischen‹ hinzugefügt wird. Die Wirtschaftssoziologie übernahm, mit anderen Worten, von Anfang an die volkswirtschaftliche Sicht des Menschen, der Wirtschaft und des wirtschaftlichen Handelns. Da viele Soziologen einfach Themen wie das Gleichgewicht oder das Wesen des Marktes von der Volkswirtschaftslehre übernommen haben, ohne diese oder ihre Grundlagen, Geschichte und Etymologie ernsthaft in Frage zu stellen, bleibt der soziologische Beitrag zum Verständnis der Wirtschaft bisher hinter seinen Möglichkeiten zurück. Um Abhilfe zu schaffen, hat die Wirtschaftssoziologie es auf sich genommen, den *homo oeconomicus* wie ihn die Ökonomen nennen, mit Fleisch und Blut zu versehen.[7]

Demgegenüber betont unsere Definition, die den Menschen als soziales Wesen begreift, den essentiell sozialen Ausgangspunkt der wirtschaftlichen Tätigkeiten. Diese Definition impliziert auch, dass sozialökonomische Tätigkeiten oder ihre Folgen für die Akteure oder deren Umwelt in allen Lebensbereichen vorkommen können. Die Produktion und Konsumtion von Autos, Kunst, Lebensmitteln, und vielem anderem mehr hat selbstverständlich künstlerische, religiöse, moralische, politische und andere Aspekte, aber die Produktion von Kunst oder das Beerensammeln einer Familie im Wald sind eindeutig auch ›ökonomisch‹. Die Wirtschaft besteht aus allen diesen Handlungen. Die Produktion kann auf unterschiedliche Weise koordiniert und das Produzierte auf unterschiedliche Weise für den Konsum verteilt werden – der Markt ist also nur eine Koordinationsform unter anderen. Die Hauptsache ist aber, dass alle diese Koordinationsformen ihrem Wesen nach sozial sind. Auf die ›Marktwirtschaft‹, die folglich kleiner ist als das, was wir die Wirtschaft nennen, kommen wir später zurück. Das wird uns auch zu der zentralen Frage des Kapitalismus führen.

Das ökonomische Grundproblem

Überleben war früher das drängendste Problem für die Menschheit und für manche Menschen ist es das – etwa bei einer Erdbeben- oder Flutkatastrophe – auch heute noch. Unter Überleben verstehen wir hier jedoch durchweg das Überleben der Identität von wirtschaftlichen Akteuren.[8] Es ist unwahrscheinlich, dass jemand, der Bankrott macht, daran stirbt – wenngleich Durkheim (1992) in einer frühen Phase den wirtschaftlichen Zusammenbruch für einen Selbstmordgrund hielt. Ein Unternehmen, das in Konkurs geht, hört auf zu existieren, was bedeutet, dass diese wirtschaftliche Einheit – die Firma mit ihrem Namen – nicht überlebt. Obwohl heute das Überleben von Menschen selten bloß vom Markt und nicht einmal vom wirtschaftlichen Wohlstand abhängt, zeigt schon der Blick auf Unternehmen, die in wirtschaftlichen Krisenzeiten um ihr Überleben kämpfen, dass Überleben immer noch das Hauptproblem ist.

Um ihre Umwelt zu kultivieren mussten die Menschen sie begreifen, und sie haben durch Deutungsversuche und ›Theorien‹ über die Welt, in der sie lebten, Ordnung geschaffen. Die ersten Deutungen beruhten auf ›religiösen‹ Ideen, die Naturkatastrophen, wie Dürreperioden, Blitzeinschlag oder Schneestürme, ›erklären‹ konnten. Später wurden die Naturwissenschaften entwickelt, um mit ihrer Hilfe die Welt zu deuten, und in jüngerer Zeit hat man ökonomische Ideen zur Interpretation aber auch Veränderung der Wirtschaft benutzt.

Im Lichte dieses allgemeinen Überlebensproblems – und der dafür erforderlichen Verbesserung der Prognosequalität – müssen wir andere, konkretere, ökonomische Ordnungsprobleme betrachten. Der Farmer, der im Frühjahr Saatgut auf seine Felder ausbrachte, nahm an und hoffte, dass die Ernte im Herbst für die Ernährung seiner Familie ausreichen werde. Für das kommende Jahr brauchte er ebenfalls Saatgut und vielleicht auch höhere Erträge – unter Umständen gab er darum das Saatgut jemandem, der es verbessern sollte, oder tauschte es gegen Schafe oder verkaufte es, wenn Gelegenheit dazu war, auf dem Markt.

Die Erträge von Farmern hängen von der Umwelt ab. Für einen Farmer ist die Kenntnis der Umweltbedingungen, zu denen das Wissen um den Wert des Outputs für die Familie und um die Prozeduren von Kauf, Verkauf und wohl auch Verhandeln gehören, ein Teil seines Erfahrungs- und Wissensschatzes. Wenn seine – physische oder soziale – Umwelt, etwa in Gestalt des Wetters oder der rechtlichen Institutionen und der Marktpreise – vorhersehbar ist, erleichtert das seine Entscheidungen.

Ordnung erhöht die Vorhersehbarkeit und ist das Gegenteil von Chaos. *Ordnung* bezieht sich auf vorhersehbare menschliche Aktivitäten und den stabilen Zusammenhang der gesellschaftlichen Komponenten. Die Wirtschaftsakteure versuchen, ihre Umwelt zu kontrollieren (White 2008), und das ist ein Versuch, Ordnung herzustellen. Die Umwelt besteht hauptsächlich aus anderen Wirtschaftsakteuren, wie etwa Konkurrenten, Partnern, Käufern und Verkäufern. Das Ordnungsniveau kann unterschiedlich hoch sein, und die Versuche zur Kontrolle der Umwelt können von einzelnen Akteuren oder in organisierter Form unternommen werden. Ressourcen sind eine notwendige, aber keine hinreichende Bedingung von Ordnung, da Akteure definitionsgemäß die Reaktionen der Umwelt auf ihre Aktivitäten nicht vorhersagen können. Die Menschen haben ihre Umwelt im Laufe der Zeit mithilfe von Technologien kontrolliert, so etwa in der Landwirtschaft mit Traktoren, Düngemitteln und Bewässerungsanlagen; zur Kontrolle der Umwelt haben die Menschen sie auch organisiert und beispielsweise Unternehmen oder sogar Terminmärkte geschaffen, in denen Farmer ihre Produkte schon vor der Ernte verkaufen können.

Die Notwendigkeit, mit Dingen und Theorien über Dinge Ordnung herzustellen um zu überleben, ist das Schlüsselproblem der Wirtschaft; in der Volkswirtschaftslehre wird das oft vergessen. Für die Wirtschaftswissenschaft ist Ungewissheit das ökonomische Kernproblem (Keynes 1973, Knight 1921). *Ungewissheit (uncertainty)* bezieht sich auf Situationen, in denen »wir keine vollständige Beschreibung der Welt haben, von deren Wahrheit wir völlig überzeugt sind« (Arrow 1974: 33–34). Das bedeutet, dass verschiedene Beschreibungen der Welt mit Wahrheitsanspruch auftreten, wir aber nicht wissen, für welche wir uns entscheiden sollen. Aber nur wenn es eine gewisse Ordnung oder Inseln der Ordnung und eine gewisse Sicherheit gibt, können wir überhaupt von *Ungewissheit* reden. Das Ungewissheitsproblem setzt voraus, dass die Welt bekannt ist und unterstellt eigentlich, dass das Ordnungsproblem gelöst ist. Bei Unklarheit darüber, was tatsächlich der Fall ist, haben wir es dagegen mit *Ambiguität* zu tun, einem logisch der Ungewissheit vorausgehenden Zustand.

Heute ist die Wirtschaft in der Regel geordnet, was die Aufmerksamkeit von der Ambiguität zum Ungewissheitsproblem lenkt – in Zeiten des Finanzchaos kann sich das allerdings schnell wieder ändern. Das praktische Problem für die Akteure ist also Ungewissheit und, konkreter, die Ungewissheit darüber, wie sie am besten Produktion, Konsumtion und Distribution koordinieren sollen. Diese Ungewissheit kann sich für den einzelnen Konsumenten in der Frage ausdrücken, wie er seine Bedürfnisse am besten befriedigt, und für den Geschäftsmann in dem Problem, wie er mit einem Zulieferer ins Geschäft kommen soll.

Ein erster Ungewissheitsaspekt ist die Ungewissheit der Identität von Wirtschaftsakteuren, aber auch die Ungewissheit, welche Kultur und welche *Institutionen* – formelle und informelle Regeln, die durch Sanktionen einer dritten Partei im Zeitablauf aufrechterhalten wurden – im gesellschaftlichen Lebenszusammenhang relevant sind. Ein zweiter Aspekt von Ungewissheit besteht darin, dass Ordnung die Kalkulation erleichtert – die in der Wirtschaftswissenschaft erörterte Ungewissheit bezieht sich nur auf diesen Aspekt. Kalkulation beruht laut Pareto auf Erfahrung oder auf a priori angestellten Berechnungen bekannter Bedingungen. Risiko bedeutet, dass wir verschiedene Mittel und Zwecke quantifizieren und somit das Ergebnis berechnen können. Dass dies unter der Bedingung von Ungewissheit nicht möglich ist, hat Frank Knight (1921) deutlich gemacht.[9] So gesehen müssen die Akteure Ungewissheit vermeiden, weil sie es schwierig macht, die in der Umwelt bestehenden Handlungsoptionen vorauszusehen und zu bewerten.

Ungewissheit hat aber auch eine andere Seite. Eine gewisse Ungewissheit – oder wenigstens ein gewisses Risiko – ist mit Blick auf die Profitchancen in der Wirtschaft eine Triebkraft; Unternehmer können nicht *wissen*, welche Folgen ihr Handeln haben wird (Schumpeter 2000). Ein Unternehmer hat es daher mit einer fundamentaleren Ungewissheit zu tun als ein Makler, der nicht weiß, ob er von der – auf den Positionen und dem Wissenszugang der Akteure im Rahmen der sozialen Struktur beruhenden – strukturellen Arbitrage profitieren wird (Burt 1992). Angesichts der unterschiedlichen menschlichen Kenntnisse und Interessen und des beschränkten Wissens aller Akteure über das Wirtschaftssystem als Ganzes, besteht immer eine gewisse Zukunftsungewissheit. Diese kann sich in der Hoffnung auf Unternehmenserfolg oder in jedem anderen Motiv des Akteurs widerspiegeln. Die Probleme von Ordnung und Ungewissheit lassen sich auf unterschiedlich Weise angehen. Wir werden zunächst betrachten, welche Möglichkeiten die Wirtschaftsakteure haben, die wirtschaftlichen Tätigkeiten und Ressourcen für Produktion, Konsumtion und Distribution zu koordinieren.

Koordinationsformen

Die Literatur unterscheidet drei idealtypische Formen der sozialen *Koordination* – das heißt der Zusammenführung von Tätigkeiten und Dingen zur Herstellung von Ordnung. Die ökonomische Koordination durch Hierarchie (Organisation), Netzwerke und Märkte (Granovetter 1985, Powell 1990, Thompson 2003) bietet Lösungen für die Probleme von Produktion, Konsumtion und Distribution. In der Realität kommen diese Formen so gut wie nie in ›reiner‹ Form vor, in der Theorie muss man sie aber trennen. Das schließt nicht aus, dass eine Form die anderen dominiert und wir beispielsweise einen Markt mit starken Netzwerkelementen oder ein Netzwerk mit einer gewissen hierarchischen Struktur beobachten können.

Zusätzlich zu Netzwerken, Hierarchien und Märkten betrachten wir eine weitere, heute eher unübliche, Koordinationsform, die ›Autarchie‹ *(autarchy)*; vorgeschlagen wurden noch weitere Formen, wie beispielsweise die ›Heterarchie‹ (Stark 2009). Die Autarchie – oder Selbstverwaltung – wird außerdem zusammen mit den anderen Koordinationsformen in Kapitel 3 den Hintergrund für die Erörterung der historischen Entwicklung von Märkten abgeben. Die idealtypische Skizzierung dieser Formen ist die Voraussetzung für die Untersuchung ihres Zusammenhangs in der realen Wirtschaft. Die Koordinationsformen schaffen soziale Ordnung; sie tun das allerdings auf unterschiedliche Weise, da jede von ihnen durch eine andere Art der sozialen Beziehung charakterisiert ist (vgl. Polanyi 1957b). Polanyi, der sich im Wesentlichen mit der ökonomischen Koordination befasst, spricht von Reziprozität (›Netzwerk‹), Redistribution (›Hierarchie‹) und Märkten. Die vierte von Polanyi beschriebene Form, den autarken Haushalt *(oikos)*, kann man als einen Fall von Hierarchie betrachten, denn sie ist »eine hierarchische Gemeinschaft ohne Handel, die nichtwirtschaftliche Zwecke, Selbstversorgung (Autarkie) und das gute Leben des Herren anstrebt« (Booth 1994: 212). Polanyi glaubt überdies, dass diese Form in der Geschichte nicht sehr relevant war (Beckert 2007). Wir betrachten die einzelnen Formen zunächst nacheinander und fragen dann nach ihren Kombinationen und Zusammenhängen.

Netzwerk

Kein anderes Konzept ist enger mit der Neuen Wirtschaftssoziologie verbunden als das ›Netzwerk‹, allerdings bestehen sehr verschiedene Vorstellungen darüber, was es bedeutet. Ein *Netzwerk* wird hier definiert als mehrere, durch Reziprozität gekennzeichnete, ineinander verflochtene, dyadische (binäre) und dauerhafte Interaktionsbeziehungen zwischen Akteuren (Knoten). Im Unterschied sowohl zur Kleingruppe, in der sich alle kennen, als auch zu der organisierten Hierarchie der durch Mitgliedschaft und zentrale Entscheidungen gekennzeichneten Organisationen (Ahrne und Brunsson 2008), ist jeder Akteur eines Netzwerkes mit mindestens einem anderen verbunden, weshalb Netzwerke offen sind und keine zentrale Kontrolle kennen. Unsere Netzwerkdefinition weicht offenbar ebenso vom Alltagsgebrauch des Wortes ab, wie von der ›Netzwerktheorie‹ genannten Forschungsmethode. Ein Netzwerk ist außerdem etwas anderes als ein Soziogramm,[10] das unabhängig von der Qualität der Beziehung ›alles mit allem‹ verknüpfen kann. Ein Netzwerk ist ferner per definitionem *nicht* geplant, was nicht ausschließt, dass es bei einzelnen oder gar allen Netzwerkbeziehungen instrumentelle Aspekte gibt. Wir teilen also nicht die Vorstellung, dass Netzwerke eine Form von Organisation sind (Powell 1990). Netzwerke kann man beschreiben. So können etwa manche Akteure (Knoten) für das Netzwerk zentraler sein als andere, wobei die ›Zentralität‹ eines Akteurs das Ausmaß bezeichnet, indem sich ein Netzwerk um ihn ›dreht‹.

Simmel führte die Phänomenologie des Netzwerks in die Soziologie ein. Er entwickelte eine ganze Soziologie aus der Frage, was bei der Verknüpfung mehrerer Dyaden geschieht, wie Information und alles, was sonst noch in einem Netzwerk ›ist‹, durch einige aber nicht alle Dyaden fließt, und wie dies für die Akteure als Folge ihres strategischen und nichtstrategischen Handelns Vorteile und Nachteile schafft (Simmel 1964). Simmel unterschied im Übrigen bereits zwischen Netzwerken und Märkten, wenn auch nicht in diesen Worten.

Die Netzwerktheorie verdankt ihre zentrale Stellung in der Wirtschaftssoziologie (Swedberg 2003) der Einführung durch Harrison White und seine Schüler (Azarian 2003). White ist der Vater der modernen Netzwerktheorie und hat sie zur Untersuchung von Märkten angewandt. Er übernahm die Netzwerkidee allerdings von der Sozialanthropologie. Wesentliche Beiträge kamen aber auch von anderen Wissenschaftlern, so beispielsweise von Ronald Burt (1992), der Simmels Ideen aufgriff und das – auf fehlende soziale Bande in der sozialen Struktur gemünzte – Wort ›strukturelle Löcher‹ geprägt hat. Burt bediente sich des Netzwerkkonzepts für eine Analyse des Wettbewerbs unter dem Gesichtspunkt des Informationszugangs. Unternehmer können Burt zufolge die sozialräumliche Distanz zwischen Akteuren überbrücken, indem sie Löcher in der sozialen Struktur auffüllen und damit die unterschiedlichen Informationsbestände verschiedener Akteure zusammenführen. Auf diese Weise können Unternehmer von dem gebündelten Wissen profitieren und ihre Rivalen am Markt ausstechen. Akteure werden also durch ihre strukturelle Position und nicht aufgrund ihrer einzigartigen persönlichen Eigenschaften zu Unternehmern.

Die vielleicht bekannteste Netzwerkstudie stammt von Mark Granovetter (1974), der untersuchte, wie auf dem Arbeitsmarkt Arbeitsplätze gefunden werden. Die neoklassische Erklärung besagt, dass die Arbeitsuchenden ihre Arbeit auf dem Markt anbieten, auf dem mehr oder weniger vollständige Information herrscht. Granovetter stellt dagegen fest, dass die Arbeitsuchenden durch – nicht für diesen Zweck errichtete und als reziproke Informationskanäle wirkende – Netzwerke von den Arbeitsplätzen erfahren. Er fand heraus, dass die Information über neue Stellenangebote nicht frei auf dem Markt verfügbar war, sondern den Akteuren über ihre Kontakte zufloss. Er entdeckte auch, dass es wichtig war, viele Beziehungen (Verbindungen) zu unterhalten und zwar besonders mit solchen Personen, mit denen die Akteure wenig gemeinsam haben. Diese ›schwachen‹ Verbindungen liefern Informationen, die der Akteur aus ›starken‹ Verbindungen (bei denen beispielsweise häufige Interaktionen stattfinden) nicht so leicht erhält.[11] Granovetters Studie zeigt, wie eine Information in Netzwerken hin und her wandert. Das Netzwerk ist also für alle an ihm beteiligten Akteure eine Ressource zur Koordination von Tätigkeiten.

Das Verb ›netzwerken‹ bezeichnet eine in der heutigen Gesellschaft übliche Aktivität und manche Leute sagen vielleicht, sie seien Mitglied eines Netzwerks. Sobald es aber Kontrolle und Mitgliedschaft gibt und Personen oder Firmen einem ›Netzwerk‹ ›beitreten‹ um Informationen zu erhalten, nähern wir uns der Organisation und der organisierten Koordination, was bedeutet, dass zumindest zwei Akteure zusammenkommen und über die Ordnung des Marktes entscheiden (vgl. Ahrne und Brunsson 2008). Es gibt, anders ausgedrückt, in ›reinen‹ Netzwerken kein ›Trittbrettfahrer-Problem‹; dieses Problem kann nur im Zusammenhang mit organisierter Koordination auftreten.

Die Netzwerktheorie in der Neuen Wirtschaftssoziologie vertritt offensichtlich einen strukturellen Ansatz (Swedberg 2003: 37–40). Die ursprüngliche Netzwerkidee – der wir uns hier anschließen – stammt aus anthropologischen Studien. Malinowskis Untersuchung des sogenannten Kula-Rings bietet ein klassisches Beispiel für die ›Einbettung‹ des Handels; unter ›Einbettung‹ verstehen wir hier die strukturellen Beziehungen, die sowohl in einem umfassenderen kulturellen Rahmen als auch in einzelnen konkreten Netzwerkbeziehungen Tätigkeiten ermöglichen oder verhindern (Granovetter 1985). Diese eingebettete Form des Handels kann man aber nur mit Blick auf die Kultur verstehen. Soziologen, wie beispielsweise Viviana Zelitzer, kritisieren denn auch an der – in der Praxis meist mit der Netzwerktheorie identischen – strukturellen Wirtschaftssoziologie, dass sie die Kultur ausklammere. Diese Kritik sollten wir ernst nehmen. Wir wenden uns nun der Sozialanthropologie zu und werden dabei sehen, inwiefern das Netzwerk eine zentrale Form der ökonomischen Koordination ist. Wie lässt sich nun die »Wirtschaftssoziologie« (Malinowski 1979 [1922]: 208, Anm. 2)[12] des von Malinowski in den Archipelen von Melanesisch-Neuguinea studierten Handelssystems erklären?

Malinowski lebte von 1914 bis 1918 in dieser Weltgegend und hatte hier Gelegenheit zu einer gründlichen Felduntersuchung. Er wollte die Aktivitäten der Inselbewohner in deren eigenen Begriffen verstehen, statt einen modernistischen Werkzeugsatz wie die neoklassische Theorie anzuwenden. Sein Forschungsfeld bestand aus mehreren Inseln, die von verschiedenen Stämmen bewohnt waren. Obwohl sich die Stämme voneinander unterscheiden, erklärt Malinowski: »Die Institution eines geordneten Häuptlingstums existiert bei ihnen nicht, ein System von Klassen und Kasten fehlt« (Malinowski 1979: 66). Dass die Ordnung hier nicht durch Hierarchie aufrechterhalten wurde, bedeutet aber nicht Chaos; in einer matrilinearen Gesellschaft (Malinowski 1979: 62), in der soziale Positionen und Besitz in mütterlicher Linie vererbt werden, haben die Ältesten das Sagen. In anderen Stämmen der Trobriand-Inseln, Malinowskis hauptsächlichem Studienobjekt, beobachtete Malinowski dagegen sowohl das »Vorhandensein von Schichten und sozialer Differenzierung« (Malinowski 1979: 80) als auch ein eindeutiges Häuptlingswesen.

Malinowskis Untersuchung zeigt, dass die sozialen, ökonomischen, ästhetischen, kulturellen und magischen Aspekte des Insellebens so ineinander verwoben waren, dass man sie nicht wirklich voneinander trennen kann; diese Trennung wird bloß durch einen auf modernen Vorstellungen beruhenden analytischen Akt der Interpretation oder gar Übersetzung (Quine 1964) ›konstruiert‹. Allgemeiner, und für uns sehr interessant, ist Malinowskis Darstellung ›der Wirtschaft‹, zu der die Geschichte und Eigentümlichkeit der Sprache sowie die biologischen und sozialen Beziehungen der Stämme untrennbar dazugehören. Eine Hauptrolle spielt hier die Magie, und die Tätigkeiten der Inselbewohner, so beispielsweise die Kanufahrten oder »wagemutige, grausame Kannibalen- und Kopfjägerfahrten« (Malinowski 1979: 64) sind Ritualen und magischen ›Interpretationen‹ unterworfen. Die magischen Riten und Zaubersprüche sind keineswegs nur passive Interpretationstätigkeiten und werden gewiss nicht zur nachträglichen Rationalisierung vorheriger Handlungen ›aufgeführt‹; sie sind aktiv und konstituieren die Welt, da sie die Resultate der menschlichen Unternehmungen beeinflussen.

Malinowski zufolge ist die Schlüsselinstitution zum Verständnis der in seinem Untersuchungsfeld beobachtbaren Aktivitäten – auch der ›wirtschaftlichen‹ – der Kula-Ring oder Kula-Tausch. Dieser Tausch basiert auf der dyadischen Kula-Beziehung. Wenn man alle Kula-Beziehungen zusammennimmt, hat man ein Bild des Beziehungsnetzwerkes, das die Inselbewohner miteinander verbindet. Der Kula-Tausch besteht aus dem Austausch zeremonieller Geschenke (Malinowski 1979: 128). Jemand gibt einem Partner, mit dem ihn eine Kula-Beziehung verbindet, etwas; später bekommt er – denn dies ist eine Beziehung unter Männern – etwas im Gegenzug. Im Unterschied zum Naturaltausch oder zum geldvermittelten Tausch gilt, »daß die Gleichwertigkeit der Gegengabe vom Gebenden abhängt und in keiner Weise erzwungen werden kann« (Malinowski 1979: 128). Diese Situation hat allerdings rein gar nichts mit den von der Spieltheorie unterstellten Kalkülen zu tun. Sie basiert auf Reziprozität und wurzelt in der Kultur und dem, was ›als selbstverständlich gilt‹; wenn man in einem Kula-Ring ist, macht man das ebenso. Diese ›Tauschakte‹ werden durch Regeln und Konventionen – anders gesagt, durch die Kultur – gesteuert: »Das Kula ist keine betrügerische, instabile Form des Tauschs. Es wurzelt ganz im Gegenteil im Mythos, wird durch traditionelle Gesetze abgesichert und von magischen Riten umgeben« (Malinowski 1979: 118).

Betrachtet man die Anordnung der Inseln zueinander als einen Kreis, macht der Tausch die Runde durch viele – wenn auch nicht alle – von ihnen. Die Tauschakte zwischen den Inseln dieses ›Kreises‹ sind so strukturiert, dass man am häufigsten mit den benachbarten Inseln – und somit nur indirekt mit den weiter entfernten und per Kanu schwerer erreichbaren Inseln – tauscht. Was wird ausgetauscht? In der einen Kreisrichtung lange Halsketten aus roten Muscheln und in der anderen Richtung Armbänder aus weißen Muscheln. Typisch für diesen Austausch ist, dass man die Muscheln entgegennimmt, eine Weile behält und schließlich an Mitglieder eines anderen Stammes weitergibt, mit dem man verbunden ist. Der Hauptaspekt ist dabei die Regel »›einmal im Kula immer im Kula‹, und die Partnerschaft zweier Männer besteht auf Dauer, ein Leben lang« (Malinowski 1978: 115); das bedeutet, dass der Kula-Ring das soziale Sein der am Ring Beteiligten und, indirekt, auch der von ihm Ausgeschlossenen konstituiert. Allerdings hat ein Mann nicht nur einen ›Kula-Partner‹; erst die Vielzahl – aber doch begrenzte Menge – der Dyaden macht den Kula-Ring zu einer Institution in Form eines Netzwerks. Das Kula-System hat sich über einen langen Zeitraum hinweg entwickelt und die daran Beteiligten besitzen, so Malinowski, »keine Kenntnis vom *Gesamtumfang* irgendeiner ihrer sozialen Strukturen« (Malinowski 1979: 116).

Malinowski weiß um die Zentralität des Kula-Netzwerks: »Und dieses umfassende Netz sozialer Wechselbeziehungen und kultureller Einflüsse kann auch nicht einen Augenblick als kurzlebig, neu oder instabil angesehen werden« (Malinowski 1979: 549). Der Austausch von Muscheln ist mit dem Handel anderer Gegenstände verknüpft. Malinowski unterscheidet zwar eigentlich sieben verschiedene Formen des Tauschs, aber sechs davon sind Formen des Schenkens und nur eine ist schlicht und einfach Handel (Malinowski 1979: 218–231). Einen Markt gibt es allerdings nicht, obwohl sich der andauernde Austausch von Geschenken in marktförmigen Tausch verwandeln kann.

Wir haben nun das Netzwerkkonzept eingehend erörtert und gezeigt, dass die Netzwerkbeziehung durch Reziprozität gekennzeichnet ist. Auch haben wir dieses Konzept ausführlich auf Malinowskis empirischen Fall bezogen; wir wollten mit der Wahl dieses alten Netzwerkbeispiels unter anderem zeigen, wie das Netzwerk unter den ›Wilden‹, für die, zumindest zu Malinowskis Zeiten, Kannibalismus durchaus eine Option war, Vertrauen schafft und repräsentiert. Das Netzwerk ist die wesentliche Form der wirtschaftlichen Koordination zwischen Angehörigen verschiedener Stämme: »Man sieht, daß sich um den Kula-Ring herum ein Netz von Beziehungen knüpft, das in seiner Gesamtheit eine ineinander verwobene Struktur bildet« (Malinowski 1979: 125); dabei handelt es sich um einen Versuch, die aus anderen Menschen und der Natur bestehende Umwelt zu kontrollieren.

Malinowskis Netzwerkbeispiel zeigt darüber hinaus, wie die ›wirtschaftlichen‹ Tätigkeiten in ein Gewebe sozialer Beziehungen ›eingebettet‹ sind; das ist auch ein zentrales Thema in Marcel Mauss' Buch *The Gift* (Mauss 2002). Gaben beruhen auf Gegenseitigkeit und sind eine Möglichkeit, eine Beziehung herzustellen. Die Strukturform Netzwerk besteht aus Beziehungen, in denen ›kulturelle‹, ›politische‹ und ›ökonomische‹ Interaktionen sowohl miteinander verwoben sind als auch konstituiert werden. Anders ausgedrückt: Was ein Stamm in Relation zu anderen Stämmen ist, folgt aus ihrer Interaktion. Allgemeiner betrachtet heißt das, dass der Kula-Tausch ebenso sehr ein Teil des Handels ist wie den Handel – durch Ermöglichung von Kredit und Vertrauensbildung zwischen den am Austausch Beteiligten – ermöglicht (Malinowski 1979: 119). Wir kommen später auf den zentralen Netzwerkgedanken zurück, nicht zuletzt, wenn wir erörtern, wie Märkte miteinander zusammenhängen.

Hierarchie

In der Organisationssoziologie, einer anderen wichtigen Inspirationsquelle für Wirtschaftssoziologen (Swedberg 2003), steht die Koordinationsform Hierarchie im Zentrum der Aufmerksamkeit, da fast alle Unternehmen Varianten von Hierarchien sind. Hierarchie ist im Unterschied zu Netzwerken eine auf Entscheidung basierende Ordnung (Ahrne und Brunsson 2008: 51), in der die Ressourcen konzentriert sind und von einem Zentrum gesteuert werden. Unter *Hierarchie* verstehen wir Akteure, die in einer Verwaltungseinheit organisiert sind und dort Positionen unterschiedlichen Rangs einnehmen, sodass Anweisungen gegeben und Tätigkeiten ausgeführt werden können. In Hierarchien sind die Beziehungen, etwa zwischen den beiden Organisationsrollen Vorgesetzter und Untergebener, asymmetrisch. Zwischen Organisation und Hierarchie besteht ein enger Zusammenhang – gelegentlich wird der Hierarchiebegriff wohl sogar synonym mit ›Organisation‹ verwandt. Es ist klar, dass »formale Organisationen nach dem Muster herkömmlicher Bürokratien geformt wurden« (White 2008: 210) und dass die Bürokratie von der militärischen Hierarchie herrührt. Hierarchie ist in Organisationen zwar essentiell, aber zu einer Organisation gehören natürlich noch weitere Elemente, wie Kultur, Regeln, Mitgliedschaft und Ressourcen.

Taylorismus ist die organisierte Anwendung wissenschaftlicher Prinzipien auf die Produktion. Konkret handelt es sich um eine bürokratiekonforme Methode zur Koordinierung von Arbeitskräften, Kapital und Maschinen in Organisationen. Das bedeutet, dass Vorgesetzte entscheiden, was Untergebene zu tun haben. Die Aufgaben jedes Einzelnen sind im Wesentlichen durch seine hierarchische Position bestimmt. Man kann daher von einer Rollenhierarchie sprechen, in der alle Rollen mit eindeutigen Regeln und Verhaltenserwartungen ausgestattet sind. Sehen wir uns zum Beispiel die Koordination der Produktion von Bekleidungsstücken etwas genauer an.

Die Produktion von Hemden – darunter das Nähen, auf das wir uns hier beschränken wollen – ist seit der Einführung von Nähmaschinen in die Bekleidungsproduktion in der ersten Hälfte des neunzehnten Jahrhunderts im Wesentlichen gleichgeblieben. Diese technische Innovation hat die industrielle Herstellung erleichtert. Um Textilien und Bekleidung für die Massen zu produzieren, wurde die industrielle Produktion rationalisiert und in bürokratischer Form nach hierarchischen Prinzipien organisiert.

Max Weber wurde in eine Familie hineingeboren, die eine Textilfabrik besaß. Weber selbst führte Untersuchungen über die Arbeiter dieser Fabrik durch und erhielt dadurch Wissen aus erster Hand über das wirkliche Leben der Arbeiter und die Art der Arbeitsorganisation. Wir erfahren von ihm, dass die Disziplin in Organisationen mit wissenschaftlichem Management ein Erbe des Militärs ist (Weber 1978: 1156–1157). Wissenschaftliches Management ist eine Form von Wirtschaftsbürokratie. Die hauptsächlichen Eigenschaften der Bürokratie sind Parsons zufolge: »Rationalität, die auf einer komplexen, hierarchisch organisierten Aufgabenteilung beruht, wobei alle Teilaufgaben mit genau abgegrenzten ›Zuständigkeiten‹ versehen sind; Spezialisierung der Tätigkeiten mit besonderem Nachdruck auf Expertenwissen [...] und ohne Ansehen der Person« (Parsons 1929: 37).

Besondere Aufmerksamkeit verdient in diesem Zusammenhang die Rechenhaftigkeit. Weber studiert eine bestimmte Art der (Wirtschafts-)Bürokratie, nämlich Hierarchien, die nach den allgemeinen Zwecken der Eigentümer operieren und gut an relativ stabile Wirtschaftssysteme und Märkte angepasst sind. Dabei bringt er die Bürokratie, und insbesondere die Rechenhaftigkeit des – auch ›wissenschaftliches Management‹ genannten – Taylorschen Systems, in Zusammenhang mit den von Taylor formulierten Prinzipien der Arbeitsorganisation (Weber 1978: 101–103, 150, 974–975).

Im Unterschied zu der Übereignung von Geschenken in Netzwerken und zum Tausch eines Gegenstandes gegen einen anderen auf Märkten gibt es in Hierarchien keinen Händewechsel der Eigentumsrechte. Alles, was zwischen den Mitgliedern einer Organisation ›gehandelt‹ wird, gehört weiterhin der Organisation oder, im Fall eines Unternehmens, den Eigentümern.

In der Praxis kommt Bürokratie sowohl in Hierarchien wie auf Märkten oft vor. Außerdem beziehen bürokratische Organisationen ihr Personal vom Arbeitsmarkt. Dadurch bekommen sie Arbeitskräfte, die den Organisationsregeln gehorchen. Die Arbeitskräfte stehen sozusagen unter Vertrag. Ein Arbeitnehmer kann einen solchen Vertrag aber beenden und somit wieder auf dem Arbeitsmarkt erscheinen. Im Gegensatz zu willenlosen Gütern ist eine Arbeitskraft sowohl eine Ware als auch ein Verkäufer, der im Besitz dieser Ware ist.

Kombination von Koordinationsformen

Es ist jetzt möglich, die Diskussion über Koordinationsformen zusammenzufassen. Ausgehend von dem ökonomischen Problem, die Produktion (oder Konsumtion) zu koordinieren, können wir jetzt die verschiedenen Koordinationsformen in Abbildung 2.1 grafisch darstellen. Noch einmal: Auf dem Markt gibt es Käufer und Verkäufer. Kennzeichnend für einen Markt sind Bewertung, Wahlhandlungen und Konkurrenz. Ein Netzwerk ist durch Reziprozität oder ›Geben und Nehmen‹ charakterisiert, nicht aber durch Konkurrenz. Charakteristisch für eine Hierarchie sind schließlich zentralisierte Macht und Weisungen, nicht aber die Übertragung von Eigentumsrechten. Alle Formen sind, bei einem gewissen Input, geeignet, Output zu produzieren, tun dies aber auf unterschiedliche Weise.

Diese drei Formen sind auch für die Koordination der Konsumtion wichtig. In vielen traditionalen Gesellschaften werden die Ressourcen, wie von Malinowski, Mauss und anderen beschrieben, nach dem Prinzip der Reziprozität verteilt und irgendwann konsumiert. In einer Hierarchie, wie etwa einem Gefängnis, bekommt jeder Insasse eine Lebensmittelration, die, direkt oder indirekt, der Gefängnisdirektor bestimmt hat. Marktvermittelte Konsumtion bedeutet, dass man nur konsumieren (oder sparen) darf, was

Abbildung 2.1 Koordination der Produktion auf Basis von Input, Markt, Netzwerk und Hierarchie. Charakteristisch für den Markt sind Käufer und Verkäufer. In der Realität kommen diese drei Idealtypen in Mischformen vor.

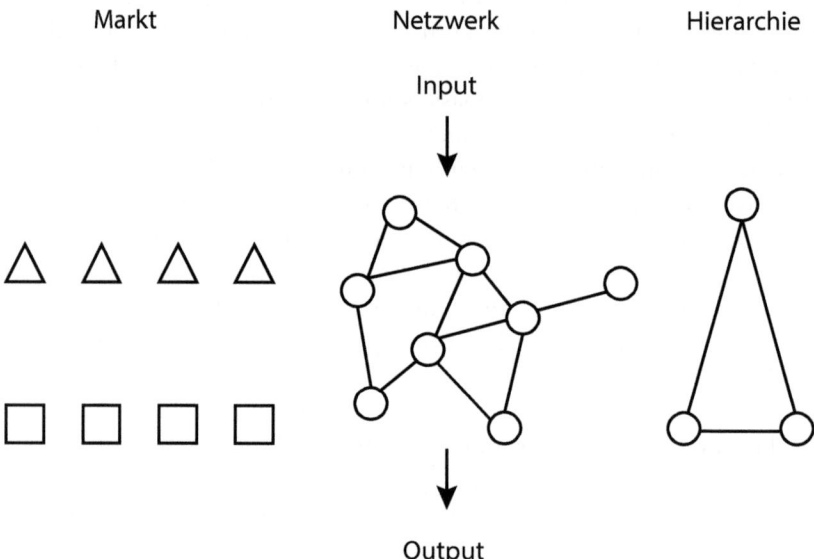

man über den Markt oder über Märkte erworben hat. In den meisten Fällen erlegt der Staat den Marktteilnehmern Restriktionen in Gestalt von Steuern auf. Diese Steuern können zur Umverteilung benutzt werden und so die Resultate von Markttransaktionen nach den Vorgaben des Staates oder der den Staat kontrollierenden Akteure verändern (Korpi 1983).

Die drei Koordinationsformen – Netzwerk, Hierarchie und Markt – sind unterschiedliche Methoden zur Reduktion von Komplexität; sie sind aber auch und vor allem unterschiedliche Weisen, Ordnung in der Umwelt herzustellen um Produktion, Distribution und Konsumtion zu ermöglichen. Das heißt weder, dass Ungewissheit für die Akteure selbst die Schlüsselfrage ist, noch soll es ein funktionalistisches Argument sein. Die Koordinationsformen werden hier zwar als Idealtypen präsentiert, aber im wirklichen Leben gibt es natürlich Varianten, weshalb wir auch auf Begriffe wie »organisiertes Netzwerk« (Thompson 2003: 28–29) und auf hybride Formen stoßen (Williamson 1991). Ökonomen räumen, mit anderen Worten, auch ein, dass Märkte sich gelegentlich mit Hierarchien überschneiden (Bowles und Gintis 2000: 1422).

Die verschiedenen Koordinationsformen bilden für einander die jeweilige Umwelt. Die Umwelt eines Akteurs in einem Unternehmen besteht hauptsächlich aus anderen Akteuren in derselben hierarchisch koordinierten Wirtschaftsorganisation. Die Umwelt eines Unternehmens setzt sich überwiegend aus anderen Unternehmen eines Marktes zusammen und die Umwelt eines Marktes, ganz ähnlich, aus anderen Märkten. Manche Angehörige derselben Hierarchie tauschen untereinander in marktförmiger Weise Informationen aus und manchmal kooperieren Unternehmen in einem Netzwerk, um ein bestimmtes Preisniveau aufrecht zu erhalten. Ferner hängt ein Markt mit anderen Märkten zusammen und schließen sich die Firmen eines Markt gelegentlich in einer Meta-Organisation zusammen (Ahrne und Brunsson 2008), um beispielsweise ihre kollektiven Interessen zu sichern. Der als Hierarchie organisierte Staat überwacht möglicherweise sowohl die Märkte als auch die Unternehmen.

Unternehmen, die wir hier als Beispiel für einen hierarchisch organisierten Wirtschaftsakteur nehmen, versuchen durch Kontrolle ihrer Belegschaft, Ordnung in den eigenen Reihen zu schaffen. Diese Aufgabe wird durch das sogenannte Prinzipal-Agent-Problem – den Interessenkonflikt zwischen dem Unternehmenseigner und dem tagtäglich das Unternehmen leitenden Vorstand – erschwert. Von verschiedenen interessierten Seiten im Unternehmen vorgeschlagene Kontrollprojekte können zu internen Kontrollkämpfen führen (Fligstein 2011: 81).[13] Wichtig ist aber auch, dass Unternehmen manchmal versuchen, ihre Umwelt zu konstruieren und dadurch zu kontrollieren (Ahrne 1994: 104). Eine ihrer Methoden dabei ist, wie Fligstein (2011) bemerkt, den für ihre Identität wesentlichen Markt zu kontrollieren.

Beispiele für das Ineinandergreifen der Koordinationsformen in der wirtschaftlichen Realität finden sich leicht; wenn wir uns eingehender damit beschäftigen, stoßen wir schnell auf die Diskussion darüber, wie, wann und warum spezifische Formen benutzt werden. Eine Vermischung der Koordinationsformen ist auch auf der persönlichen und privaten Ebene zu beobachten. Zelitzer hat gezeigt, wie reziproke soziale Beziehungen, die man am besten als Netzwerkbeziehungen bezeichnet, mit eher markttypischen ökonomischen Transaktionen verquickt werden. Sie sieht bei der Pflege von Familienmitgliedern eine »strittige Vermengung von Pflege und wirtschaftlichen Transaktionen« (Zelitzer 2005c: 162). Demnach findet bei der heimischen Pflege auch »ein endloses ökonomisches Durcheinander von Produktion, Konsumtion, Distribution und Vermögensübertragungen in den Haushalten« (Zelitzer 2005c: 172) statt, das man wohl nur bei der auf den Markt bezogenen professionellen Pflege erwartet. Handelsmessen, ein anderes Beispiel, sind eine Arena, in der soziale Beziehungen geknüpft werden, aber auch Marktplätze. Die Geographen Dominic Power und Johan Jansson (2008) beschreiben, wie die in verschiedenen Städten ganzjährig abgehaltenen Handelsmessen sowohl als Märkte – inklusive Arbeitsmärkte – zum Vergleich von Alternativen dienen, wie als eine Arena, in der Beziehungen und Kooperationen angeknüpft werden. Handelsmessen sind ein gutes Beispiel dafür, dass Märkte und Netzwerke oft nicht getrennt, sondern kombiniert sind (Skov 2006). Wichtig in diesem Zusammenhang sind auch Geschenke von Seiten des Verkaufspersonals, das Marktbeziehungen knüpfen möchte (Darr 2006). Diese Beziehungen lassen sich nicht auf den Versuch reduzieren, soziale Bande im Dienste der Profitsteigerung zu knüpfen, da soziale Bande oft überhaupt erst die Bedingung dafür sind, dass Geschäfte gemacht werden können.

Freundschaft und andere reziproke Beziehungsformen in Märkten werden allerdings manchmal hinter einer Wettbewerbsfassade versteckt, so etwa bei »Kooperationsstrategien [...], mit denen Wettbewerber sich den Markt aufteilen. Kartelle, veröffentlichte Preise, Marktzutrittsbarrieren, Mengenbeschränkungen, Patente, Lizenzvereinbarungen sowie Joint Ventures in Marketing und Produktion sind Taktiken zur Marktaufteilung« (Fligstein 2011: 85). Man muss daher immer an das Diktum von Simmel (1964, 1983) denken, dass der »Dritte« vom Wettbewerb auf dem Markt profitiert und nicht unbedingt die Gruppe der Verkäufer.

Arthur Stinchcombe hat untersucht, warum Firmen bei großen Bauprojekten mithilfe des Marktes nach Partnern suchen. Stinchcombe (1992) entwickelte das Konzept der handwerklich organisierten Produktion. Sein Kerngedanke ist, dass die für Bauprojekte typische Ungewissheit und Veränderlichkeit zu nichtbürokratischen Organisationen führen (vgl. Zuckerman 1999). So arbeiten vielleicht die Subunternehmer an einzelnen Projekten zusammen. Das Unternehmen mietet in diesem Fall also das für jede einzelne Produktion nötige spezielle »Wissen« verschiedener Organisationen, statt sich selbst als Großhierarchie zu organisieren. Diese Idee wurde später von Paul Hirsch (1992) in einer Studie über die Herstellung kultureller Güter übernommen. Beispiele für kulturelle Güter sind »Filme, Theaterstücke, Bücher, Kunstdrucke, Schallplatten und Profi-Fußballspiele; sie alle sind in dem Sinne nichtmateriell, dass sie eine einmalige Life-Performance verkörpern und/oder ein einzigartiges Ideengebäude enthalten« (Hirsch 1992: 365). Hirsch führt aus, dass in den Sektoren des Kulturbetriebs, deren Produkte wechselnden Moden unterliegen, die Ungewissheit projektförmig bearbeitet wird. Das bedeutet, dass man für jeden Auftrag ein spezielles Expertenteam zusammenstellt. Die Aufträge vom Markt sind so unterschiedlich und einzigartig, dass keine Organisation genügend interne Ressourcen vorhalten kann, um für alle Fälle gerüstet zu sein. Die Akteure können, anders ausgedrückt, die Marktungewissheit dadurch bewältigen, dass sie nicht auf eine rein hierarchische Organisation bauen. Der Markt ist aber nicht die einzige Koordinationsform in der Kulturproduktion. So liegt es beispielsweise im Interesse von Werbeagenturen, ihre Klienten an sich zu binden, um so durch Blockierung des Marktes Ungewissheit zu reduzieren. Die Klienten wünschen sich dagegen Distanz, um sich dadurch die Möglichkeit zur vergleichenden Bewertung verschiedener Werbeagenturen zu erhalten und den Markt als Benchmark zu nutzen (Baker, Faulkner und Fisher 1998).

Der wohl häufigste Befund der Neuen Wirtschaftssoziologie im Hinblick auf Märkte ist, dass es auf Märkten – mehr oder weniger starke – Formen der Netzwerkkoordination gibt. Jahrzehntelange Beziehungen zwischen Käufern und Verkäufern sind in Märkten durchaus nicht ungewöhnlich (Macauly 1963: 63). Wayne Baker (1990) hat gezeigt, dass die Beziehung zwischen Unternehmen und ihren Banken eine Kreuzung aus langfristigen (Netzwerk-) und kurzfristigen (Markt-)Beziehungen ist. In einer anderen Untersuchung hat Brian Uzzi (1997) die marktweite Kollaboration von Firmen beschrieben. Uzzis Studie rückt nicht die Hierarchie, sondern Märkte und Netzwerke in den

Blick. Auf Basis ethnografischer Forschungen in Unternehmen der New Yorker Beklei-dungsindustrie, die hochwertige Damenoberbekleidung herstellen, zeigt Uzzi, dass Firmen ihr Ungewissheitsproblem dadurch reduzieren können, dass sie ihre Geschäftsbeziehungen nicht auf Distanz gründen. Unternehmen können vielmehr, Uzzi zufolge, zumindest einige Ungewissheitselemente kontrollieren, indem sie quer über den Markt Brücken bauen. Das verändert aber, wohlgemerkt, nicht in erster Linie die interne Organisation von Unternehmen. Im Fokus stehen vielmehr die Beziehungen zwischen Unternehmen. Die unter Umständen jahrelangen Netzwerkbeziehungen zwischen Unternehmen erleichtern den Austausch von Ideen und erlauben beiden Seiten ein im Zeitablauf ausgeglichenes ›Geben und Nehmen‹. Die Vertrauensbeziehung lässt die Firmen schneller agieren, da sie nicht erst miteinander verhandeln müssen. Sie erleichtert auch den Informationstransfer und ermöglicht gemeinsame Problemlösungen. Dieser Beschleunigungseffekt ist für die Modebranche mit ihren schnellen Veränderungen entscheidend. Die räumlichen Distanzen in Uzzis Untersuchungsfeld sind gering und diese physische Nähe erklärt zum Teil, weshalb hier eine Vertrauensbeziehung möglich ist. Aspers (2010) zeigt in einer Untersuchung der Bekleidungsindustrie, dass diese Art von Beziehung weltweit existieren dürfte. Er beobachtet auch, wie Unternehmen langjährige Geschäftsbeziehungen mit dem Markt vergleichen um eine ›Über-Einbettung‹ zu vermeiden (Uzzi 1997: 58). Baker und Faulkner (1993) haben gezeigt, dass Marktakteure im elektrotechnischen Großanlagenbau so miteinander verbunden waren, dass sie die Preise kontrollieren konnten. Generell darf nicht vergessen werden, was jeder, der in einem Gewerbe arbeitet, weiß, dass nämlich bei der Informationsbeschaffung Kontakte eine Schlüsselrolle spielen. In diesem Sinne gibt es keinen Industriezweig, in dem die Handlungen allein durch Märkte koordiniert werden. Die wenigen einschlägigen Untersuchungen lassen erkennen, dass in einigen, wenn auch nicht allen, Branchen die Wirtschaftsakteure auf den Märkten oft in soziale Netzwerke eingebettet sind (Granovetter 1985).

Auch Märkte und andere Koordinationsformen setzen die für Netzwerke charakteristischen Vertrauensbeziehungen voraus. Das Vertrauen, das ein Individuum braucht, um sich auf den Markt einzulassen, wurzelt in den Institutionen und ist ein wesentlicher Teil der Welt, in der es aufwächst. Es ist daher nicht sinnvoll, Vertrauen als Resultat rationaler Kalküle anzusehen. Das soll heißen, dass Verträge nicht nur in vertrauensvolle Beziehungen eingebettet sind (Bowles und Gintis 2000: 1424), sondern darüber hinaus nur beim Vorhandensein von Grundvertrauen (Durkheim 1984, Möllering 2006) abgeschlossen werden können. Eine vorläufige Schlussfolgerung hieraus ist, dass der Marktwettbewerb es ermöglicht, die Aktivitäten in Unternehmen (Hierarchie) (vgl. Coase 1937, 1988; Williamson 1981) ebenso wie in Netzwerken (vgl. Burt 1992) mit der Alternative in Verbindung zu bringen, die der Markt bietet.

In Märkte eingebettete Märkte

Wir haben bisher gesehen, dass Märkte mit anderen Koordinationsformen ko-existieren und mit diesen verknüpft sind. Das ist zwar wichtig, sollte aber nicht der Fokus eines Buches über Märkte sein. Wir dürfen nicht vergessen, dass Märkte oft – und manchmal hauptsächlich – mit anderen Märkten verknüpft sind. Mit Harrison White (2002b) können wir sagen, dass Märkte in Märkte eingebettet sind. Was heißt das? Nehmen wir als einfaches Beispiel die Kleidung, die wir in einem Laden kaufen. Der Konsumgütermarkt besteht aus Unternehmen mit stabiler Identität, die in Relation zueinander Verkäuferpositionen einnehmen; sobald sie ›sich umdrehen‹ agieren sie aber alle als Käufer (Aspers 2010). Wenn sie Stoffe kaufen, Arbeitskräfte einstellen oder die Dienste von Banken in Anspruch nehmen, operieren sie in diesen Märkten als Käufer. Die Verkäufer auf diesen Märkten, etwa die Arbeitskräfte, sind ihrerseits Käufer auf anderen Märkten, etwa für Lebensmittel, Wohnungen und Bankdienstleistungen. Wir können hier sagen, dass sich die Märkte in einer Produktionskette befinden und dass daher aus dem Blickwinkel eines bestimmten Marktes die anderen Märkte ›vorgelagert‹ und ›nachgelagert‹ sind (White 2002b). Diese Art von Beziehung wurde in verschiedenen Branchen beobachtet, so etwa in der Bekleidungsindustrie und der Automobilbranche (Gereffi, Humphrey und Sturgeon 2005). In diesen Branchen gibt es oft einen führenden Markt, von dem die anderen Märkte und ihre Akteure beherrscht werden. Eine *Branche* ist dem heutigen Verständnis nach ein Ensemble von Märkten, in welchem es einen führenden Markt oder Kernmarkt sowie Nebenmärkte gibt. Kernmärkte in der Modebranche sind die Endverbrauchermärkte; die im Wesentlichen auf den Verkauf von Bekleidung bezogenen Arbeitsmärkte, Dienstleistungsmärkte (inklusive Werbemärkte) und Warenmärkte sind als Nebenmärkte Teil dieser Branche. Oft müssen sich die Zulieferer in den vorgelagerten Märkten der Produktionskette den von Unternehmen des Kernmarktes diktierten Bedingungen anpassen. Was die Akteure auf einem Markt tun können, hängt davon ab, was die Akteure auf anderen Märkten unternehmen. Kurz, die Märkte sind ineinander eingebettet oder, wie wir es oben ausgedrückt haben: Die Umwelt eines Marktes besteht großenteils aus anderen Märkten.

Ein wichtiger Aspekt von ineinander verschachtelten Märkten ist, dass sie die ökonomische Koordination zwischen Märkten erlauben. Ein Individuum, das weiß, was es gerne verkaufen möchte, ist eventuell in der Lage den Preis dessen, was es anbieten möchte, zu kalkulieren, selbst wenn es für dieses Produkt noch keinen Markt gibt. Voraussetzung für die Kostenkalkulation ist, dass es Märkte für die benötigten Vormaterialien und Vorleistungen gibt (von Hayek 2007 [1945]).[14]

Kauf- und Verkaufssysteme zwischen verschiedenen Abteilungen einer Organisation sind ein Beispiel für interne Märkte, die von einer Organisation umgeben sind. Ein Spezialfall dieser Quasimärkte – oder ›Märkte in Organisationen (Hierarchien)‹ – entwickelte sich in großen Branchen wie der Automobilindustrie. Verschiedene, oft in unterschiedlichen Ländern angesiedelte, Fabriken der gleichen Firma wurden in einen internen Wettbewerb miteinander gezwungen. In solchen Fällen sollten wir von internen Märkten sprechen. Hier hat der Wettbewerb möglicherweise den Effekt, dass mehr Aufträge oder Ressourcen an die Fabriken gehen, die die anderen überbieten. Häufiger führt die Konkurrenz hier aber dazu, dass die am schlechtesten bewerteten Betriebe geschlossen werden. Die Schließung hat nicht unbedingt etwas mit der Effizienz der Arbeiter zu tun, sondern kann auch an institutionellen Faktoren wie dem Steuerniveau, den Wechselkursen und anderen von den Betrieben nicht kontrollierbaren Aspekten liegen.

Interne Arbeitsmärkte sind ein weiteres Beispiel für Märkte innerhalb einer Hierarchie, wobei diese Hierarchie ihrerseits in den Markt des Unternehmens eingebettet ist. In diesem Fall findet der Wettbewerb nur unter den Beschäftigten statt, die der Organisation schon angehören. Diese Arbeitskräfte konkurrieren vielleicht nicht über den Preis, da Löhne normalerweise festgelegt sind, sondern über ihre Qualifikation oder Persönlichkeit oder was immer für die ›offene‹ Position erwartet wird. Dieser organisationsinterne Wettbewerb erzeugt sogenannte Vakanzketten, bei denen die von hochrangigen Organisationsmitgliedern geräumten Stellen mit jemandem aus einer niedrigeren Position besetzt werden, der seinerseits eine Position aufgibt, die neu besetzt werden muss und so weiter. Je größer die Organisation und je höher in der Hierarchie die zu besetzende Position, desto stärker die Kettenreaktion (White 1970).

Eine andere Version von nicht vollständigen Märkten stellen sogenannte ›Quasimärkte‹ dar, die man beispielsweise bei dem Versuch von Wohlfahrtsstaaten beobachten kann, den Output des Gesundheitswesens, des Schulwesens und anderer Dienstleistungen zu steigern. Diese ›Quasimärkte‹ sind »so eingerichtet, dass die Dienstleistungen am Lieferpunkt nichts kosten: Zwischen Endverbrauchern (beispielsweise Schülern oder Patienten) und Dienstleistungsanbietern (etwa Schulen oder Krankenhäusern) wechselt kein Geld den Besitzer« (Popper, Bartlett und Wilson 1994: 1–2). Obwohl diese ›Märkte‹ scheinbar der oben vorgestellten Kurzdefinition entsprechen, gibt es zwei Probleme. Zum einen haben die Leistungsnutzer nur unvollständige Eigentumsrechte, zum anderen verfehlen diese Märkte (wegen der politisch oder durch andere Märkte fixierten Preise) das dritte Kriterium für einen Markt, nämlich, dass auf ihm der Wert des Produktes festgestellt wird. Die Eigentumsrechte liegen in verschiedenen Händen und werden nicht auf dem Markt getauscht. Überdies sind weder die Rollen von ›Käufern‹ und ›Verkäufern‹ eindeutig, noch sind es die Interessen der drei beteiligten Parteien – der Nutzer und Produzenten sowie des Staates, der das Produkt oder die Dienstleistung bezahlt. Obwohl Quasimärkte also streng genommen keine Märkte sind, kann man sie doch als Teil des allgemeinen Trends zur Vermarktlichung ansehen.

Legitimität und ökonomische Brauchbarkeit von Koordinationsformen

Wie kann man die aktuelle Koordinationsform erklären und welche Form der Koordination sollte angewandt werden? In Kapitel 3 erörtern wir sowohl die historischen

Gründe für die Entstehung der sogenannten ›Marktgesellschaft‹ (Slater und Tonkiss 2001) als auch die verschiedenen ethischen Positionen zum Markt und zur Marktgesellschaft. Hier konzentrieren wir uns auf zwei Bedingungen, denen jede ökonomische Koordination gerecht werden muss.

Die Koordinationsformen sowie die Art und Weise ihrer Anwendung müssen legitim und wirtschaftlich machbar sein. Die Legitimitätsbedingung gilt nicht nur für Märkte, sondern für alle – ökonomischen und nichtökonomischen – Koordinationsformen. Sie besagt, dass eine Form in der spezifischen Umwelt, in der sie angewandt wird, legal und/oder moralisch annehmbar sein muss. So werden unter Umständen Netzwerke in einem Wettbewerb um den Bau einer städtischen Schule nicht als hauptsächliche Koordinationsform akzeptiert; sie würden vielmehr höchstwahrscheinlich als ein Kartell bezeichnet, das den Marktwettbewerb untergräbt. Durch Kontrolle ihrer Umwelt können Firmen in einem Markt ihre Legitimität erhöhen; wenn sie allerdings Politiker oder Beamte bestechen, ist das ein illegitimer Kontrollversuch.

Die erste Bedingung jeder Art von Koordination ist ihre Legitimität sowohl unter den Beteiligten als auch in der Umwelt. Eine Koordinationsform muss, mit anderen Worten, kulturell akzeptabel sein. Eine reine Form des Markttauschs wäre bei den Teilnehmern des von Malinowski beschriebenen Kula-Ringtauschs wohl kaum möglich gewesen. Die Kartellgesetzgebung zeigt, dass in einigen Kontexten die Koordination durch Netzwerke oder Hierarchien verboten und nur die Marktkoordination legitim ist. Für ein Unternehmen, das gesetzestreu ist und sich den Erwartungen an einen Marktteilnehmer gemäß verhält, ist Legitimität in der Regel kein großes Problem.

Eine Koordinationsform muss aber nicht nur legitim, sondern auch wirtschaftlich praktikabel sein, und für die meisten Wirtschaftsakteure ist das ein größeres Problem. Das Problem besteht darin, in einer bestimmten Umwelt zu überleben. Das Überleben eines einzelnen Wirtschaftsakteurs, sei es einer Person, einer Organisation oder eines Akteurskollektivs, ist von der Umwelt abhängig. Hinzuzufügen ist, dass die wirtschaftliche Tragfähigkeit einer Koordinationsform gegenüber ihrer Legitimität nachrangig ist. An erster Stelle rangiert die kulturelle und ethische Verfassung, die die Koordinationsformen legitimiert. Man kann überhaupt nur unter den akzeptierten Koordinationsformen wählen und mithilfe einer ›ökonomischen‹, ›effizienten‹, ›solidarischen‹ oder ›demokratischen‹ Bewertung die ›beste‹ Koordinationsform bestimmen (Boltanski und Thévenot 2006).

Der Markt als ›Benchmark‹ für Effizienz

Vorausgesetzt, alle Koordinationsformen sind legitim, muss geklärt werden, welche dieser Formen am gerechtesten oder effizientesten ist. Wie lässt sich die Effizienz der Formen beurteilen? Eine Möglichkeit ist, sie einem Benchmarking zu unterziehen. Damit ist gemeint, dass man sie nach einem gängigen Standard bewertet. Es gibt aber natürlich keinen ›gängigen Standard‹, da es ja gerade darum geht, die Koordinationsformen miteinander zu vergleichen. Der Markt spielt hier eine besondere Rolle, da für ihn die Bewertung verschiedener Alternativen charakteristisch ist. Man kann allerdings auch verschiedene Qualitäten bei gegebenem Preis vergleichen oder – obwohl das komplexer ist – gleichzeitig eine Reihe mehrerer Variablen (Chamberlin 1948, 1953). Der Markt ist in der Art reflexiv, dass man mit ihm nicht nur andere Koordinationsformen, sondern auch andere Märkte bewerten kann.

Was bedeutet nun diese Fähigkeit des Marktes zum Benchmarking für die Marktteilnehmer? Der Markt ist die Koordinationsform, die es Akteuren in den Rollen von Käufern und Verkäufern erlaubt, die Rollen zu wechseln und in einer Arena zu konkurrieren, in der Akteure oder deren Angebote bewertet werden. Diese Bewertung impliziert »einen gewissen Schutz vor den Ungewissheiten des Geschäftslebens« (White 2002b: 1). Wie kann aber die Bewertung durch den Markt Schutz gewähren? Keine Koordinationsform bietet Schutz, aber der Markt ist die einzige Form, deren Kennzeichen die Bewertung von Alternativen ist. Darum kann er als Benchmark für Effizienz dienen.

Die besondere Rolle der Märkte gegenüber den anderen Koordinationsformen zeigt sich nur mit Blick auf den Wirtschaftsakteur, der unter der Bedingung unvollständiger Information entscheiden muss, wie zu handeln ist. Nur die Marktbewertungen basieren auf dem Prinzip des Angebotsvergleichs, das zu Wettbewerb und Selektion führen kann (Simmel 1923; Weber 1978: 38–40). Überdies – und das verweist auf die Sonderrolle von Märkten in der Wirtschaft – kann die »Effizienz« von Hierarchien (Unternehmen) und Netzwerken nur mit dem Maßstab des Marktes und, konkreter, der Marktpreise bewertet werden. Der Wettbewerb auf Märkten macht es also möglich, sowohl die Tätigkeiten in Unternehmen (Hierarchie) (vgl. Coase 1937, 1988; Williamson 1981) wie in Netzwerken (vgl. Burt 1992) auf die vom Markt gebotene Alternative zu beziehen. Die – idealtypischen – sozialen Beziehungen auf Märkten sind Verbindungen ›zwischen voneinander unabhängigen Dritten‹, was nur eine andere Beschreibung der von neoklassischen Lehrbüchern unterstellten Form der Konkurrenz ist, die auf zeitlich begrenzten Geschäften basiert (vgl. Uzzi 1997). Diese kurzen Ausführungen weisen darauf hin, dass man viele Probleme von Organisationen und Netzwerken nur mit Blick auf die Art und Weise behandeln kann, wie diese Koordinationsformen in die Märkte und deren Bewertungsprozess eingebettet sind.

Warum brauchen wir aber dieses Benchmarking? Warum können wir angesichts der verfügbaren riesigen Informationsmenge die Wirtschaft nicht einfach planen? Genau das ist der sozialistische Traum, aber alle Realisierungsversuche sind bisher gescheitert. Hayek erklärt den Umstand, dass zentrale Planung nicht zu Effizienz führt, damit, »daß die ›Daten‹, von denen der wirtschaftliche Kalkül ausgeht, nie für die ganze Gesellschaft einem Einzelnen ›gegeben‹ sind, der das weitere ausrechnen könnte, und auch nie so gegeben sein können« (von Hayek 2007: 57). Wir haben es hier also viel mehr mit einem Problem der Verarbeitung und Interpretation von Informationen – das heißt einem Wissensproblem – zu tun als mit einem Informationsproblem. Dieses ›Wissensproblem‹ wird – Hayek zufolge auf die bestmögliche Weise – durch die Signalfunktion der Marktpreise gelöst (Spence 2002). Das bedeutet, dass das Wissen unter den Menschen verteilt ist, es aber keinen omnipotenten Akteur oder keine allmächtige Organisation gibt, die wissen können, welche Zwecke die Individuen verfolgen und wie man sie am besten erreichen kann. Für Hayek besteht das gesellschaftliche Koordinationsproblem stattdessen darin, »wie man den besten Gebrauch aller Mittel sichern kann, die irgend einem Mitglied der Gesellschaft bekannt sind und zwar für Zwecke, deren relative Wichtigkeit nur diese Individuen kennen« (Hayek 2007: 58). Hayek legt dar, »daß in einem System, in dem die Kenntnis der relevanten Fakten unter viele Menschen verteilt ist, die Preise imstande sind, die gesonderten Tätigkeiten (…) zu koordinieren« (Hayek 2007: 64). Die Preise übermitteln also laut Hayek die Informationen auf eine Weise, die es möglich macht, die alternativen Verwendungsweisen der jedem einzelnen Akteur zur Verfügung stehenden Ressourcen zu bewerten.

Es muss ganz klar sein, dass sich diese Bewertung nur auf einen der Zwecke bezieht, den wirtschaftliche Tätigkeiten und Akteure berücksichtigen müssen, nämlich auf die Effizienz oder »rationale Organisation der Wirtschaft« (von Hayek 2007: 58; vgl. Caliskan und Callon 2009) sowie, allgemeiner, auf das Überleben des Unternehmens oder des Wirtschaftsakteurs. Das ist jedoch nicht der Maßstab von Legitimität. Der Markt ist wohl eine überlegene Form zur Bewertung der Effizienz von Koordinationsformen; daraus folgt aber nicht, dass er auch moralische, ästhetische, politische und religiöse Angelegenheiten beurteilen kann. Wenn man bewerten will, was am demokratischsten ist, wird der Markt kaum die Messlatte der Wahl sein. Wir haben beispielsweise oben festgestellt, dass das für die Existenz eines Marktes erforderliche Benchmarking in erster Linie eine ethische Entscheidung ist; nur wenn ein Markt in einem bestimmten Kontext als akzeptabel angesehen wird, kann er dort auch entstehen. Die Erörterung der Prämissen, die man kennen muss, um verstehen zu können, wie Sozialwissenschaftler zu radikal verschiedenen Ansichten über die Nützlichkeit von Märkten kommen können, wird in Kapitel 3 fortgeführt.

Zusammenfassung

Gegenstand dieses Kapitels war die Art und Weise, wie Wirtschaftsakteure mit dem Problem des wirtschaftlichen Überlebens umgehen. Zur Kontrolle der Umwelt, Erzeugung von Ordnung und, bei gegebener Ordnung, Bewältigung von Ungewissheit können die Akteure bei ihren wirtschaftlichen Tätigkeiten soziale Beziehungen aufbauen. Es gibt, wie gezeigt, verschiedene Möglichkeiten zur Koordination der wirtschaftlichen Tätigkeiten. Wir haben in diesem Zusammenhang Netzwerke, Hierarchien und Märkte analysiert. Bei allen dreien handelt es sich um Strukturbildungen zur Herstellung von Ordnung und zur Koordination von Produktion, Distribution und Konsumtion. Märkte kann man nur in Relation zu anderen Koordinationsformen verstehen, und darum haben wir diese Alternativen in unser Buch aufgenommen. Bei der Erörterung von Malinowskis Studie hat sich gezeigt, dass die strukturelle Form des Netzwerkes nicht ohne seinen Inhalt verstanden werden kann; die inhaltlichen Komponenten – Werte und Kultur – sind somit der Form wesentlich – schließlich existieren ›Beziehungen‹ niemals ›an sich‹, das heißt als ›leere Pipelines‹ durch die der Inhalt ›fließt‹. Bisher haben wir Form und Inhalt für analytische Zwecke getrennt; im nächsten Kapitel entfalten wir nach und nach die mit wirtschaftlichen Tätigkeiten verbundenen motivationalen und kulturellen Werte.

Die Märkte standen in diesem Kapitel zwar nicht im Mittelpunkt, wurden aber wegen der von ihnen angebotenen Evaluationsmöglichkeit in den Blick gerückt. Das Bewertungs-, Wettbewerbs- und Rivalitätspotential von Märkten verleiht ihnen eine gewisse Benchmarkfunktion. Nur mithilfe von ›Märkten‹ lassen sich die Formen der Koordination – inklusive der Marktkoordination selbst – unter Effizienzgesichtspunkten evaluieren. Im folgenden Kapitel sehen wir, dass diese ›ökonomische‹ Autonomie, das heißt die Evaluierung der Koordination auf Basis ökonomischer Werte, keineswegs die einzig mögliche ist. In der Geschichte dominierten vielmehr ›religiöse‹ Werte, während in der Diskussion darüber, welche Angebote auf Märkten gehandelt werden dürfen, wie man den Reichtum verteilen und die Märkte kontrollieren soll, auch moralische und politische Werte vorgebracht werden. Das führt uns auch zur Erörterung der ethischen Aspekte von Märkten.

Märkte im gesellschaftlichen Lebenszusammenhang 3

Märkte sind wohl die am wenigsten erforschte Koordinationsform – und zugleich die rätselhafteste. Das mag seltsam klingen, aber es gibt, wie schon im ersten Kapitel erwähnt, eine eindeutige Erklärung für diese Situation in der Wirtschaftswissenschaft: Da man Märkte als etwas ›Natürliches‹ und daher als Ausgangspunkt betrachtet, zieht man sie oft zu Erklärung anderer Phänomene heran, statt sie selbst als erklärungsbedürftig zu anzusehen. In soziologischer Sicht bedürfen Märkte jedoch, vor allem ihrer vielfältigen Formen wegen, sehr wohl der Erklärung. Es ist somit eine wichtige Aufgabe, ihrer Rolle in der Geschichte und ihrer historischen Entstehung nachzugehen.

In der politischen und öffentlichen Debatte hat sich der ökonomische Blick auf Märkte durchgesetzt. Das spiegelt nur die Tatsache wider, dass sich der Markt auf Kosten der beiden anderen Formen der sozialen Organisation (Hierarchie und Netzwerk) ausbreitet. Dafür gibt es mehrere Gründe, darunter die Abdankung des Kommunismus (vgl. z. B. Nee und Matthews 1996; Nee und Opper 2006) und die entsprechenden politischen Entscheidungen, in so großen Ländern wie Russland und China Marktwirtschaften einzuführen. Man betrachtet in diesen Ländern Märkte als Lösung für bestimmte politische Probleme und bemüht sich daher, für ausländische Investoren attraktiv zu werden (Bandelj 2009b). Märkte spielen auch in der Entwicklungspolitik (Kiely 2007) und ebenso bei der Forderung nach Shareholder Value (Zuckerman 2000) eine zentrale Rolle. Märkte sind jedoch keine neuen sozialen Formationen, und es ist eine zentrale Aufgabe dieses Kapitels, ihre Diffusion historisch zu erklären.

Das Wissen um die Geschichte der Märkte ist entscheidend für das Verständnis unserer eigenen Zeit. Das bringt uns zu der verwandten Frage, warum sich der Markt im Verlauf von mehreren hundert Jahren auf Kosten von Hierarchie und Netzwerk ausgebreitet hat. Wir behaupten, dass man die analytischen Unterscheidungen zwischen den hauptsächlichen Koordinationsformen – Netzwerk, Hierarchie und Markt – im Zusammenhang mit der allmählichen historischen Ausdifferenzierung der gesellschaftlichen

Sphären sehen muss. Besondere Aufmerksamkeit widmen wir daher der Entstehung eines Wirtschaftsbereichs, der von anderen Sphären, insbesondere von der religiösen Sphäre, relativ unabhängig ist. Das führt uns auch zum Thema Kapitalismus und Marktideologie und schließlich zu dem Menschenbild, das den Markttheorien zugrunde liegt. Dieses Kapitel befasst sich somit eingehender mit dem kulturellen Unterbau von Märkten. Wir werden sehen, dass Märkte Legitimität brauchen. Auch werden wir zeigen, dass es auf Märkten unterschiedliche motivierende Kräfte geben kann.

Marktdeutungen in der Geschichte

Die Geschichte der Märkte ist aus verschiedenen Blickwinkeln und Disziplinen thematisiert worden. Eine erste Disziplin ist die Geschichtswissenschaft, genauer die Wirtschaftsgeschichte, eine zweite die Archäologie und eine dritte die Anthropologie. Wir halten diese Perspektiven zwar für notwendig und dem soziologischen Verständnis der Märkte gewiss dienlich, müssen aber zu ihrem Status zweierlei anmerken. Erstens ist das empirische Material, wie gewöhnlich, theoretisch aufgeladen. In der Wirtschaftsgeschichte der Märkte haben beispielsweise der neoklassische Mainstream und, in einigen Fällen, marxistische Wirtschaftsvorstellungen die Forschung geleitet und so die Interpretationen geprägt.

Das zweite Problem mit historischen Studien, der Datenmangel, greift tiefer. Vor allem die archäologische Forschung – über prähistorische Bedingungen vor Entwicklung der Schrift – ist für soziologische Zwecke kaum zu gebrauchen. Die Probleme dieser Forschungstradition sind so groß, dass sogar über »methodologischen Optimismus« als Weg aus der misslichen Lage diskutiert wird (Earl 2000: 48). Wir halten den Versuch, aus den bruchstückhaften Befunden der Archäologie ein Bild des Marktes zusammenzusetzen, für nicht besonders fruchtbar. Um zu verstehen, wie Märkte eingerichtet wurden, greifen wir daher hauptsächlich auf zwei Arten von Forschungsmaterial zurück: Arbeiten von Historikern auf Basis geschichtlicher Dokumente und anthropologische Werke, die auf Studien über Gesellschaften ohne oder mit begrenztem Kontakt zu westlichen Kulturen basieren. Wir interpretieren dieses Material allerdings aus einem soziologischen Blickwinkel. Dass wir bei unserem Versuch, die Vergangenheit zu verstehen, heutige Denkweisen, Begriffe und Theorien anwenden, ist unvermeidlich; es ist, wie von der Hermeneutik gezeigt (Gadamer 1990; Heidegger 2001b), die Bedingung jedes Versuchs, die Vergangenheit zu verstehen.[15]

Schaffung von Märkten in der Geschichte

Untersucht man die Wurzeln des modernen Marktes, wird deutlich, dass Märkte mit der Gesellschaft und der Kultur einer bestimmten Zeit zusammenhängen und von ihnen ge-

Abbildung 3.1   Formen des wirtschaftlichen Austauschs

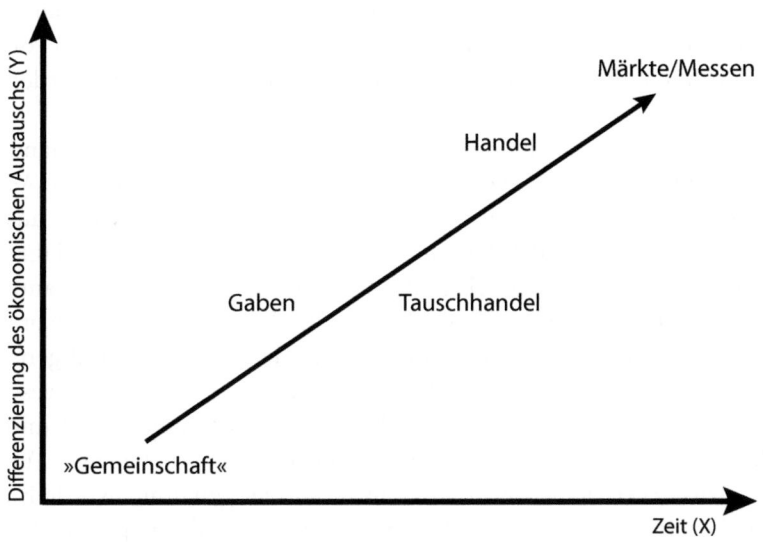

Anmerkung: Diese Abbildung illustriert die analytisch unterschiedenen Hauptformen des Austauschs (Y), in ihrer historischen Entwicklung (X). Die Differenzierung ist ein nicht teleologischer Prozess; die vormals dominanten Koordinationsformen bestehen fort und existieren somit neben den Märkten.

prägt werden. Unsere historische Perspektive zeigt, wie Märkte geschaffen werden; sie
bietet sowohl den allgemeinen Hintergrund für die Erörterung der modernen Märkte
als auch Anhaltspunkte dafür, wie Märkte entstanden sind (vgl. Kapitel 7).

In diesem Abschnitt befassen wir uns mit unterschiedlichen Arten des ökonomischen ›Austauschs‹. Wir differenzieren dabei analytisch zwischen den folgenden dominierenden Formen: (a) Teilen innerhalb der Gemeinschaft, (b) Austausch von Gaben,
(c) Naturaltausch, (d) dyadischer Handel sowie (e) Messen und Austausch auf Märkten
(siehe Abbildung 3.1).

Wir behaupten, dass der Austausch in Gestalt von Messen und Märkten mit der
Komplexität einer Gesellschaft wuchs, die von Bevölkerungswachstum, funktionaler
Differenzierung sowie kultureller und technologischer Entwicklung, das heißt Prozessen betroffen war, die man zusammenfassend ›Rationalisierung‹ nennen kann. Wichtig
dabei ist, dass wir den Differenzierungsprozess, durch den die Verteilung im Rahmen
der Gemeinschaft von komplexeren Tauschformen wie Messen und Märkten abgelöst
wurde, mithilfe des Konzepts der sozialen und kulturellen Einbettung erklären.

Die Forschung über Märkte lässt sich in zwei Punkten zusammenfassen. Erstens:
Wirtschaftliche Transaktionen und Handel sind nicht auf Märkte beschränkt, sondern
kamen in vielerlei Formen vor. Der Begriff Markt bezieht sich, wie schon erwähnt, sowohl auf den Preismechanismus wie auf den Platz, auf dem gehandelt wird; die Ge-

schichte des Handels beginnt aber keineswegs mit dem von Ökonomen beschriebenen Marktmechanismus (Braudel 1990)[16]. Zweitens: Reziprozität in Gemeinschaften, häusliche Wirtschaft und Umverteilung in der hierarchischen Organisation sind Formen von wirtschaftlichen Transaktionen, die erst relativ spät vom Markttausch abgelöst wurden (Polanyi 1957a).

Es ist nützlich, zunächst den Ursprung des Begriffs ›Markt‹ zu klären. Das Phänomen Markt ist älter als der Begriff. Der Letztere bezieht sich auf relativ allgemeine Aspekte der Wirtschaft und stammt – möglicherweise mit einer etruskischen Wurzel – aus dem Latein (*mercatus*, Handel). Das deutet darauf hin, dass das Wort an die 3 000 Jahre alt sein könnte. Der römische Gott des Handels und Götterbote wurde Merkur genannt und es ist bekannt, dass die römische Mythologie die griechische spiegelt. Der entsprechende griechische Gott – Hermes – war nicht nur der Gott der Reisenden und generell des Handels, sondern auch der Diebe. Der Handel wurde also, etymologisch gesehen, von den Römern bei Übernahme der griechischen Mythologie aufgewertet und zivilisiert. Der von den Römern – zumindest zur Zeit Julius Caesars – betriebene Tür-zu-Tür-Verkauf oder ›Hausiervertrieb‹ (im Englischen ›*peddling*‹ genannt), wurde im Deutschen als ›*Markt*‹ bezeichnet (Grimm und Grimm 1971: 12, Spalte 1644–53). Damals waren die reisenden Kaufleute reisende ›Fremde‹, denen zwar womöglich nicht jeder traute, die aber – wie Hermes und Merkur – der fest ansässigen Bevölkerung außer den Gütern auch Neuigkeiten lieferten. Das Wort Markt geht also auf den ambulanten Handel zurück und wurde erst später auch auf einen Platz bezogen. Von einer Frühform des Wettbewerbs können wir nur sprechen, wenn Händler so oft eine bestimmte Gegend bereisten, dass sich die Käufer dort eine Vorstellung von den relativen Preisen und Qualitäten machen konnten.

Die Ähnlichkeit der einschlägigen Begriffe in vielen europäischen Sprachen, so beispielsweise *mercado* im Spanischen, *marché* im Französischen und *marknad* im Norwegischen, deutet darauf hin, dass sich das Wort zusammen mit der Praxis verbreitete. Obwohl die Phänomenologie des Marktes, zu der Wettbewerb wesentlich dazugehört, sehr alt ist, hat der Begriff ›Markt‹ somit unseres Wissens diese Bedeutung erst allmählich angenommen. Ursprünglich bezog er sich auf das, was wir heute ›Handel‹ nennen. Nun zu den verschiedenen ökonomischen Beziehungen, die uns Aufschluss über den Ursprung des Marktes geben, aber auch helfen, Märkte von anderen Formen des Handels – im weitesten Sinne – zu unterscheiden.

Gabe und Tausch

Es ist durchaus möglich, dass Geschenke unter Stämmen, die in komplexen sozialen Netzwerken wie dem beschriebenen Kula-Ring ausgetauscht wurden (vgl. Kapitel 2), der Ausgangspunkt aller Formen von Handel waren. Malinowskis Studie lehrt uns, dass die archaischen Handelsringe in hohem Maße durch die Handelsregeln, auf denen die stabilen sozialen Beziehungen in und zwischen den Stämmen basierten, ›organisiert‹ und ritualisiert wurden. Der andere für uns entscheidende Befund von Malinowskis Untersuchung ist, dass man Stammeswirtschaften nicht als eine vom ökonomischen Menschen besiedelte Form von ›natürlicher Wirtschaft‹ ohne Machtstrukturen und soziale Schichtung beschreiben kann. Malinowski bestreitet folgerichtig die Universalität der in der neoklassischen Theorie unterstellten Motivationskräfte: »Gewinn, wie er oft in zivilisierten Gemeinschaften einen Anreiz zur Arbeit darstellt, wirkt unter den unverfälschten Bedingungen der Eingeborenen niemals als Anstoß zur Arbeit« (Malinowski 1979: 194).

Fast jede soziale Interaktion in diesen Stämmen basierte auf einem ständigen obligatorischen Geben und Nehmen. Die Trobriander praktizierten zwar mit ihrem Naturaltausch und Gefeilsche auch instrumentelle Formen des Gütertauschs, betrachteten diese aber als vergleichsweise minderwertige Handelsformen, da sie nicht auf dem magischen und mystischen Fundament ihrer Gesellschaft beruhten (Malinowski 1979: 207–231).

Marcel Mauss (2002), Neffe und Student von Émile Durkheim, entwickelte auf Basis der zeitgenössischen anthropologischen Untersuchungen eine allgemeine Theorie des symbolischen Austauschs. Diese Theorie lässt sich mit einem Beispiel von den Maori verdeutlichen (Mauss 2002: 10–13). In der Maorisprache ist jede Gabe von einem *hau* besessen. Das *hau* ist eine spirituelle Kraft und Teil der Seele des Gebenden. Mauss beschreibt es als eine informelle Form der Verpflichtung, die den Empfänger daran erinnert, sich mit einer ebenso wertgeschätzten Gegengabe erkenntlich zu zeigen: »Die in der empfangenen und ausgetauschten Gabe eingeschlossene Verpflichtung folgt aus der Tatsache, dass das empfangene Ding nicht inaktiv ist. Auch wenn es vom Geber preisgegeben wurde, ist immer noch etwas von ihm darin enthalten« (Mauss 2002: 15).

Soziale Zwänge und informelle Austauschpflichten wie die Reziprozitätsnorm führen manchmal sogar zur Zerstörung wertvoller Dinge, wie etwa in dem »Eigentumskrieg« (Mauss 2002: 47) des von Stämmen in Nordalaska praktizierten Potlatchs. Bei der verschwenderischsten Form des Potlatchs zerstört der Häuptling zur Demonstration seiner Überlegenheit seine eigenen Güter: »Ganze Behältnisse mit Öl vom *olachen* (Kerzenfisch) oder vom Wal wurden verbrannt und ebenso Häuser und tausende Decken. Die wertvollsten Kupfergegenstände wurden zerstört und ins Wasser geworfen, um den Rivalen zu erniedrigen und ›am Boden zu zerstören‹. Auf diese Weise befördert man nicht nur sich selbst die soziale Stufenleiter hinauf, sondern auch seine Familie« (Mauss 2002: 47–48). Der Potlatch der Kwakiutl zeigt so einen weiteren Aspekt der symbolischen Dimension von Gaben, nämlich sozialen Status und Macht; Macht impliziert die Fähigkeit, einen bestimmten Potlatch mit einem ebenso verschwenderischen oder noch verschwenderischeren zu erwidern.

Die These, dass der symbolische Austausch von Gaben die Wurzel des Handels sei, wird überdies von mehreren Studien gestützt. Weber (1981: 197)[17] bemerkt, dass der Handel aus Gaben erwuchs und hebt hervor, dass der Austausch von Gütern in archaischen Gesellschaften auf magische Zwecke zurückgeht und nicht den formalen Regeln des rationalen Austauschs und modernen Wirtschaftens unterliegt. Gaben knüpfen soziale Bande und stellen Vertrauen her, ein Gedanke, der beispielsweise von Studien über die Wikinger (Skre 2007) und über ›traditionale‹ Gesellschaften (Bourdieu 1977; Malinowski 1979; Polanyi 1957a: 156–263; Thurnwald 1969: 149) bestätigt wurde.

Gaben spiegeln also ein gemeinsames Interesse wider, während für den Handel widerstreitende Interessen und Kampf kennzeichnend sind. Es ist falsch, von ›eingebetteten Gaben‹ zu reden, da Gaben nie etwas anderes als eingebettet waren.[18] Einbettung setzt eine Differenz zwischen Handeln und Kultur voraus und im Unterschied zu dem, was wir seit Anbruch der Moderne kennen, war das in nicht ausdifferenzierten Gesellschaften niemals der Fall. Die von Malinowski beschriebenen Handlungen bildeten einen untrennbaren Bestandteil eines von religiösen Auffassungen geleiteten größeren Ganzen. Alles Handeln, inklusive des heute als ›wirtschaftlich‹ bezeichneten Handelns, wurde früher von Weltdeutungen geleitet, die Comte ›theologisch‹ oder ›fiktiv‹ nannte. Aus Geschenken erwuchs die Idee, Gaben systematischer auszutauschen, und aus dem Austausch von Gaben entwickelte sich später der Naturalientausch. Möglicherweise, geschah dies, als nach und nach der Satz »kriege ich A, bekommst du B« Einzug in den Gabentauschs hielt. Das hätte zu einer stärkeren Gleichwertigkeit der Gaben geführt und in der ›Entwicklung‹ von einer reinen Gabenwirtschaft zu einer Naturaltauschwirtschaft eine eigene Stufe dargestellt. So gesehen lässt sich der Handel, der komplexere Geschäfte erleichtern kann, als eine Art Systematisierung des Naturaltauschs verstehen. Der geldvermittelte Handel erlaubt den Akteuren, auf dem Handelsplatz mit Geld statt mit Gütern auftreten (Thurnwald 1969: 141).

Wenn der Handel aus Gaben und Gabentausch entstand, kann man diesen Wandel dann auch datieren? Zumindest rudimentäre Formen von Handel lassen sich wohl bis ins Neolithikum (8500 v. Chr.) zurückverfolgen; klare Belege für ›marktlosen Handel‹ gibt es Polanyi (1957c) zufolge um das Jahr 1800 v. Chr. Preisbildende Märkte existierten dagegen »allen Berichten zufolge nicht vor dem ersten Jahrtausend der Antike« (Polanyi 1957a: 25). Wie schon angedeutet, dürften die ersten Schritte zu einem Markt mit einer klaren Wettbewerbsstruktur irgendwann dann stattgefunden haben, als so viele reisende Händler unterwegs waren, dass die Bauern und anderen Kunden die Preise und die Qualität der Angebote eindeutig vergleichen konnten. Dies kann man als einen Vorläufer des Markts betrachten. Später, als mehrere Händler in ›Städten‹ zusammenkamen und sich auf bestimmten Plätzen trafen oder wenn Händler zusammen reisten, wurde möglicherweise ein richtiger Markt gebildet. Polanyi hat also wahrscheinlich recht, wenn er sagt, der Ursprung des Marktes seien wohl nicht lokale Märkte (Polanyi 2001: 59–70), sondern der Fernhandel oder, genauer und wie schon oben erwähnt, reisende Händler. Geertz Aussage, die treibende Kraft der wirtschaftlichen Entwicklung in Java seien »weder der lokale Handel noch die lokale Produktion […] sondern der Fernhandel und, letztlich, der internationale Handel« (Geertz 1963: 42–43) stützt diese Vorstellung. North (2003: 434) nennt eine Reihe von Fernmärkten, die im fünften Jahrhundert v. Chr. betrieben wurden. Folgt man diesem Argument, liegt der Ursprung von Handel und Märkten also weniger in der Arbeitsteilung zwischen Individuen, als in der

›Arbeitsteilung‹ zwischen Gruppen, die durch deren geografische Verteilung bestimmt ist (Polanyi 2001: 61; Weber 1981: 198).

Wie die ersten Märkte aussahen, ist unklar. Eine frühe Form von Marktplatz ist beispielsweise die Agora im antiken Athen, von der wir aber nicht viel wissen (Thompson und Wycherley 1972). Die Agora war ein religiöser und politischer öffentlicher Ort, an dem man sich traf: »der Athener, der hierher ging, um Güter einzukaufen *(agorazein)*, sagte vielleicht ebenso, er gehe zur Agora, wie wenn er eine politische Versammlung besuchte« (Thompson und Wycherley 1972: 171). Die Agora war eine bereits hoch institutionalisierte Form des Marktes mit Regeln, Gerichten, genauen Grenzen, Marktständen und so weiter (Swedberg 2003: 136–137; Thompson und Wycherley 1972). Die Agora des antiken Athen war offenbar eine frühe Form von Markt, in der spezialisierte Kaufleute verschiedene Güter wie Wein, Fisch, Grünzeug, Knoblauch oder Töpfe anboten (Thompson und Wycherley 1972: 171). Die Güter wurden oft durch Fernhandel importiert. So wurde beispielsweise vom sechsten Jahrhundert v. Chr. bis zum sechsten Jahrhundert n. Chr. Wein eingeführt (Thompson und Wycherley 1972: 172). Beim Wein gab es offensichtlich eine Differenzierung von Preisen und Qualitäten; die meisten Weine – aus Rhodos und Knidos – hatten moderate Preise, gelegentlich wurden aber auch hochwertige und teure Weine aus Chios, Thasos und Mende angeboten. Von der Agora können wir auch etwas über die Formierung und Organisierung der frühen Märkte erfahren: »Die Markttätigkeiten unterstanden einer gewissen staatlichen Kontrolle durch den Magistrat der Agoranomen (Marktaufseher) und stärker spezialisierte Amtspersonen wie die Sitophylakes (Korninspektoren) und die Metronomen [Beauftragte für Maße und Gewichte]« (Thompson und Wycherley 1972: 172). Auch in anderen Ökonomien wie der Wikingerwirtschaft finden wir deutliche Hinweise auf Handelsplätze (Hedeager 1994). Im frühen achten Jahrhundert gab es hier, insbesondere für Produkte, die nicht Teil der immer noch dominierenden Geschenkökonomie sein konnten, gut organisierte Märkte (Hedeager 1994: 138–139).

Obwohl der Markt ein zeitlich erstrecktes Phänomen ist, heißt das nicht, dass die Handelsplätze dauerhaft waren. Bei der Messe, einer frühen Form des Marktes, versammelten sich Händler zu bestimmten Terminen an speziellen Plätzen, die man daher periodische Märkte nennen kann (Eighmy 1972; Park 1981; vgl. Thurnwald 1969: 162). Es gab sogar auch einen mobilen Arbeitsmarkt (Braudel 1990: 120–122; vgl. Jeggle 2009).

Man muss diesen Handel im Zusammenhang mit den umfassenden Handelskreisläufen begreifen. Wir wissen, dass später, vom fünfzehnten bis achtzehnten Jahrhundert, interkontinentale Handelskreisläufe für den Marktaustausch wichtig waren (Braudel 1990: 145–176). Die Kaufleute konnten an Handelsgeschäften teilnehmen, bei denen in zwei oder drei Etappen Güter gegen andere Güter oder gegen Geld getauscht wurden. Das Wichtigste für einen beteiligten Kaufmann war dabei Sicherheit, das heißt Garantien, dass sich der Kreis am Ende schließen werde (Braudel 1990: 146). Gelang das nicht, waren damit oft immense Verluste und für manche Geschäftsleute der Bankrott verbunden. Ein Handelskreislauf, der nicht oder nicht innerhalb eines bestimmten Zeit-

raums geschlossen werden konnte, war daher dem Untergang geweiht. So litt beispielsweise eine Frankfurter Firma, ein Lieferant von Azurfarbe, dessen für Rouen bestimmte
Fässer meist in Amsterdam eingeschifft wurden, sehr unter der Einstellung des Handels zwischen Frankreich und Holland im Jahr 1793 (Braudel 1990: 150–151). Dieses Beispiel zeigt die Bedeutung von Sicherheit, Stabilität und Vertrauen im frühen Handel. Da
das profitabelste Geschäft der Zeit Langstreckentransporte zu den Westindischen Inseln
und zum Indischen Ozean waren, ist die Bedeutung von Sicherheit und Vertrauen für
die Geschäftsleute wohl offensichtlich. Wie konnten aber diese Ressourcen zu einer Zeit
an ihren Bestimmungsort gebracht werden, in der es keine erzwingbaren und durch nationale und internationale Organisationen anwendbaren internationalen Regeln wie die
moderne *lex mercatoria* (Volckart und Mangels 1999) gab?

Braudel macht in diesem Zusammenhang auf die Rolle der Handelsnetzwerke als
Schlüsselinstitutionen zur Information und Vertrauensbildung über nationale Grenzen
hinweg aufmerksam: »Jedes Handelsnetzwerk verbindet eine Anzahl einzelner *Agenten*,
z. T. Angehörige ein und derselben Firma, an verschiedenen Punkten, von denen ganze
Bündel von Handelsverbindungen ausgehen können. Von diesen Relaisstationen, diesen
Treff- und Knotenpunkten, deren Zahl mit wachsendem Erfolg der Beteiligten wie von
selbst zunimmt, lebt der Handel.« (Braudel 1990: 155). Das weist auf die grundlegende
Bedeutung von Institutionen und Netzwerken für den Warentausch hin und bestätigt
die Beobachtung von Durkheim und vielen anderen, dass der Handel und die Herstellung von Beziehungen per Vertrag Vertrauen voraussetzen.

Darüber hinaus gab es unter den Kaufleuten einen strengen Verhaltenskodex und
war es ganz entscheidend, zur Übermittlung wichtiger Geschäftsinformationen Agenten einzusetzen. Die Verhaltensregeln zwischen Kaufleuten und Agenten waren daher
für die Herstellung von Vertrauen und Sicherheit bei grenzüberschreitenden Handels-
tätigkeiten essentiell. So waren zum Beispiel in Sevilla und Cádiz, den Brückenköpfen
des Amerikaverkehrs, die Unterwelt berüchtigt, und Korruption sowie Betrug an der
Tagesordnung. Es gab aber einen ›professionellen Verhaltenskodex‹, ein Solidaritäts-
netzwerk zwischen den Kaufleuten und Agenten, das die grenzüberschreitende Zusammenarbeit ermöglichte; die Agenten vor Ort kannten die informellen Regeln, wussten,
wie man sich verhält, wie man spricht und was man den Lokalbehörden anbieten muss,
um die sichere Verladung der Güter auf die Schiffe zu gewährleisten. Natürlich ermög-
lichten diese Netzwerke auch illegale Geschäfte wie Schmuggel: »Seit Ende des 16. Jahrhunderts schon schieben die Holländer ungestraft Strohmänner vor, um ihre Ladungen
an Bord der spanischen Flotten zu befördern und die Rückfracht aus Amerika in Emp-
fang zu nehmen. Jeder in Cádiz kennt die *metedores* (Schmuggler) […] Diese risikofreu-
digen, lebenslustigen Herren, auf die die bessere Gesellschaft mit Fingern zeigt, sind ein
unabdingbarer Bestandteil des für eine große Handelsstadt so lebenswichtigen Netzes
gegenseitiger Solidarität.« (Braudel 1990: 159).

Diese grenzüberschreitenden Handelsnetzwerke führten im Übrigen zur Entwicklung ethnischer Handelsnetzwerke. Die bekanntesten Beispiele dafür sind kleinere

ethnische Gruppen wie die Armenier oder Juden, die sich weltweit und insbesondere im Nahen Osten und, einige Zeit später, auch in den Vereinigten Staaten, ausbreiteten (Braudel 1990: 162–167).

Generell kontrollierten Kaufleute, die – nationalen oder religiösen – Minderheiten angehörten, oft den Handel (Juden, Armenier, Banjans, Parsen, die russischen Raskolniki und die christlichen Kopten im muslimischen Ägypten) (Braudel 1990: 173). Braudels Erklärung dafür ist zum Teil soziologisch: Eine Minderheit hält zusammen, um sich gegenseitig zu helfen und zu verteidigen: »Kurzum, eine Minderheit ist durch ein gleichsam vorgegebenes, fest geknüpftes Netz verbunden« (Braudel 1990: 175). Man sollte die großen Handelsimperien – beispielsweise Italiens oder Hollands – nicht vergessen, aber historisch gesehen zerfielen sie alle nach einer gewissen Zeit der Blüte: »Alle Handelsnetze jedoch, selbst die stärksten, unterliegen Rückschlägen und Schwankungen« (Braudel 1990: 171). Die soziologische Erklärung dafür ist, dass Netzwerke zwar effizient, aber definitionsgemäß nicht steuerbar sind, solange man sie nicht in Organisationen verwandelt.

In Netzwerkbegriffen kann man auch einige der frühen Anzeichen von globalem Handel erklären. Ethnische Netzwerke etablierten sich überall in der Welt und trugen damit zur Stabilisierung und Weiterentwicklung des Marktes bei: »In Deutschland, das durch die schweren Erschütterungen des Dreißigjährigen Krieges seine kapitalistischen Strukturen großenteils eingebüßt hatte, war ein Leerraum entstanden, den der jüdische Handel Ende des 17. Jahrhunderts ausfüllte, nachdem sein Aufschwung schon ziemlich früh, u. a. auf den Leipziger Messen, offenbar geworden war.« (Braudel 1990: 167).

Hervorzuheben ist auch die Entwicklung des die Märkte regelnden Rechtssystems. Sein Ursprung liegt in der mittelalterlichen *lex mercatoria,* dem ›Recht der Kaufleute‹, das in einer »Welt großer Gefahr und Unsicherheit« (Volckart und Mangels 1999: 14) ganz entscheidend für Vertrauen und Sicherheit sorgte. Laut Volckart und Mangels deutet nichts darauf hin, dass sich der grenzüberschreitende Handel im neunten und zehnten Jahrhundert verstärkte, obgleich es ›Kaufleute‹ im klassischen Sinn schon gab. Der Handel, den diese Kaufleute betrieben, war allerdings sehr gering spezialisiert. Im Zeitalter der Karolinger (fünftes bis neuntes Jahrhundert n. Chr.) änderte sich die Rolle des Kaufmanns; der Status der Kaufleute stieg, und während sie zuvor bloße Beauftragte weltlicher oder kirchlicher Grundherren gewesen waren, gelang es ihnen nun, mehr und mehr Autonomie zu gewinnen. Einen historischen Durchbruch erlebte der Kaufmannsberuf während der ›Kommerziellen Revolution‹ im elften Jahrhundert. Volckart und Mangels (1999) zeigen, dass diese Revolution hauptsächlich auf neuen Instrumenten zum Schutz vor Räubern und Marodeuren basierte, die die Sicherheit und damit das Vertrauen in den Handel stärkten.

Das hauptsächliche Sicherheitsinstrument waren die zum Schutz des kaufmännischen Eigentums gebildeten ›Gilden‹. Wichtig ist, dass diese Gilden mit den kartellartigen Bruderschaften des späten Mittelalters wenig gemein hatten; sie waren »genuine Schutzvereinigungen« und »Gemeinschaften des gegenseitigen Vertrauens« (vgl. Commons 1909; Volckart und Mangels 1999: 16). Sie boten außerdem den Kaufleuten eine gesellschaftliche Plattform, auf der sie Reputation und Status aufbauen konnten: Der soziale Status eines Kaufmanns war hoch, wenn man ihn, beispielsweise, für ehrbar, ehrlich oder mächtig hielt. Wenn ein Kaufmann im Verdacht stand, den Verhaltenskodex des Handels zu verletzen, hatte die Gilde auch die Aufgabe der Streitschlichtung: »Der Ausschluss von Regelbrechern war im Interesse jedes ehrlichen Kaufmanns« (Volckart und Mangels 1999: 20). Wichtig ist, dass der Ausschluss aus der Gilde für einen Kaufmann böse Folgen haben konnte: »[...] heute verliert man mit einem Reputationsverlust nur Gelegenheiten zum Geschäftemachen. Gegen Ende des frühen Mittelalters bedeutete er auch den Ausschluss aus der Gemeinschaft, die physische Sicherheit gewährte: Der betroffene Kaufmann musste unter Bedingungen, die der Anarchie nahekamen, selbst für seine Sicherheit sorgen« (Volckart und Mangels 1999: 20). Die Gilden erfüllten also eine Pionierfunktion bei der Gewährleistung von Vertrauen und Sicherheit, die später zur Staatsaufgabe werden sollte.

Die zweite Phase der ›Kommerziellen Revolution‹ ging mit dem Urbanisierungsprozess im zwölften und dreizehnten Jahrhundert einher. Als die Gilden ihre altertümlichen Verfassungen verloren, konnten sie ihr Recht, keine Steuern zu zahlen, nicht länger aufrechterhalten und verloren überhaupt ihre Machtbefugnis und Privilegien – ihre Rechte wurden in der Folgezeit allen Kaufleuten verliehen. Dieses neue und umfassende System von Rechten konstituierte das *ius mercatorum* (wobei *ius* hier ›Recht‹ bedeutet). Der Begriff kam erstmals 1290 vor und trug zur sozialen Konstruktion des Kaufmanns als Angehörigen eines Systems von Rechten und Privilegien bei, das ihn vom Rest der Bevölkerung abhob. Mit der Durchsetzung des Stadtrechts durch städtische Kollegien wurde das als *forum contractus* bekannte Leitprinzip institutionalisiert. Das *forum contractus* beinhaltete die »Zuständigkeit des Gerichts in der Stadt, in welcher der Vertrag geschlossen worden war« (Volckart und Mangels 1999: 28). Für Kaufleute war es daher vernünftig, ihre Verträge in den Städten zu formulieren, in denen sie sich treffen würden. Zusätzlich zum *forum contractus* stellten die Städte Gerichte bereit, in denen Streitigkeiten um Handelsgeschäfte und Verträge beigelegt werden konnten (Volckart und Mangels 1999: 28).

Die Gilden waren daran interessiert, zur Verringerung des Wettbewerbs nicht nur die Produktion sondern auch den Handel zu kontrollieren und monopolisieren (Polanyi 2001: 67–68). Ferner machten es die Gildenmitglieder und andere dauerhaft in Städten ansässige Akteure möglich, Handelsgeschäfte zu betreiben, die im Unterschied zum Naturaltausch, nicht zur gleichen Zeit stattfinden mussten. Die zeitliche und räumliche Ausweitung des Kredits und der Handelsunternehmen stärkte auch die Bedeutung eines auf allen Märkten ungeachtet ihres Standorts geltenden gleichen Handelsrechts.

Wir schließen uns im Folgenden der Auffassung von Volckart und Mangels an, dass das mittelalterliche Rechtssystem mit der modernen *lex mercatora* nicht direkt vergleichbar ist. Für eine soziologische Geschichte des Marktes ist es aber interessant, die Entwicklung vormoderner Rechtssysteme zu verfolgen und zu fragen, wie sie zur Entwicklung einer Rahmenordnung für ein Handelssystem beitrugen. Es ist also wichtig, den Zusammenhang zwischen Warenmärkten, Kreditbedarf und rechtlicher Struktur zu sehen. Mit Blick auf diese rechtliche Struktur können wir leichter verstehen, warum der Handel auf Märkten friedlich ist (Weber 1972)[19].

Zum Verständnis des Transaktionskostenansatzes von Volckart und Mangels muss man sich mit der Dimension der Politik und Macht befassen, die in der historischen Entwicklung der vormodernen Märkte von großer Bedeutung für die Stabilität war. Wie schon gezeigt, war es angesichts des zunehmenden Handels und der wachsenden Nachfrage nach einem berechenbaren Zugang zu Gütern wünschenswert, einen dauerhaften Marktplatz zu haben, auf dem die Akteure zusammenkommen und Güter tauschen konnten. Überdies trieben die mit dem Reisen im mittelalterlichen Europa verbundenen Gefahren die Entwicklung eines organisierten Transportwesens und fester Handelsplätze voran; zudem konnten die Herrscher den Transitreisenden Schutz und Sicherheit in ihren Festungen anbieten. Als Gegenleistung mussten die Kaufleute Zoll und Schirmgeld entrichten. Die Abhaltung eines Marktes war entweder eine Möglichkeit, über die der Herrscher entschied, oder ein Recht, das er gewähren konnte (vgl. Skre 2007: 453). Für einen Herrscher war es in gewisser Hinsicht essentiell, einen Markt abzuhalten, da damit auch Steuereinnahmen verbunden waren (Weber 1998: 163). Weber erklärt, dass »Fürsten [...] besteuerbare Untertanen zu erlangen wünschten und darum Städte und Märkte gründeten« (Weber 1981: 124 f.). In England beispielsweise waren Märkte nach Quellen aus der Mitte des elften Jahrhundert nur erlaubt, wenn die Krone zuvor das Recht verliehen hatte, Handel zu betreiben und einen Markt abzuhalten (Britnell 1978). Derartige Rechte spiegeln das Bedürfnis der Krone nach Steuereinnahmen wider (Britnell 1978: 189). Der Krone war es allerdings in England auch möglich, in einer Art von ›Lizenzvergabe‹ das Recht, ›einen Markt abzuhalten‹, auf Privatpersonen zu übertragen (Masschaele 1992). Man kann somit sagen, dass die Organisierung sicherer Handelsplätze und – in allererster Linie – das Bedürfnis nach Steuereinnahmen dazu führten, dass die Märkte direkt von Fürsten und anderen Herrschern reguliert und organisiert wurden. Darüber hinaus konkurrierten die Märkte, oder, genauer, ihre Organisatoren miteinander um die Kaufleute und um den Zugang zu Steuereinnahmen.

Nach und nach wurden die Märkte von städtischen Kollegien statt von einem einzigen Souverän kontrolliert (Glamann 1977; Weber 1981: 214). Die Organisation von Märkten nahm wahrscheinlich mit dem Aufkommen von Marktstädten und, später dann, mit dem Bau von Markthallen (Braudel 1990: 25–26) zu. Außerdem brauchten Reisende Verpflegung, Unterkunft und andere Unterstützung, was nach zusätzlichen ›Marktaktivitäten‹ von Seiten derer verlangte, die in den Marktstädten ansässig waren. Zwischen der Entstehung von Städten und von Märkten besteht oft – wenn auch nicht immer – ein enger Zusammenhang (Weber 1978: 1214)[20]. Anthropologen haben allerdings gezeigt, dass informelle Formen von Märkten schon existierten, bevor von irgendeiner Form von modernem Staat die Rede sein kann (Dalton und Bohannan 1971) – und das gilt natürlich auch für die Märkte in Europa.

Organisation und Standardisierung

Erst auf der Basis einer stabilen sozialen Ordnung und mit der Einrichtung von Handelsplätzen sowie von Handels- und Güternormen und Rechtsgrundsätzen, die in relativ weiten Bereichen galten, konnten Transaktionen mit Gütern durch Zertifikate ersetzt werden. Die Standardisierung der Handelsobjekte ist daher sehr wichtig. Ursprünglich brachten die Verkäufer Warenmuster zu den Käufern, die erst nach deren Betrachtung über Kauf oder Nichtkauf entschieden. Die Lieferung der erwünschten Menge erfolgte in diesem Fall später. In solchen Situationen waren nicht nur die Angebote von Interesse, sondern auch die Anbieter selbst. Später wurden die Güter dann unter anderem im Hinblick auf Maße wie Länge und Gewicht standardisiert. Diese Standardisierung war auch die Voraussetzung für den Handel von Rechtstiteln auf Güter, etwa an den Börsen (Weber 1981: 293). Standardisierung bedeutete nämlich, dass die Güter nicht, wie auf einer Messe, physisch anwesend sein mussten. Die Börse in Amsterdam, wohl die erste Börse überhaupt, ist offenbar durch die städtischen Behörden gegründet worden, die damit auf den in der Stadt bereits stattfindenden Austausch von Rechten reagierten. Die erste gehandelte Aktie war – im Jahr 1602 – die Aktie der in Amsterdam ansässigen *East India Company,* die zur Finanzierung ihrer Fernhandelstätigkeiten Investoren benötigte. Der Handel mit Rechten und Beteiligungen, aber auch mit Terminwaren, setzt standardisierte Produkte voraus. Standardisierung genügt aber offensichtlich nicht; die Ablösung des direkten Güterhandels auf Messen und Marktplätzen durch einen Markt setzte auch die Entwicklung von Marktinstitutionen voraus.

Börsen sind oft wie in Stockholm oder Brüssel im Stadtzentrum angesiedelt, was wichtig war, als der Handel noch zwischen Anwesenden stattfand. In historischen Stadtplänen kann man die zentrale Lage des Marktes und die Koppelung von Marktentwicklung und Stadtentwicklung sehen. Frühe Beispiele dafür sind die Agora in Athen und das römische Forum, aber Ähnliches kann man auch bei vielen alten Städten wie Istanbul, Köln und Brüssel sehen. Die Betrachtung weiterer Städte würde jedoch nur bestätigen, dass der Marktplatz sich in der Regel in der Mitte, das heißt auf dem zentralen Platz der Stadt, befand.

Die präsentierten Beispiele lassen zwar nicht erkennen, dass Märkte ursprünglich planvoll eingerichtet wurden, deuten aber darauf hin, dass Märkte vor dem Hintergrund einer Lebenswelt von Institutionen und Vertrauen entwickelt wurden. Sie zeigen auch, dass Märkte errichtet wurden, um den Handel zu erleichtern oder, genauer, um Steuereinkommen zu erzielen. Viele der uns bekannten Märkte wurden, wie gezeigt, in einem gewissen Maß planvoll gegründet. So sieht es auch Maitland, wenn er sagt, dass »der Markt durch Gesetz eingeführt wurde«, und dann fortfährt, dass es dies »den Leuten verbietet, irgendwo anders als in einem ordnungsgemäß errichteten Markt zu kaufen und zu verkaufen« (Maitland 1907: 193). Polanyi spricht in ähnlicher Weise von der »doppelten Funktion der Städte im Hinblick auf die Märkte, die sie zugleich hegten und beschränkten« (Polanyi 1957b: 65). Anders ausgedrückt: Der Handel wurde kontrolliert, um zu verhindern, dass außerhalb der Marktplätze Handel betrieben wurde, und um denen ein Einkommen zu sichern, die im Besitz der Rechte waren, Handel zu betreiben (Weber 1978: 1328–31).

In dieser historischen Perspektive wird deutlich, dass die Entwicklung des Marktes mit einem Prozess zunehmender Ordnungsbildung einhergeht. Die komplexen Erscheinungen des modernen Marktes lassen sich nicht auf das zweckvolle Handeln rationaler und atomisierter Individuen zurückführen. Bei der Beschäftigung mit der Geschichtswissenschaft und der Anthropologie zeigen sich die gesellschaftlichen und symbolischen Dimensionen des Austauschs, die die Akteure miteinander verbinden und Ordnung schaffen – ›rationales‹ Handeln als ein Handlungsstil unter anderen (Pareto 1935) ist nur in einer solchen geordneten Lebenswelt möglich (White 2008). Mit der zunehmenden Entwicklung von Elementen der Marktordnung wurden im Laufe der Zeit komplexere soziale Formationen möglich, sodass wir heute von einer ›Marktwirtschaft‹ sprechen können, die aus mehreren miteinander verbundenen Märkten besteht. Wir wenden uns nun der Frage zu, wie sich diese Marktwirtschaft entwickeln konnte, und müssen uns deshalb mit dem Kontext befassen, in den die Märkte eingebettet waren.

Ausdifferenzierung der Lebenssphären

Die Entwicklung von Märkten und die darauf bezogenen Theorien, die im Zentrum dieses Buches stehen, sollten uns nicht daran hindern, eine andere zentrale gesellschaftliche Entwicklung zur Kenntnis zu nehmen, dass nämlich die Wirtschaft allmählich eine eigene Logik entwickelte. Diese Entwicklung ist nicht mit der Herausbildung der Marktgesellschaft identisch, hängt aber eindeutig mit ihr zusammen, da die Märkte Triebkräfte des Wandels sind. Darüber hinaus ist die separate und autonome Sphäre, die wir ›die Wirtschaft‹ nennen und die oft als einziger Gegenstand der Wirtschaftswissenschaft angesehen wird, jüngeren Datums als die ältesten Hinweise auf den Begriff. Wir sollten die Ausdifferenzierung von Lebensbereichen und die heute für selbstverständlich gehaltene Entwicklung kapitalistischer Märkte als zwei miteinander in Wechselwirkung stehende Prozesse verstehen. Die Ausdifferenzierung verschiedener Lebenssphären mit jeweils eigenem Sinn und eigener Rechtfertigung des Handelns trug zur ethischen Legitimierung von Märkten bei (Zelitzer 1979).

Max Weber (1946: 323–31, 333–57) legte dar, dass sich all die verschiedenen Lebenssphären, die einer gewissen Eigengesetzlichkeit gehorchen, aus der religiösen Sphäre heraus entwickelt haben. Kennzeichnend für die Wirtschaftssphäre ist Zweckrationalität, Austausch unter Absehung der Person, Entpersönlichung, Versachlichung, universelle Maßstäbe, Rechenhaftigkeit und formale Verträge. Die Werte dieser Sphäre können in Konflikt mit denen anderer Sphären stehen. Wir geben kurz die altbekannte Geschichte vom Ursprung des Geistes des Kapitalismus wieder, wie sie Weber (1920)[21] erzählt hat. Weber zufolge wurde die Veränderung im kapitalistischen Geist von Indi-

viduen verursacht, die die Calvinistische Tugend verinnerlicht hatten. Diese Menschen
betrieben ihre Geschäfte auf andere Weise, was vermutlich zu größerer Übereinstim-
mung zwischen der Kundennachfrage und den produzierten Waren führte. Die Konkurrenz zwang andere Geschäftsinhaber, ›mit dem Strom zu schwimmen‹ oder aus dem
Geschäft auszuscheiden. Das kapitalistische System ist Weber zufolge nicht das Resultat planvoller Handlungen zur Erreichung eines wohldefinierten Zwecks. Es ist vielmehr
das Ergebnis individueller Handlungen, die sich an religiösen Werten oder Tugenden
orientieren. Dieser soziale Prozess brachte für die separate Sphäre, die schließlich die
›wirtschaftliche Sphäre‹ genannt wurde, eine andere Wertebasis hervor. Die eigenständige Wissenschaft der ›Ökonomik‹, die sich mit der Wirtschaft befasst, ist natürlich sehr
viel später entstanden (Foucault 2002).

Erst mit der allmählichen Separierung der Lebensbereiche kann von ›der Wirtschaft‹ im Sinne einer von ihrer eigenen Logik gesteuerten Sphäre die Rede sein. Pola-
nyis (1957b) Erörterung sollte im Lichte einer modernen Gesellschaft gesehen werden,
die zunehmend durch Märkte koordiniert wird. Eben dies haben er und andere – wie
Marx, Simmel, Weber, Marshall, Pareto und Habermas – analysiert. Sie alle betonen die
gefährlichen Auswirkungen auf die Conditio Humana. Ein wesentlicher Aspekt dabei ist
das Eindringen des Geldes (Carruthers 2005) in andere Interaktionssphären (Habermas
1984; Luhmann 1988).

Kapitalismus

Es gibt offensichtlich einen engen Zusammenhang zwischen Kapitalismus und Märkten.
Heute ist vielleicht von verschiedenen Formen des Kapitalismus in China, Russland und
vielen anderen Wirtschaftssystemen die Rede, aber dabei handelt es sich nur um eine
Phase in einer langen Entwicklung. Der Kapitalismus war, wie schon Marx feststellte,
eine beispiellose Wachstumsmaschine. Zwar haben viele westliche Länder im zwanzigsten Jahrhundert den Kapitalismus mit Freiheit und Demokratie kombiniert, aber diese
Kombination ist – weder heute noch in der Geschichte – zwingend. Manche würden
zwar sagen, wir lebten in einer kapitalistischen Gesellschaft, aber das ist, genau genommen, falsch. Der gesellschaftliche Lebenszusammenhang war nie als Ganzer kapitalis-
tisch, auch wenn er es inzwischen über weite Strecken ist. Bei Betrachtung fast aller
Definitionen von ›Wirtschaft‹ sehen wir, dass nur wenige sich auf kapitalistische Wirtschaftssysteme beziehen (Braudel 1990: 247 ff.).

Die Ausdifferenzierung der wirtschaftlichen Sphäre war eine Voraussetzung für die
Entwicklung des rationalen Kapitalismus. Der moderne westliche Kapitalismus ist zu-
tiefst in Werten verwurzelt. In der klassischen Analyse von Weber wird dies ganz deutlich. Weber sagt, dass der Geist des Kapitalismus »der Gedanke der Verpflichtung des
einzelnen gegenüber dem als Selbstzweck vorausgesetzten Interesse an der Vergröße-
rung seines Kapitals ist« (Weber 1920: 33). Der Zweck ist letztlich, Geld um des Gel-

des willen zu machen, und das ist, Weber zufolge »das Resultat und der Ausdruck der
Tüchtigkeit im Beruf« (Weber 1920: 36). Nach Weber ist ein (rationaler) kapitalistischer
Wirtschaftsakt »ein solcher, der auf Erwartung von Gewinn durch Ausnutzung von
Tauschchancen ruht: auf (formell) friedlichen Erwerbschancen also« (Weber 1920: 4).
Als Voraussetzung rationaler Kalkulation ist der Markt ein wichtiger Aspekt kapitalisti-
scher Wirtschaftsakte.

Kapitalismus bedeutet Weber zufolge, dass das Geld zum Selbstzweck wird. Diese Eigentümlichkeit des Kapitalismus hat die gesellschaftlichen Werte tiefgreifend verändert.
Sie hat zur Folge, dass die Leute nicht nur eine gewisse Summe Geld verdienen und sich
dann zufriedengeben, sondern das Geld auch akkumulieren und in der gewerblichen
Wirtschaft reinvestieren, was weitere wirtschaftliche Entwicklung auslöst. Weber legte im
Rahmen seiner allgemeinen Ausführungen über die Rationalisierung des Westens dar,
dass der rationale industrielle Kapitalismus sich nur in der westlichen Welt herausgebildet hat. »Entscheidend für die Hinwendung zum Kapitalismus« sagt Weber, »konnte nur
die Entwicklung zum Massenabsatz werden, die nur bei einem kleinen Teil der Luxus-
industrien durch Demokratisierung des Bedarfs, besonders auf dem Wege der Herstellung von Surrogaten für Luxusgegenstände eingetreten ist« (Weber 1981: 267). Weber
betont somit die Bedeutung sowohl des Konsums als auch von Märkten für den Kapitalismus. In unserer heutigen Kultur sind die kapitalistischen Werte inzwischen fest verankert.

Vermarktlichung

Zum Verständnis der Vermarktlichung muss man den kombinierten Effekt von Kapitalismus und ausdifferenzierten Lebensbereichen betrachten. ›Vermarktlichung‹ meint
den Prozess, in dem sich Märkte sowie, allgemeiner, die Marktlogik, im gesellschaftlichen Lebenszusammenhang ausgebreitet haben. Zur Beantwortung der Frage, wie es
zu dieser Vorherrschaft der Märkte im sozialen Leben gekommen ist, müssen wir die
politische und kulturelle Struktur betrachten. Beim Blick auf die Rolle der Macht wird
sichtbar, dass Marktaktivitäten gefördert oder blockiert werden können. Wir müssen
uns ferner sowohl damit befassen, wozu die Märkte die Menschen befähigen, denen
der Besitz wirtschaftlicher Ressourcen Macht verleiht, als auch fragen, was dies mit den
Menschen anstellt.

Im Prinzip könnte eine einzige Organisation alle Entscheidungen für die Gesellschaft fällen, aber die Geschichte lehrt uns etwas anderes. Unser historischer Überblick
lässt einige Antworten auf die Frage erkennen, wie es zur Dominanz des Marktes kam.
Eine Antwort lautet, dass Märkte von wirtschaftlichen Akteuren entwickelt wurden, als
hauptsächlich aufgrund der Stabilisierung von Institutionen und persönlichen Netzwerken das Niveau des generalisierten Vertrauens in der Gesellschaft stieg. Aber auch Staaten haben die Märkte gehegt und gepflegt und staatsferne Markttransaktionen in legale
Transaktionen verwandelt, um ihre Steuereinnahmen zu erhöhen. Dass die Unterhal-

tung von Armeen eine enorme Nachfrage von Seiten der staatlichen Verwaltungen mit sich brachte, war ein wichtiger Grund für die Entwicklung des Fabriksystems und später des Massenmarktes (vgl. Commons 1909: 73). Es ist aber unklar, ob die Märkte das Resultat der politischen Prozesse sind, und in welchem Maß, oder ob die politischen Prozesse aus den Märkten folgen.

Märkte gewähren den Akteuren Freiheit und führen zu einem Reichtumszuwachs (der wiederum zu Märkten führt), mit dem eine Schwächung von persönlichen Abhängigkeitsverhältnissen einhergeht. Die Interaktion auf dem Markt ermöglichte es den Menschen darüber hinaus, Identitäten zu erlangen, die keine bloßen Derivate ihrer Stammes- oder Familienzugehörigkeit waren. Durkheims (1984) soziologische Untersuchung der Solidarität im Lichte der wirtschaftlichen Entwicklung zeigt beispielhaft, wie sich die sozialen Beziehungen mit der zunehmenden Marktorientierung von Gesellschaften verändern. In Anknüpfung an Adam Smiths Ausführungen zur Arbeitsteilung führte Durkheim die Solidarität in primitiven Gesellschaften auf den Umstand zurück, dass die Menschen dort ähnliche Tätigkeiten ausüben (›mechanische Solidarität‹). In moderneren Gesellschaften, in denen die menschlichen Tätigkeiten verschieden, aber miteinander verknüpft sind, hängt man von Menschen ab, die etwas anderes tun. Diese Form der Solidarität nannte Durkheim ›organische Solidarität‹. Arbeitsteilung und Produktion für den Markt, statt für bestimmte Kunden, die man kennt, entpersönlichen die menschlichen Beziehungen, was auch in den Schriften Simmels thematisiert wird. Zwar kann man sagen, dass der Markt zu Individualismus und relativ oberflächlichen menschlichen Beziehungen beiträgt, aber er macht solche Beziehungen auch überhaupt erst möglich. Es ist ein moralischer Imperativ, die richtige Balance zwischen den Kräften der Individualität und der Kollektivität zu finden (Simmel 1923).

Märkte sind einfach eine mögliche Form der sozialen Interaktion, in der man Beziehungen zu Personen und Dingen herstellen und so seine Persönlichkeit ausdrücken kann. Überhaupt setzt der Konsum, der ja eng mit Märkten verbunden ist, die Leute in die Lage, sich von anderen zu unterscheiden (Veblen 1953). Es wäre verkürzt, die Ausbreitung von Märkten schlicht als Ursache oder Wirkung des Vermarktlichungsprozesses zu betrachten. Märkte verbreiten sich durch die unablässigen Unternehmungen vorausschauender Individuen, wie etwa die Aktivitäten einer Geschäftsperson, die, in der Erwartung von Profit, Geld, das sie von einem anderen Investor geborgt hat, in einen kleinen Laden investiert (Swedberg 2005a). Derartige Abfolgen ineinandergreifender Handlungen, deren jede die Voraussetzung für wieder andere schafft (oder zerstört), beruhen auf der Hoffnung der Akteure auf eine – im weitesten Sinne – bessere Zukunft, aber auch auf ihrem Vertrauen in den institutionellen Rahmen, der sie einbettet. Entscheidend sind dabei geordnete Märkte. Obwohl auch andere Koordinationsformen möglich – und für das Zustandekommen eines geordneten Marktes sogar nötig – sind, stellen Märkte offenbar in vielen Fällen eine hocheffiziente Koordinationsform dar.

Je mehr man verschiedene Koordinationsformen nach ihrer Effizienz bewertet, umso wahrscheinlicher ist der Markt die Koordinationsform der Wahl. In eine ähnliche Richtung weist Hayeks Aussage, dass wir die Informationsverarbeitungskapazität und die Signalfunktion der Preise betrachten müssen, wenn wir »die Überlegenheit der Marktordnung und den Grund dafür [verstehen wollen], dass sie, solange sie nicht durch die Regierung unterdrückt wird, regelmäßig andere Typen von Ordnung verdrängt« (Hayek 1975: 436). Obwohl man tatsächlich so argumentieren könnte, lehrt uns die Geschichte, dass diese ›Überlegenheit‹ bei der Wahl der bevorzugten Koordinationsform nicht ausschlaggebend ist. Darüber hinaus zeigt die umfangreiche Literatur in der Tradition der Politischen Ökonomie, die auf die große Vielfalt von Kapitalismen aufmerksam macht, dass eine reine Marktgesellschaft im Hinblick auf Effizienz nicht unbedingt besser abschneiden muss als eine mehr staatszentrierte (Hall und Soskice 2001). Die Effizienz einer Koordinationsform besagt indes wenig darüber, welche Folgen diese Form für das Dasein als Bürger und die demokratischen Rechte hat. Diesen weiterreichenden Fragen wenden wir uns nun zu.

Die sozialen Folgen der Vermarktlichung und der Kapitalismus

Eine zentrale Frage mit Blick auf die Märkte gilt den Auswirkungen ihrer Diffusion. Die Diskussion darüber ist weit über 300 Jahre alt und sollte nicht nur auf die Expansion von Märkten, sondern auch auf die Ausbreitung des Kapitalismus bezogen werden. Obwohl der normative Standpunkt zu Märkten durchaus von deren empirischer Analyse getrennt werden kann, haben viele Diskussionsteilnehmer beides miteinander verquickt. Das überrascht nicht, da die uns heute bekannte Ökonomik ja aus der Politischen Ökonomie entstanden ist, deren Wurzeln eindeutig in der Ethik liegen. Einige Denker, wie etwa Aristoteles, sind wohl der Auffassung, so *triviale* Dinge wie Wirtschaft hätten nichts mit Ethik zu tun. Dem würden heute aber nur wenige zustimmen.

Vermarktlichung – mit ihren positiven und negativen Folgen – ist das Hauptthema von Albert Hirschmans Essay *Rival Views of Market Society* (Hirschman 1986). Hier seien nur die zwei wesentlichen konträren Positionen rekapituliert, die allerdings beide die Rolle des Marktes betonen. Die sogenannte *doux-commerce*-These (›freundliche Geschäftsbeziehungen‹) besagt, »der Markt und der Kapitalismus seien im Begriff, eine moralische Umwelt zu schaffen, in der die Gesellschaft ebenso aufblühen müsse wie der Markt selbst« (Hirschman 1986: 135) Praktisch gewendet, heißt das, der Handel und die soziale Interaktion derer, die Geschäfte miteinander machen, brächten Tugenden und letztlich auch eine – im Hinblick auf wirtschaftlichen und gesellschaftlichen Reichtum (und Ordnung) – bessere Gesellschaft hervor. Dieser Idee verliehen Mandeville (1924) und Adam Smith (1981) Nachdruck. Unter den Neoliberalen (Nozick 1974) wurde die alte Idee des *laissez-faire* hochgeschätzt. Über den Ursprung des Laissez-faire erfahren wir etwas von Alfred Marshall. Marshall zufolge »war dessen ursprünglicher Sinn, dass Zünfte und *métiers* die Leute nicht daran hindern sollten, ein Geschäft zu beginnen, für das sie kompetent waren; jeder sollte frei sein, seine eigene Arbeit zu wählen: Lasst die

Regierung mit ihrer Polizei weitermachen, aber in anderen Angelegenheiten zu Bette gehen« (Marshall 1907: 18). Laissez faire wurde somit erst später mit Opposition gegen den Staat in Verbindung gebracht, und zwar von Smith und anderen Denkern, zu deren Lebzeiten die staatliche Korruption notorisch war. Viel später finden wir ähnliche Argumente bei der Österreichischen Schule, die damit auch kritisch auf den Sozialismus reagierte (Hayek 1973, 1976, 1988; Mises 1981). Zu diesem Diskussionsstrang gehört auch das Thema Steuern und die Frage, was wie hoch besteuert werden soll.

Während spätestens seit den 1980er Jahren eine starke Bewegung gegen Staatseingriffe und für die Selbstregulierung des Marktes zu verzeichnen ist, werden von anderer Seite die negativen Auswirkungen des Marktes und des Kapitalismus betont; kritisiert wird dabei in der Regel, dass die Werte des Marktes in andere Lebensbereiche eindringen (Habermas 1984). Das ist die typisch soziologische Ansicht, die seit den frühen Formulierungen durch Marx vielfach wiederholt wurde und deren Kernidee lautet, die kapitalistische Marktgesellschaft bringe Werte hervor, die letztlich das Fundament der Marktlogik zerstörten. Die Gründungsväter der Soziologie schrieben über Vermarktlichung, Rationalisierung und Ökonomisierung. Marx, Weber und Durkheim nahmen sich das große Bild vor, Simmel aber kümmerte sich um die Details. Simmel (1978) studierte die Auswirkungen der Konkurrenz und sah, wie diese in Kombination mit dem Wert des Geldes das soziale Leben beeinträchtigte, insbesondere wenn jeder andere Wert auf Geld reduziert wurde.

Die Diskussion über den Kapitalismus ist zu umfassend, als dass sie hier wiedergegeben werden könnte; vor allem aber ist sie in der soziologischen Literatur wohlbekannt (Bell 1979; Greenfeld 2001; Schumpeter 1975; Swedberg 2005c; Trigilia 2002; Zelitzer 2005a). Viele Soziologen sind in Bezug auf den Marktkapitalismus gemischter Meinung. Karl Marx, der einflussreichste Kritiker der kapitalistischen Marktlogik, der allerdings nie das Wort Kapitalismus benutzte, sah natürlich auch den vom Marktkapitalismus erzeugten enormen Reichtum (Marx 1978). Marx historischer Blickwinkel offenbarte, dass in den verschiedenen Gesellschaftsformen – von den frühesten sozialen Formationen bis zur entwickelten kapitalistischen Gesellschaft im Nordeuropa des neunzehnten Jahrhunderts – die Ressourcen unter den Klassen ungleich verteilt waren. Den Arbeitsmarkt betrachtete Marx als Arena der Ausbeutung. In dieser Arena produzierten die Fabrikarbeiter Wert, bekamen aber, Marx zufolge, nicht ihren vollen Anteil an dem von ihnen geschaffenen Wert bezahlt. Der Teil, den sie nicht erhielten und den der Kapitalist einbehielt, wurde von diesem verwertet. Die Kapitalisten akkumulieren folglich Reichtum auf Kosten der Arbeiter. Marx erwartete, dass dieser Interessenkonflikt letztlich zur Revolution und zur Abschaffung des Kapitalismus führen werde. Marx inspirierte gewiss viele Menschen zu gesellschaftlichem Handeln, und man kann die Einführung des Kommunismus in gewissem Maß auf seine Schriften zurückführen.

Nach Marx entwickeln eine Reihe von Soziologen kritische Ideen zum Marktkapitalismus (Fevre 2003). Die Debatte über den Kapitalismus war ursprünglich heftig, aber die kapitalistische Gesellschaft hat sich in den 1930er Jahren und erst jüngst wieder im

Jahr 2008 als fähig erwiesen, schwere Krisen zu überleben, obwohl manche ›den Markt‹ für dieses Versagen verantwortlich machten. Alex Preda (2009) hat in einer historischen Untersuchung des Finanzmarktes gezeigt, wie Finanzmärkte – die im Zentrum der kapitalistischen Wirtschaft stehen – allmählich systemrelevant wurden. Einige Finanzinstitute wurden so zentral, dass in den Krisen von 2008 und 2009 Staaten weltweit durch Garantien, Kredite oder die schlichte Übernahmen der Institute dafür sorgten, dass diese nicht Bankrott gingen.

Selbst angesichts der schärfsten Finanzkrise seit den 1930er Jahren haben nur wenige ihre Meinung geändert, das Marktsystem sei die beste Option; allerdings ist es auch schwierig, jemanden zu finden, der es für perfekt hält. Immerhin hat die These an Boden gewonnen, dass Märkte notwendigerweise eingebettet sind. Damit Märkte funktionieren, bedarf es – formaler und informaler – Institutionen. Diese müssen teilweise geschaffen werden, wenngleich es dafür kaum Rezepte gibt. Die Auffassung, dass Märkte zwar effizient sind, aber einen sozialen Kontext brauchen, wird beispielsweise von Amitai Etzioni vertreten: »Ebenso ist der Wettbewerb so lange nützlich, wie er angemessen in einen stützenden sozialen Kontext eingebettet ist, der sicherstellt, dass die Voraussetzungen des Wettbewerbs erfüllt sind und der zugleich seine Reichweite begrenzt« (Etzioni 1988: 10).

Amitai Etzioni (1988) beabsichtigt nichts Geringeres als *die* revolutionäre Kritik an den Grundannahmen des neoklassischen Paradigmas, die zu dessen Auflösung führt. Er kritisiert und erweitert die neoklassischen Grundannahmen mit Blick auf deontologische Ethiken und einen eher kommunitären, durch Machtstrukturen koordinierten, Zusammenhang zwischen Individuum und Gesellschaft. Als Alternative zu der kritisierten neoklassischen Theorie schlägt er eine eindeutig normative, »gemäßigt deontologische« (Etzioni 1988: 253) Theorie vor. Ein anderer Denker, der die sozialwissenschaftliche Kritik an Märkten stark beeinflusst hat, ist Karl Polanyi. Es ist aber offensichtlich, dass sein Werk die aktuelle Debatte über Märkte und Wirtschaft in einem grundsätzlichen Sinn beeinflusst hat (vgl. z. B. Gemici 2008; Hann und Hart 2009).

Vermarktlichung und funktionale Differenzierung

Wir haben bisher die Vermarktlichung und den sozialen Wandel ziemlich abstrakt und allgemein behandelt. Was aber steckt im Einzelnen dahinter? Um zu sehen, wie dieser Prozess genau abläuft, was seine Ursachen und was seine möglichen Auswirkungen sind, befassen wir uns nun ausführlicher mit ihm. John Commons' (1909) Untersuchung, die auf Unterlagen über amerikanische Schuhmacher aus der Zeit von 1648 bis 1895 beruht, zeigt auf beeindruckende Weise den Prozess einer allmählichen Vermarktlichung der in diesem Gewerbe betriebenen Tätigkeiten, der sich Hand und Hand mit der von Adam Smith (1981) und Émile Durkheim beschriebenen Arbeitsteilung und Spezialisierung vollzieht. Commons konzentriert sich auf die Frage, wie die Marktakteure zusammenkommen und sich organisieren. Die verschiedenen von ihm beschriebenen Organisationsformen reflektieren die Struktur des Marktes, strukturieren aber natürlich die Märkte auch ihrerseits. Die Art der Organisation ist wirklich interessant, da sie deutlich zeigt, dass Akteure, die auf einer Ebene Konkurrenten sind, auf einer anderen Ebene ihren gemeinsamen Interessen zuliebe zusammenarbeiten können.

Vor der Mitte des siebzehnten Jahrhunderts, dem von Commons gewählten Ausgangspunkt, reisten die Schuhmacher in der Regel herum und stellten mit ihren eigenen Werkzeugen und vom Käufer bereitgestelltem Material in den Häusern der Käufer Schuhe her. In späteren Zeiten wurden diese Wanderhandwerker sesshaft und arbeiteten in ihren kleinen Werkstätten. Mitte des siebzehnten Jahrhunderts wurde Commons zufolge das amerikanische Schuhmachergewerbe von den Zunftmeistern *(masters)* und ihren Beigeordneten *(associates)* kontrolliert und war die Zunft die vorherrschende Organisationsform. Commons sagt, dass das erklärte Hauptziel der Zunftmitglieder darin bestand, die Qualität zu kontrollieren, sodass jeder von ihnen ein »vollwertiger Handwerker« *(sufficient workman)* (Commons 1909: 41) war, und dass auch die Arbeiter in den Zünften organisiert waren. Die Zunft war auch autorisiert, die Arbeit ihrer Mitglieder zu regulieren. Legitimiert wurde diese Organisation durch Gesetz, das heißt durch den Staat. Tatsächlich war sie fast ein Zweig der staatlichen Verwaltung (Commons 1909: 41). Der festansässige Zunfthandwerker war Kaufmann *(merchant)*, Dienstherr *(master)* und Arbeiter *(journeyman)* in einer Person; später wurden diese Rollen allmählich unter verschiedenen Arbeitskräften aufgeteilt und die Teilfunktionen hauptsächlich durch Marktinteraktionen koordiniert. Die Ausdifferenzierung von Rollen bedeutete auch, dass die Macht auf die dadurch entstandenen verschiedenartigen Marktteilnehmer aufgeteilt wurde. Die Produzenten konnten daher Kosten auf die Konsumenten abwälzen. In diesem Prozess der Vermarktlichung bildeten sich auch die Arbeitgeberverbände und Gewerkschaften heraus (Commons 1909: 45). Die in Philadelphia ansässigen Meister gründeten 1789 eine Organisation mit dem Zweck »sich um die vielen Unannehmlichkeiten zu kümmern, mit denen sie sich wegen der unzureichenden Regelung ihrer Beziehungen abquälen, und um Abhilfe gegen diese Unannehmlichkeiten zu schaffen« (Commons 1909: 47). Diese Absichtserklärung wurde schnell in die Tat umgesetzt und der Markt entsprechend organisiert. Die Organisation kontrollierte die Qualität und unterband die Konkurrenz von Billigprodukten ebenso wie den – beispielsweise durch Sonderangebote ausgetragenen – Wettbewerb zwischen den Meistern. Um Mitglied in der Organisation der Meister zu werden, musste sich der Bewerber auf dem Markt tadellos verhalten haben und den negativ formulierten Aufnahmebedingungen entsprechen: »Niemand wird zum Mitglied dieser Vereinigung gewählt, der irgendwelche Stiefel, Schuhe und dergleichen auf dem öffentlichen Markt dieser Stadt feilbietet, oder mit den Preisen seiner Erzeugnisse in einer der öffentlichen Zeitungen oder auf Handzetteln wirbt, solange er mit diesen Praktiken fortfährt« (Commons 1909: 47).

Im Lichte dieser Organisation sollten wir die hauptsächlichen Auswirkung der Gewerkschaften auf die drei oben formulierten Voraussetzungen von Märkten sehen – also darauf, was verkauft wird (Regeln darüber, was die Leute auf dem Arbeitsmarkt verkaufen), wie sich die Beteiligten auf dem Markt verhalten und wie der ökonomische Wert (der Lohn) und der Preis der Schuhe bestimmt werden. Diese frühe Organisierung nicht nur der Meister, sondern auch der Arbeiter, ist Ausdruck des für Märkte charakteristischen fundamentalen Interessenkonflikts. Die Streiks, von denen Commons berichtet, sind der handfeste Beleg für den auf den Märkten stattfindenden Kampf zwischen Käufern und Verkäufern.

Im späten achtzehnten Jahrhundert war ferner jede Stadt ein selbständiger Markt. Mit der Zeit wurde jedoch Konkurrenz zwischen Märkten üblich – oder, genauer, Konkurrenz zwischen den auf unterschiedlichen Märkten agierenden und möglicherweise verschiedenen Organisationen angehörenden Verkäufern. Diese Art von Kampf beschränkte sich nicht auf den Preis; auch die Qualität der Produkte und die Arbeitsverfahren waren Gegenstand des Wettbewerbs. Einige Städte boten höhere Qualität, andere niedrigere Preise. Der Konkurrenzkampf auf dem Markt führte Commons zufolge zur Aufspaltung der Organisationen in »die moderne Form von Arbeitgeberverbänden und Gewerkschaften« (Commons 1909: 50).

Wir können Commons' Untersuchung nicht im Detail wiedergeben, aber sie zeigt, auf welche Weise sich neue Rollen, wie etwa der kaufmännische Kapitalist des frühen neunzehnten Jahrhunderts, sowie die entsprechenden Organisationen herausbilden. Diese Entwicklung führt zu neuen Märkten sowie zur Differenzierung von Märkten. Der kaufmännische Kapitalist bringt »den Antagonismus von ›Kapital und Arbeit‹« (Commons 1909: 63) hervor, da er die Aufteilung der Funktionen erzwingt. Er bewerkstelligt dies, indem er sich über ferne Märkte informiert und dieses Wissen ausnutzt – und so im Sinne von Ronald Burt (1992) zu einem strukturellen Unternehmer wird, der nicht in erster Linie den Wandel organisiert, sondern Nutzen aus dem überlegenen Wissen zieht, das er als jemand, der ›auf‹ verschiedenen Märkten agiert, erwirbt. Das hat zur Folge, dass ehemalige Arbeitgeber nun selbst Arbeit suchen müssen, und dass der Kapitalismus die Arbeiter zur Konkurrenz untereinander zwingt. Eine weitere Folge ist die Ausdifferenzierung der Kaufmannsfunktion: »Die ›Kaufmannsfunktion‹, die sich als erste von den anderen abspaltete, wurde nun ihrerseits – parallel zu den drei Ebenen der Marktkonkurrenz – in drei Teile aufgespalten – in den im Kundenauftrag produzierenden Kaufmann *(custom merchant)*, den Einzelhändler *(retail merchant)* und den Großhändler *(wholesale merchant)*« (Commons 1909: 64). Wichtig ist der Interessenkonflikt, der aus dieser Ausdifferenzierung und Vermarktlichung erwuchs; das wissen wir nicht nur von Commons, sondern auch von Marx und Weber. Ebenso bedeutsam ist, dass die Märkte sowohl informal wie formal organisiert wurden, da so gut wie alle ›Funktionen‹ organisiert wurden.

Wir haben gesehen, dass sich aus dem ursprünglichen Markt, in dem »der Produzent an den Konsumenten verkauft« (Commons 1909: 65), die kapitalistische Logik entfaltet, und dass mit der Vermarktlichung die Spezialisierung und funktionale Differenzierung einhergehen. Das bedeutet auch, dass die Komplexität zunimmt und die Akteure darauf mit dem Versuch reagieren, ihre Umwelt den eigenen Interessen gemäß zu ordnen und so zu kontrollieren. Commons beschreibt auch, wie die Aufmerksamkeit der Leute im Zuge dieser Entwicklung allmählich von der Qualität, die das anfängliche Bewertungskriterium war – Schuhe durften nur in einer bestimmten Qualität hergestellt werden – auf den Preis gelenkt wurde. Mit der räumlichen Ausdehnung eines Marktes verschärft sich die Konkurrenz weiter; was zuvor verschiedene, völlig getrennte und jeweils von einer eigenen Zunft kontrollierte Märkte gewesen waren, wurde allmählich zu einem einzigen Markt. Dieser Prozess ging allerdings nicht ohne organisierten Kampf vor sich. Commons (1909: 69–71) schildert die organisierten Bemühungen um die Kontrolle der Qualität und die Abwehr von Niedriglöhnen. Hier ist allerdings kein Platz, die Einzelheiten seines Berichts wiederzugeben.

Commons Untersuchung endet mit dem Jahr 1895, aber es dürfte sinnvoll sein, seinen Ansatz fortzuschreiben. Das würde uns etwa die gegenwärtige Expansion der Schuhindustrie erklären helfen – mit ihren globalen Märkten und mit Marken wie Nike und Adidas, die, nicht zuletzt durch Förderung von Athleten und Fußballspielern, in scharfem Wettbewerb zueinander stehen. Sportschuhe werden nicht mehr hauptsächlich in den Vereinigten Staaten und Deutschland produziert, wo die Schuhe entworfen werden, sondern weltweit in den Niedriglohnländern. Das gilt nicht nur für Sportschuhe, sondern für alle Arten von Schuhen. In industriellen Distrikten wie dem indischen Agra ist der globale Produzentenmarkt deutlich sichtbar (Knorringa 1995).

Marktideologie

Welche Folgen haben Märkte für die Gesellschaft – nicht primär in ökonomischer Hinsicht und gemessen an der Effizienz, sondern in einem sozialen und moralischen Sinn (z. B. Durkheim 1984; Hirschman 1986; Simmel 1978, 1983; Stehr, Henning und Weiler 2006)? Man kann noch weiter gehen und einige der Folgen und Begleiterscheinungen der Vermarktlichung und der sogenannten Marktgesellschaft untersuchen (Aldridge 2005; Slater und Tonkiss 2001). Die spezifischen Auswirkungen der Marktgesellschaft können überhaupt nur aufgrund der Ausdifferenzierung der Wirtschaft und der aufkommenden kapitalistischen Marktgesellschaft zum Thema werden. In diesem Abschnitt sehen wir uns kurz die Argumente für und gegen die Marktgesellschaft an. Das führt uns in ideologische Auseinandersetzungen, die man großteils auf zwei Grundwerte reduzieren kann. Auf Seiten derer, die den Markt und den Marktkapitalismus als spezifische Weise der Produktion, Konsumtion und Distribution befürworten, wird oft erklärt, dies sei das effizienteste System mit dem besten Gesamtergebnis. Diejenigen, welche den Marktkapitalismus als ökonomisches Koordinationssystem kritisieren, behaupten, dieses System führe nicht zu Gleichheit und zerstöre andere Werte.

Wir haben bereits klar gemacht, dass viele der Prämissen problematisch sind, darunter der Ausgangspunkt bei rationalen Akteuren, die irgendwie ›Verträge unterzeichnen‹, um all die Koordinationsprobleme der Wirtschaft – und der gesamten Gesellschaft – von Grund auf zu lösen und dabei ihre Nutzen nach Maßgabe ihrer Präferenzen maximieren. Wir sollten dies im Kopf behalten, wobei es soziologisch gesehen vernünftig ist, sich nicht allzu sehr in solche ökonomistischen Probleme und ihre Konsequenzen zu vertiefen, da sie nur im Rahmen der Theorie auftauchen und bei dem Versuch, empirische Probleme zu verstehen, manchmal weniger relevant sein dürften.

Die meisten Ökonomen bevorzugen Marktlösungen, die Soziologien sind dagegen skeptischer. Die ideologische Auseinandersetzung weist allerdings über das Marktproblem hinaus. Es ist, mit anderen Worten, zu beschränkt, allein den Markt in den Blick zu nehmen. Bei Märkten geht es, wie schon gesagt, um den Austausch von Rechten unter Konkurrenzbedingungen. Die Eigentumsrechte stehen an erster Stelle und die Rolle des Staates beschränkt sich darauf, solche Rechte zu sichern. Eigentumsrechte und Eigentum, Werte, Solidarität und Tugenden sind auch sehr wichtig. Wir haben gesehen, dass das Eigentum nach und nach persönliches Eigentum wurde, und dass das Konzept der Handelsrechte auf Märkten zentral ist. Sozialistische Doktrinen, am prominentesten vertreten von Marx, heben den Wert von Kollektiveigentum hervor. Auf der einen Seite muss man die sozialistische Argumentation im Lichte der ungleichen Verteilung von Macht und Ressourcen in den vielen europäischen Gesellschaften sehen, bei denen der Kapitalismus nicht nur Reichtum, sondern auch Umverteilung und enorme soziale Brüche hervorgebracht hat. Auf der anderen Seite erklären Sozialisten, der natürliche Ausgangspunkt sei die Gemeinschaft, in der die Eigentumsrechte nicht an Individuen sondern an die Gruppe geknüpft sind.

Liberale Denker haben ferner argumentiert, es gebe einen Naturzustand. Laut Locke und anderen Vertragstheoretikern ist Eigentum das Ergebnis menschlicher Arbeit. Arbeit wird eingesetzt, um dem Boden Ressourcen abzugewinnen. Diese Sicht setzt im Grunde eine Person voraus, die sich selbst hochgearbeitet hat und Schritt für Schritt Reichtümer schafft. Weiter wird unterstellt, die Menschen seien frei, ihre Produkte mit anderen zu tauschen, solange sie nicht Ressourcen gewinnen, die sich negativ auf die Tätigkeiten anderer auswirken oder die Eigentumsrechte anderer beeinträchtigen. Liberale wie, neben vielen anderen, Hayek (1973, 1988) oder Nozick (1974), betonen die Bedeutung von Eigentumsrechten und von – allerdings oft nur von einigen wenigen – gut funktionierenden Institutionen inklusive des Rechts (North 1990). Der Kapitalismus hat auch eine Reihe anderer Anhänger in der Wissenschaft, wie etwa Ludwig von Mises und Milton Friedman. Sie behaupten, kurz gesagt, das effizienteste Modell zur Produktion von Reichtum sei eine deregulierte Marktwirtschaft mit einem nur wenig über die Sicherung der Grundrechte und die Aufrechterhaltung von Recht und Gesetz hinausgehenden staatlichen Engagement. Hayeks Buch *Der Weg zur Knechtschaft* (1971)[22] ist ein Manifest dieser Spielart des ökonomischen und politischen Liberalismus. Diese Ideen, dass Märkte eine Form des Naturzustands sind, betrachtet man am besten als Konsequenz eines bestimmten Menschenbildes, dem wir uns nun zuwenden.

Ökonomisches und soziologisches Menschenbild

Sowohl die wirtschaftswissenschaftliche als auch die soziologische Sicht der Marktdynamiken hängen eng mit dem jeweils verwandten Menschenbild zusammen. Tatsächlich können wir Markttheorien ohne genauere Betrachtung des ihnen zugrunde liegenden Menschenbildes nicht verstehen. Bisher wurde übersehen, wie erstaunlich ähnlich
die Grundlagen der soziologischen und der ökonomischen Handlungstheorie sind. Die
Ideen von Ökonomen – wie beispielsweise Weber und Pareto – über das menschliche
Handeln und seine Beschaffenheit wurden in die Soziologie übertragen, erhielten dabei
allerdings einen soziologischen Dreh. Nicht nur Pareto und Weber, sondern auch Parsons begannen als Ökonomen und betrachteten wirtschaftliches Handeln und soziales
Handeln als zwei unterschiedliche Arten von Handeln. Dieser historische Fehler hat in
der Wirtschaftssoziologie zu enormen Anstrengungen geführt, die allerdings, wie wir
bald sehen werden, weitgehend vergeblich waren.

Der Mensch ist sowohl Ausgangs- wie Endpunkt der Wirtschaft. Wirtschaftliches
Handeln vollzieht sich in Form von Koordination, Markt, Netzwerk und Hierarchie
(Organisation), kann aber auch, wie etwa bei der Gründung eines Unternehmens, die
Erschaffung einer dieser Formen bezwecken. Diese Handlungen müssen im Zusammenhang mit Ambiguität, Ungewissheit und Informationsmangel verstanden werden, die zugleich Kennzeichen und Bedingungen einer dynamischen Wirtschaft sind.
Ungewissheit ist nicht nur negativ; sie ist auch, insbesondere in der Wirtschaft, eine
systemnotwendige Bedingung für die Schaffung von Handlungsgelegenheiten (Stark
2009).

Menschliche Wesen (die wir angesichts der historisch üblichen Begrifflichkeit
manchmal einfach als ›der Mensch‹ *(man)* bezeichnen müssen – siehe unten) lösen ihre
Probleme durch Handeln, und wir konzentrieren uns hier auf Märkte. Die Menschheit
kann die Probleme von Produktion und Konsumtion mithilfe verschiedener Koordinationsformen lösen. Wer aber ist dieser ›Mensch‹? Viele Theorien – typischerweise die
Handlungstheorien von Anthropologie, Wirtschaftswissenschaft und Soziologie – berufen sich bei ihren Erklärungen letztlich auf das Wesen des Menschen. Dieser ›Akteur‹ oder diese ›Akteurin‹ und die ontologischen, epistemologischen und methodologischen Annahmen der Theorie, deren Teil er oder sie ist, haben Auswirkungen darauf,
wie die Probleme angegangen werden und was als Erklärung zählt.

Die Rolle des Menschen in der ökonomischen Theorie

Märkte werden gemeinhin mit dem *modus operandi* der Akteure erklärt. Ökonomen haben den sogenannten ökonomischen Menschen oder *homo oeconomicus* präsentiert, der
zusammen mit seinesgleichen auf dem Markt agiert; sie alle schließen Verträge miteinander ab, und daraus entsteht dann eine spontane Ordnung. Diese Idee hat eine lange

Tradition: Der egologische cartesianische Ansatz (der sich auf einen atomistischen und in Einsamkeit operierenden Typus von Person bezieht) kann als ihre philosophische Wurzel betrachtet werden und der britische Utilitarismus als Ursprung ihrer Handlungsgrundsätze. Obwohl das Konzept *homo oeconomicus* erstmals von Pareto verwandt wurde, ist die Idee älter und kann wohl mit John Stuart Mill (Ng und Tseng 2008: 266) und dessen Leitprinzip in Verbindung gebracht werden, Lust zu maximieren und Leid zu minimieren. Das ist die Wurzel des Rational-Choice-Ansatzes, der im Wesentlichen eine Theorie der Entscheidung unter Knappheit ist (Hodgson 2007: 335) und der in eine Reihe von Prämissen über die Handlungsweisen von Akteuren verwandelt wurde. Er ist, mit anderen Worten, eine normative Theorie, die zum Kern einer Theorie über das tatsächliche Verhalten der Akteure in der Wirtschaft transformiert wurde.

Der rationale Mensch hat eine Reihe von Präferenzen und verfolgt seine Ziele auf mehr oder weniger rationale Weise. Ein wichtiger Aspekt dabei ist, dass dies zu Isolation führt und dass die Präferenzen einer Person grundsätzlich nicht von der gesellschaftlichen Interaktion beeinflusst werden. Andere Soziologen, wie etwa Vertreter der Populations-Ökologie (Park 1936), die ausgiebig über Konkurrenz, Nischen und Märkte geforscht haben, übernahmen einen biologischen Vetter des ›ökonomischen Menschen‹. Auch einige Wirtschaftssoziologen heben die Bedeutung des ›ökonomischen Menschen‹ hervor – allerdings in seiner Eigenschaft als Theorieprodukt: »der *homo oeconomicus* existiert wirklich […] er ist offensichtlich nicht in einem Naturzustand zu finden […] er ist über und über mit Prothesen ausstaffiert, die ihm bei seinen Berechnungen helfen und die *zum größten Teil* (Hervorhebung im Original) Produkte der Wirtschaftswissenschaft sind« (Callon 1998a: 51).

Die Rechtfertigung des *homo oeconomicus* ist verworren. Frank Knight (1921: 55–56) behauptet, dass wir beim Rückblick auf »das Mittelalter oder die amerikanische *Frontier* abgesehen von der Arbeitsteilung zwischen den Geschlechtern und in der Familie relativ wenig Zusammenarbeit finden.« Das heißt in anderen Worten, dass er die atomistische und utilitaristische Anthropologie der Wirtschaftswissenschaft für universell gültig erklärt (Knight 1921: 55). Wenn man diesem menschlichen Wesen freie Bahn lässt, interagiert es nach und nach mit anderen Egos und daraus entsteht dann der Markt. Oliver Williamson vertritt eine ähnliche, aber noch extremere, Sicht, die ebenfalls den Kontext des *homo oeconomicus* betrifft, wenn er uns mitteilt: »Am Anfang war der Markt« (Williamson 1975: 20). Das ist durchaus nicht ungewöhnlich, und auch ein anderer mit dem Nobelpreis ausgezeichneter Ökonom, Kenneth Arrow, betrachtet den Markt und seinen Preismechanismus als den Ausgangspunkt. Arrow versichert, dass »in Situationen, in denen das Preissystem versagt, Organisationen das probate Mittel sind, um die Vorteile des kollektiven Handelns zu erlangen« (Arrow 1974: 33). Der Markt – samt dem zugehörigen Preissystem, vollkommener Konkurrenz und vollständiger Information – ist der absolute Ausgangspunkt der Wirtschaftswissenschaft, braucht aber nicht erklärt zu werden, da er das Resultat eines natürlichen Prozesses ist, der auf Annahmen über das Verhalten es homo oeconomicus beruht. Diese Prämisse einer natürlichen Herausbildung des Marktes ist auch der Grund dafür, dass der Beitrag der Ökonomen zur Forschung über Märkte so begrenzt ist. Stigler räumt ein, dass Ökonomen wenig getan haben, um Märkte zu definieren: »Ich beklage, dass diese Schlacht um Marktdefinitionen, die tausendfach bei all den privaten Antitrustklagen geschlagen wurde, von uns Ökonomen so gut wie nicht beachtet wurde. Abgesehen von einem Flirt mit den Kreuzelastizitäten von Angebot und Nachfrage ist die Bestimmung dessen, was ein Markt genau ist, sowohl theoretisch als auch empirisch ein unterentwickeltes ökonomisches Forschungsgebiet geblieben« (Stigler 1982: 9)[23].

Erklärungsbedürftig sind nach Ansicht von Vertretern dieser eher neoklassischen Schule die abweichenden Fälle, so etwa Märkte mit unvollkommener Konkurrenz.

Obwohl Williamson, Arrow und viele andere Ökonomen vermutlich, wenn man sie bedrängte, den Markt – und die Gesamtheit der Prämissen, auf denen er beruht, wie etwa vollständige Information – nicht als den historisch korrekten Ausgangspunkt betrachten würden, hat der Markt als analytischer Ausgangspunkt eine Reihe von »Pseudoproblemen« (Withford 2002) geschaffen. Solche Probleme, darunter Trittbrettfahren (ein Akteur profitiert von den Tätigkeiten anderer – von kollektivem Handeln und damit verbundenen Ressourcen –, ohne selbst etwas beizutragen) und moralisches Risiko *(moral hazard)* (die Gefahr, dass eine Vertragspartei, die durch den Vertrag gegen Risiko versichert ist, sich anders verhält) treten aber überhaupt nur bei einem bestimmten Menschenbild als Probleme auf. Wenn sich alle Akteure den Prämissen des neoklassischen Marktmodells gemäß verhielten, wäre kein Staat entstanden und hätten keine Märkte organisiert werden können; es gäbe bloß den Markt, auf dem Akteure Verträge miteinander schlössen.

Der von Williamson (1975, 1981) propagierte und auf Coase (1937, 1988) zurückgehende sogenannte Transaktionskostenansatz hebt die Rolle von Verträgen hervor. Die ersten Vertragsideen sind allerdings viel älter und finden sich im Werk von Thomas Hobbes (1968). Die Transaktion – der Vertrag – ist Ausgangspunkt der Analyse und es wird unterstellt, dass Unternehmen (Hierarchien) bestehen, um Transaktionskosten zwischen Individuen zu senken. Unterstellt man einen rationalen Akteur, der seine Tätigkeiten mit einer Umwelt anderer, ebenfalls ›auf dem Markt‹ befindlicher Personen und mit Ressourcen koordinieren muss, die auf Basis geltender Eigentumsrechte in sicherem Besitz sind, besteht das Hauptproblem für die Marktteilnehmer in der Entscheidung, entweder Verträge abzuschließen, was ›Transaktionskosten‹ verursacht, oder eine Wirtschaftsorganisation in Gestalt einer hierarchisch organisierten Unternehmung zu gründen, um Tätigkeiten innerhalb der Hierarchie oder, besser, innerhalb einer Organisation zu koordinieren (Ahrne 1994). Im letzteren Fall wird der Markt in Parenthese gesetzt. Williamson bezieht sich auf Adam Smiths klassisches Beispiel für Arbeitsteilung, eine Stecknadelmanufaktur, und erklärt, dass alle Arbeiter eigentlich auch auf der Basis von Verträgen arbeiten könnten, die sie auf dem Markt mit anderen Akteuren in der Produktionskette abschließen; Williamson sagt aber auch, dass diese Form der Koordination nicht mit Eventualitäten, wie etwa Erkrankungen, und erst recht nicht mit

Strafen umgehen kann. Er betrachtet Hierarchien als eine Lösung für diese und andere Dilemmas der vertragsbasierten Marktkoordination (Williamson 1975: 50–51).

Die Ökonomen, von denen man eigentlich eine umfangreiche Forschung über Märkte erwarten könnte, haben demnach die Forschung über Märkte weitgehend vernachlässigt. Der Ökonom Coase bemerkt dies ausdrücklich: »obwohl die Ökonomen behaupten, sie studierten den Markt, führt der Markt als solcher in der modernen Wirtschaftstheorie ein noch stärkeres Schattendasein als das Unternehmen«; ferner erklärt er, dass »die Erörterung des Marktes an sich völlig verloren gegangen ist« (1988: 7).

Kritik am homo oeconomicus

Es gibt natürlich auch unter Ökonomen Kritik am ökonomischen Menschen. Herbert Simons (1955) Konzept der beschränkten Rationalität *(bounded rationality)*, das sich auf die beschränkten menschlichen Kapazitäten der Informationsverarbeitung und Kognition bezieht, ist ein Versuch, einige der entsprechenden Prämissen zu korrigieren. Die externe Kritik am *homo oeconomicus* ist alt, heftig und nicht selten ›feindselig‹. Es wäre leicht, eine Liste all derer aufzustellen, die diese Kreatur kritisiert haben. Einige Beispiele genügen aber, da die Kritik fast immer in die gleiche Richtung zielt. Feministinnen haben behauptet, dass der ökonomische Mensch auf dem Markt ein eigennütziges Leben führt, zugleich aber, Slater und Tonkiss zufolge, »das liebevolle Oberhaupt des Haushalts [ist], das für die Familie sorgt und dessen Entscheidungen angeblich deren allgemeine Interessen widerspiegeln« (2001: 113). Veblen ergänzt: »Die hedonistische Konzeption des Menschen ist die eines blitzschnellen Berechners von Freuden und Leiden, der sich wie ein homogenes Elementarteilchen, welches ganz aus Streben nach Glückseligkeit besteht, unter dem Einfluss von Anstößen bewegt, die ihn in der Gegend herumschieben, selbst aber unversehrt lassen. Er ist ein bestimmtes, isoliertes menschliches Datum, welches sich in einem stabilen Gleichgewicht befindet, sieht man einmal ab von den Stößen der auf ihn einwirkenden Kräfte, die ihn in die eine oder andere Richtung schieben« (Veblen 1898: 389–390).[24]

Der Sozialwissenschaftler Karl Polanyi verdeutlicht, warum der wirtschaftswissenschaftliche Ausgangspunkt in die Irre führt: »Der vereinzelte Wilde [der Urahn des homo oeconomicus], der Nahrung suchte und für sich oder seine Familie jagte, hat nie existiert« (Polanyi 1957b: 55). Diese Aussage hängt mit dem grundsätzlichen Aspekt der Einbettung zusammen: »Die menschliche Wirtschaft ist mithin in wirtschaftliche und nichtwirtschaftliche Institutionen eingebettet« (Polanyi 1957a: 250). Polanyi gibt allerdings in diesem Fall nur den Wirtschaftssoziologen Malinowski wieder, der über den ›ökonomischen Menschen‹ folgendes sagt: »Diese phantastische Schimäre, die sich sehr hartnäckig in der populären und halbpopulären ökonomischen Literatur am Leben erhält und deren Phantom sogar in den Köpfen kompetenter Anthropologen spukt, ihnen mit einem Vorurteil den Blick trübt, ist die Vorstellung vom imaginären, primitiven

Menschen oder Wilden, der in allen seinen Handlungen von einer rationalistischen Idee des Eigennutzes getrieben wird und seine Ziele direkt und mit dem geringsten Aufwand erreicht« (Malinowski 1979: 88).

Malinowski erklärt, die Trobriand-Insulaner machten das theoretische Konstrukt der Wirtschaftswissenschaft zunichte. Allerdings sind weder Malinowski noch Veblen oder Polanyi in der Lage, dem ›ökonomischen Menschen‹ theoretisch etwas entgegenzusetzen, worauf man eine konkurrierende *Theorie* aufbauen könnte. Obwohl jede Theorie die Komplexität der realen Welt reduziert, meinen Viele, dass der *homo oeconomicus* nicht nur zu reduktionistisch, sondern auch das Resultat einer im Interesse der Modellbildung verzerrten Form der Komplexitätsreduktion ist. Er ist darüber hinaus wegen seiner (auch im Begriff Robinson-Crusoe-Wirtschaft zum Ausdruck kommenden) Isolierung ein nicht-sozialer Ausgangspunkt. Was also haben die Soziologen zu bieten?

Soziologische Theorien des Menschen

Max Webers Handlungstheorie unterstellt im Grunde ein nicht-soziales Wesen, das gelegentlich in soziale Aktivitäten verwickelt ist. Webers Definition der Soziologie und seine Ausführungen zum menschlichen Handeln machen klar, dass für ihn soziales Handeln nur eine Unterkategorie von Handeln ist. Weber kann diese Position nur vertreten, wenn er voraussetzt, dass der Mensch im Grunde ein nicht-soziales Wesen ist: »Soziologie […] soll heißen: eine Wissenschaft, welche soziales Handeln deutend verstehen […] will. ›Handeln‹ soll dabei ein menschliches Verhalten (einerlei ob äußeres oder innerliches Tun, Unterlassen oder Dulden) heißen, wenn und insofern als der oder die Handelnden mit ihm einen subjektiven *Sinn* verbinden. ›Soziales‹ Handeln aber soll ein solches Handeln heißen, welches seinem von dem oder den Handelnden gemeinten Sinn nach auf das Verhalten *anderer* bezogen wird und daran in seinem Ablauf orientiert ist« (Weber 1972: 1).

Unser Einwand lautet hier nicht, dass Webers auf seiner Definition des sozialen Handelns basierende Definition des wirtschaftlichen Handelns fehlerhaft ist, da er die soziale Dimension ja eindeutig hervorhebt. Das Problem ist vielmehr, dass Weber von einem nicht-soziologischen Ausgangspunkt ausgeht. Er unterstellt, wie die Wirtschaftswissenschaft, eine Ebene nicht-sozialen Handelns.

Weber steht aber mit seiner im Grunde nicht-sozialen Sicht des Menschen nicht allein. Nach Vilfredo Pareto ist ›soziales Handeln‹ (oder unlogisches Handeln) ein Unterbegriff von ›rationalem (logischem) Handeln‹ (Pareto 1935). Dass Parsons, der auf Weber und Pareto aufbaut, und der wie sie aus der Wirtschaftswissenschaft kommt, nie imstande war, deren Bann zu brechen, überrascht nicht. Er schlug eine Arbeitsteilung vor, in der die Soziologen sich mit den sozialen Werten beschäftigen sollten, die zum Teil in ökonomische Kalküle eingehen (Withford 2002: 328–30).

Nun zu dem bekanntesten Beispiel für wirtschaftliches Handeln, Mark Granovetters Text über Einbettung (1985), der sich zu einer Art Manifest der neuen Wirtschaftssoziologie entwickelt hat und dafür bekannt ist, dass er die Idee des eingebetteten Handelns wiedereingeführt hat. Dieser Text erzählt erneut die Geschichte von ›dem Sozialen‹, das dem wirtschaftlichen Handeln hinzugefügt wird. Soziales Handeln – oder eingebettetes Handeln – ist, Granovetter zufolge, rationales Handeln, das durch seine sozialen Beziehungen eingeschränkt oder ermöglicht wird. Wir möchten hier keineswegs den Wert von Granovetters Arbeit kleinreden; es handelt sich dabei zweifellos um einen maßgeblichen Text der Wirtschaftssoziologie. Wir wollen jedoch einen Schritt über die in der Wirtschaftssoziologie zentrale Diskussion um den *homo sociologicus* und den *homo oeconomicus* (Ng und Tseng 2008) hinausgehen. Unser Punkt dabei ist, dass die wirtschaftssoziologische Tradition bisher einem egologischen Ansatz verhaftet geblieben ist, der vom rationalen Akteur ausgeht.

Obwohl die Soziologen, Smelser und Swedberg (1994) zufolge, eindeutig mit einem gehaltvollen Konzept vom ›Menschen‹ operieren, gibt es kaum eine Alternative zum *homo oeconomicus*. Wir stimmen Greta Krippners Kritik an der von einigen Wirtschaftssoziologen der ersten Generation vorgetragenen soziologisch naiven Idee zu. Am schärfsten kritisiert sie die konzeptionelle Trennung zwischen der Wirtschaft und dem Sozialen. Sie zeigt, dass auch Granovetter mit der Vorstellung eines nicht-sozialen Ausgangspunktes arbeitet (Krippner 2001: 777), die unterstellt, dass es sich bei der Wirtschaft um eine nicht-soziale Domäne handelt. Sie kritisiert auch Fred Block, der Märkte als mehr oder weniger ›rein‹, wenngleich in umfassendere soziale Netzwerke eingebettet, betrachtet (Krippner 2001: 784–785). Entscheidend ist ihre Bemerkung, dass wir uns nicht in den Bann der Wirtschaftswissenschaft schlagen lassen dürfen, wenn wir die Wirtschaftssoziologie voranbringen wollen. Wichtig ist, dass es sich bei dem nicht-sozialen Fundament der Soziologie um ein allgemeines Problem handelt, das somit nicht auf die Wirtschaftssoziologie beschränkt ist. Erwähnt werden muss allerdings, dass führende Ökonomen, wie Alfred Marshall (1842–1924), die atomistische Sicht klar zurückgewiesen haben. Er sagte: »Das Individuum sollte nicht als ›ein isoliertes Atom‹ betrachtet werden«, und das bedeutet, dass »die Ökonomen in allen [derartigen Analysen] mit dem Menschen umgehen sollten, wie er wirklich ist: nicht mit einem abstrakten oder ›ökonomischen‹ Menschen, sondern mit einem Menschen aus Fleisch und Blut« (Marshall 1896: 40–41). Als nächstes betrachten wir einige soziologische Ansätze, die über den Versuch hinausgehen, den ökonomischen Menschen mit ein bisschen Fleisch und Blut auszustatten.

Das Konzept Identität als Alternative

Der Begriff Identität wird in den Sozialwissenschaften oft gebraucht, auch von Wirtschaftssoziologen, die Märkte untersuchen (Miller, Jackson, Thrift, Holbrook und Rowlands 1998; White 2008; Zuckerman 1999, 2000; Zuckerman, Kim, Ukanwa und von Rittmann 2003). Der Begriff wird auch von Ökonomen benutzt, allerdings in reduktionistischer Manier: Das ganze Projekt besteht offenbar darin, Identität auf das herkömmliche Nutzenkalkül zu reduzieren (Akerlof und Kranton 2000, 2002, 2005, 2010), was bedeutet, dass die Präferenzen für alle möglichen Dinge auf ein und dieselbe Skala, die Nutzenskala, zurückgeführt werden, um den Akteuren rationale Wahlhandlungen und den Wissenschaftlern das Modellieren zu erlauben. In der Version von Akerlof und Kranten können allerdings auch unterschiedliche menschliche Identitäten Nutzen schaffen. Ihr Ansatz baut aber immerhin eine Brücke für die Kommunikation zwischen Ökonomen und Soziologen. Dieser Rückgriff auf das Identitätskonzept ist eine Art ›freundlicher‹ wirtschaftswissenschaftlicher Imperialismus, der im Grund aus der Einverleibung soziologischer Ideen in den Standarddiskurs der Wirtschaftswissenschaft besteht.

Wir haben gesehen, dass die meisten Wirtschaftssoziologen von dem gleichen atomistischen Ansatz ausgehen wie die Ökonomen, und dass ihr Versuch zur Korrektur des wirtschaftswissenschaftlichen Ansatzes letztlich darauf hinausläuft, dem ökonomischen Menschen Fleisch und Blut hinzuzufügen. Mit dem Identitätsbegriff wird zumindest die soziale Konstitution einer Identität durch andere Identitäten eingeräumt. Harrison White (2002b, 2008) bezieht sich genau auf diese Idee, die man allerdings noch weiterführen und mit der Sozio-Ontologie Martin Heideggers (2001a, 2001b) untermauern kann. Dieser Ansatz impliziert, dass das menschliche Handeln per definitionem gesellschaftlich ist, wie Etzioni erklärt: »Während man durchaus abstrakt und unter Absehung von der Gemeinschaft über Individuen nachdenken kann, hätten Individuen, wenn sie ohne Gemeinschaft wären, nur wenige der Eigenschaften, an die man gemeinhin bei der Vorstellung einer Einzelperson denkt« (Etzioni 1988b: 202).[25]

Unser Vorschlag ist, die sogenannte relationale Soziologie (Emirbayer 1997) mit einem Fundament zu versehen. In Abgrenzung gegen die Wirtschaftswissenschaft und viele Ökonomen, die dem *Rational-Choice*-Ansatz anhängen, hat Harrison White (1992, 2002b, 2008) die Idee entwickelt, dass Identität ein Motor des Wandels und der Bezugspunkt der sozialen Ordnung ist. Auf diesen Ansatz bauen wir auf. Man muss diese Auffassung aber nicht teilen, um die übrigen Argumente dieses Buches zu akzeptieren.

Identitäten sind wesentlich relational, und ihre Konstitution ist ein sozialer Prozess, was heißen soll, dass Identitäten sich nicht selbst kontrollieren können. In Produzentenmärkten beispielsweise bestimmen die Konsumenten die Identitäten der Produzenten (Verkäufer). Die Handlungen von Personen müssen im Zusammenhang mit der Temporalität ihrer Identitäten verstanden werden, als Versuche also, Identitäten zu erlangen, zu bewahren oder zu verändern. Die Frage, ob das Handeln sozial ist oder nicht, stellt sich hier erst gar nicht; zu fragen ist vielmehr, in welcher Weise Handlungen sozial sind.

Wir definieren Identität als eine wahrgenommene Gleichartigkeit, die durch ein an ein ›Ding-Ereignis‹ geheftetes Narrativ umschrieben wird (vgl. Goffman 1968: 74–75). Diese Identitätsdefinition gilt allgemein, das heißt für Menschen (z.B. Goffman 1968: 74–75), für Organisationen (Hatch und Schultz 2004) und für Sachen gleichermaßen. Sie impliziert nicht die Vorstellung, es gebe eine von uns unabhängige Welt, die einfach mit Sinn versehen wird. Die ›Identitätsaufhänger‹ sind relativ etablierte soziale Konstrukte, die als Aufhänger für weniger etablierte soziale Konstrukte dienen. Soziale Konstrukte sind durch menschliches Handeln erzeugte Sinnzusammenhänge, und nur menschliche Akteure können einander soziale Identitäten verleihen. Sowohl Individuen als auch Kollektive (wie Unternehmen) sind zur Reflexion fähig, was Keynes in seinen Ausführungen über Konkurrenten, die darüber nachdenken, was andere denken, zu seiner berühmten Bemerkung veranlasste: »[wir widmen] unsere Intelligenz der Vorwegnahme dessen [.], was die durchschnittliche Meinung als das Ergebnis der durchschnittlichen Meinung erwartet« (Keynes 1936: 132).[26] Wir können daher sowohl von individueller wie von Wir-Intentionalität sprechen (Schmid 2005) und uns damit auf den Umstand beziehen, dass nicht nur eine Person Intentionen haben kann, sondern dass auch ›wir zusammen‹, beispielsweise der Aufsichtsrat eines Unternehmens, im Hinblick auf das, was ›wir‹ tun oder tun wollen, Intentionen haben können.

Unsere bisherigen Ausführungen, auch zum Thema Identität, erwecken vielleicht den Eindruck, der Markt sei hauptsächlich ein strukturiertes System und Handeln im Wesentlichen das Resultat von Märkten. Die strukturalistische Netzwerktheorie hat zwar tatsächlich die Marktsoziologie stark beeinflusst, aber sie »versagt angesichts der Tatsache, dass dasselbe Beziehungsmuster je nach dem, welche Arten von Rollenbeziehungen involviert sind, verschiedene Bedeutungen annimmt und unterschiedliche Auswirkungen hervorbringt« (Phillips und Zuckerman 2001: 422). Wir behaupten, dass die Handlungsvollzüge und die Identitäten der Handelnden entscheidend sind, dass sie aber bei bestehenden Märkten im Zusammenhang mit der Marktsituation verstanden werden müssen. Wir stimmen mit Granovetter (1985, 1992) darin überein, dass Handeln nur im Zusammenhang mit Struktur zu begreifen ist, möchten aber auch betonen, dass Akteure die kognitiven Fähigkeiten haben, über ihre gesellschaftlich bestimmte Position nachzudenken und ihr Handeln danach auszurichten, ob sie darin verharren oder sie verändern wollen.

Handeln im Zusammenhang mit Identität zu konzeptualisieren heißt, sowohl die strukturellen Bedingungen der sozialen Umgebung als auch die Intentionalität des Akteurs anzuerkennen. Für die theoretische Durchführung dieses Vorhabens beziehen wir uns auf verschiedene Identitätsebenen, um sowohl die strukturell bestimmte Position des Akteurs zu behandeln, die, wie wir annehmen, sein Handeln beeinflusst, als auch seine Fähigkeit einzubeziehen, über diese Position nachzudenken. Unsere Handlungstheorie umfasst Personen und Organisationen, wie beispielsweise Unternehmen, und erlaubt auch die Berücksichtigung des Geschlechts, weshalb wir auch bis jetzt damit gewartet haben, das Geschlecht zu berücksichtigen. Wir sprechen von Identitäten statt von Personen, um der Tatsache gerecht zu werden, dass sich Personen auf einem Markt anders verhalten als bei ihren Freunden oder in ihrer Familie, und dass Unternehmen auf verschiedenen Märkten unterschiedlich agieren. Das soll keineswegs bestreiten, dass man eine Person oder eine Organisation als Ganze verstehen sollte, sondern nur zum Ausdruck bringen, dass Akteure auf verschiedenen Märkten unterschiedliche Identitäten haben. Diese Identitäten der Akteure haben mit ihren Vorgeschichten auf den Märkten zu tun, was man bei der Erklärung ihres Handelns berücksichtigen muss. Die Betreiber eine Maschinenwerkstatt, die die kombinierte Nutzung von Maschinen, Drehbänken und Fräsen als Dienstleistung verkauft, sehen, wenn sie in Richtung Verkauf blicken, Käufer, und das verleiht dem Betrieb eine Identität; der Betrieb erhält aber auch eine Identitäten als Käufer auf dem Arbeitsmarkt und auf den Märkten für Inputmaterial. Dies spiegelt die multiplen Identitäten von Akteuren auf verschiedenen ineinander eingebetteten Märkten wider.

Die Art und Weise, wie die Identitäten von Akteuren hergestellt werden, variiert mit der Art von Markt, auf dem sie agieren. Eine Akteurin erhält ihre Identität in Verbindung mit anderen Akteurinnen und Akteuren, die auf dem jeweiligen Markt die gleiche Rolle wie sie innehaben, so etwa in Verbindung mit Börsenhändlern oder Automobilherstellerinnen. Wir nennen diese Identität ›kollektiv‹, da die Akteurin sie nur indirekt beeinflussen kann; sie wird ihr weitgehend aufgrund ihrer Beteiligung an einem bestimmten Markt zugeschrieben.

Auf diese im Marktgeschehen geformte kollektive Identität beziehen wir uns, wenn wir von reflexiver Identität reden. Darunter verstehen wir die reflexiven Fähigkeiten sowohl von Organisationen wie von Personen, die Situation, in der sie operieren, wahrzunehmen, über sie nachzudenken sowie entsprechend zu planen und zu handeln. Der Punkt ist, dass eine Akteurin bei ihrem Handeln sowohl einkalkulieren muss, was genau sie auf dem Markt sein möchte, als auch, offensichtlich, wie die Situation auf dem Markt – darunter ihre eigene Identität in den Augen anderer – beschaffen ist. Aus der Spannung zwischen dem, was sie ist und dem, was sie sein möchte (reflexive Identität) ergibt sich ihr möglicher Handlungsspielraum.

Generell sind die vergangenen Erfolgs- und Erfahrungsgeschichten der Akteure auf einem Markt die Narrative ihrer Identitäten. Identität bedeutet Kohärenz im Zeitablauf und alle Kalküle und alle Handlungen einer einzelnen Person auf einem Markt müssen im Zusammenhang mit ihrer spezifischen Erzählung gesehen werden. Obwohl den Akteuren eines Marktes die für diesen Markt typische kognitive Struktur gemein ist, haben sie möglicherweise diesen Markt ursprünglich mit unterschiedlichen Interessen betreten. Sie haben außerdem auf dem Markt Identitäten hinzugewonnen. Diese unterschiedlichen Identitäten der Marktakteure haben zur Folge, dass sie auf das Marktgeschehen verschieden reagieren. Interpretationen – durch individuelle wie kollektive Akteure mit spezifischen Identitäten – sind somit auch für die Handlungen und Dynamiken in der Wirtschaft essentiell.

Zusammenfassung

Dieses Kapitel hat eine kurze Geschichte der Märkte präsentiert. Die gesamte Literatur über Märkte zu behandeln und deren Geschichte im Einzelnen zu verfolgen, wäre eine immense Arbeit, die hier nicht geleistet werden kann. Wir haben gleichwohl gezeigt, dass Märkte ein institutionelles Fundament aus Basisvertrauen, gemeinsamen kognitiven Bezugssystemen und Regeln brauchen, um zu funktionieren. Der Markt ist offenbar aus dem Austausch von Gaben, dem Naturaltausch und dem Handel heraus entstanden. Er setzt zudem das Vertrauen voraus, das es ursprünglich nur in Handelsnetzwerken gab. Man kann sagen, dass der Markt von Netzwerken abstammt (White 2002b). Klar sollte auch sein, dass Märkte oft das Resultat einzelner Entscheidungen sind und dass die vorsätzliche Schaffung von Märkten Aufmerksamkeit verdient. Die Frage, wie Märkte entstehen, greifen wir in Kapitel 7 wieder auf; davor müssen wir uns aber erst einmal eingehend mit verschiedenen Marktformen beschäftigen, da vermutlich nicht alle Arten von Märkten dem gleichen Entwicklungspfad folgen.

In diesem Kapitel haben wir nicht nur die Form von Märkten, sondern auch ihre Inhalte, so insbesondere die ihnen zugrunde liegenden Werte und Interessen der Marktteilnehmer, erörtert. Das führte uns zu einer Analyse des Menschenbildes in Markttheorien und zur Herausarbeitung der entsprechenden Unterschiede zwischen soziologischen und ökonomischen Theorien. Wir haben gesehen, dass Märkte nicht notwendigerweise mit rationalem Kapitalismus einhergehen. Im Lauf der Zeit haben allerdings die Märkte andere Koordinationsformen ersetzt und wurde in immer mehr Ländern ein liberaler Kapitalismus zu dem entscheidenden kulturellen Wert, der die rational geplanten Markttätigkeiten fundiert und legitimiert. Der Prozess der Vermarktlichung bedeutet einen Zuwachs an Märkten auch in gesellschaftlichen Lebenszusammenhängen, die zuvor außerhalb der Wirtschaftssphäre angesiedelt waren. Abschließend haben wir die Rolle des Menschen in Markttheorien betrachtet. Dabei wurde gezeigt, dass vor allem in der neoklassischen Theorie viele Schlussfolgerungen auf Annahmen über das Wesen des Menschen zurückgehen. Dem wurde eine soziologische Alternative auf Basis des Identitätskonzepts gegenübergestellt.

Formen von Märkten

4

Das Ziel dieses Kapitels ist, die verschiedenen Unterscheidungen von Märkten in der Literatur zu erörtern, aber auch zu evaluieren. Mit der Marktdefinition im ersten Kapitel, der Beschreibung der Zusammenhänge zwischen Märkten und anderen ökonomischen Koordinationsformen, dem Überblick über Märkte in zeitlicher und räumlicher Hinsicht und der Analyse der gesellschaftlichen Auswirkungen von Märkten haben wir für die Analyse von Märkten einen Hintergrund und eine Reihe von Instrumenten geschaffen. In diesem Kapitel werden die in Kapitel 1 eingeführten theoretischen Begriffe für eine weitergehende Analyse der Märkte verwandt.

Unsere Erörterung der Märkte blieb bisher allgemein und bezog sich auf alle Märkte. Obwohl offensichtlich nicht alle Märkte gleich sind, unterstellten viele Ökonomen nach wie vor, dass es eine reine Form gibt, und dass alle anderen Arten von Märkten schlicht Abweichungen von der von Walras präsentierten Form sind. Für viele ist diese Marktform auch das Ideal.

Trotz des beachtlichen Beitrags von Anthropologen und Soziologen zu unserem Verständnis von Märkten, hat unter den Soziologen nur Harrison White einen solchen theoretischen Fortschritt gemacht, dass man von einer Markttheorie sprechen kann, die präzise genug ist, das neoklassische Marktmodell herauszufordern. White (in Swedberg 1990: 83) ist sich über die fundamentalen Unterschiede zwischen verschiedenen Formen von Märkten im Klaren. Er zeigt, dass die Ökonomen nur eine Theorie der Tauschmärkte haben, in denen bereits bestehende Produkte gehandelt werden; White entwickelt dagegen eine Theorie der von ihm Produzentenmärkte *(producer markets)* genannten Märkte, auf denen die Produkte irgendwie mit einer Produktionskette von Märkten verbunden sind. Wir erörtern den neoklassischen Markt in Kapitel 5 und Whites Theorie in Kapitel 6. Die in diesem Kapitel getroffenen Unterscheidungen wenden wir auch in den folgenden Kapiteln an, etwa um zu zeigen, wie unterschiedlich Preis- und Bewertungsfragen auf verschiedenen Märkten gelöst werden.

Wir betrachten zunächst die in der Marktdefinition enthaltenen Elemente, wie soziale Struktur und Akteursinteresse. Danach wenden wir uns den Voraussetzungen von Märkten zu, nämlich (1) dem, was gehandelt wird, (2) der Kultur, die den Rahmen dafür abgibt, wie das Gut gehandelt wird und (3) der Art und Weise, wie die gehandelten Objekte bewertet werden. Mithilfe der in diesem Kapitel erörterten Unterschiede können wir dann nach und nach die Märkte sortieren und ihre unterschiedlichen Funktionsweisen verstehen. Schließlich wenden wir uns auch den Marktgrenzen und den Marktplätzen zu.

Marktelemente

Ein *Markt* ist nach unserer obigen Definition eine soziale Struktur für den Austausch von Rechten, in welcher Güter bewertet und mit einem Preis versehen werden und miteinander konkurrieren. Wir betrachten nun die einzelnen Elemente der Definition etwas genauer, um zu sehen, wie sie die Ordnung von Märkten beeinflussen. Inwieweit können diese Elemente die empirischen Unterschiede der Märkte erklären? Wir beginnen mit der sozialen Struktur und wenden uns dann den verschiedenen in Kapitel 1 eingeführten Vorbedingungen von Märkten zu. Den Begriff Eigentumsrecht werden wir dabei, trotz seiner zentralen Bedeutung, nicht weiter problematisieren.

Soziale Struktur

Eines der Kernelemente der von uns vorgeschlagenen Definition ist die soziale Struktur. Ganz allgemein betrachtet, wird die soziale Struktur der Märkte durch die Rollen von ›Käufer‹ und ›Verkäufer‹ konstituiert. Damit ein Markt entsteht, muss es Akteure geben, die man als Käufer und Verkäufer erkennen kann. In einem traditionellen Bazar oder auf dem lokalen Devisenmarkt in den Straßen außerhalb des Istanbuler Bazars, wechseln die Marktteilnehmer häufig zwischen ihren Eigenschaften als Käufer und als Verkäufer hin und her. Die Händler auf diesem Devisenmarkt sind, genauer gesagt, Händler unterschiedlicher Währungen. Auf anderen Märkten entwickeln Unternehmen und Einzelpersonen bestimmte Identitäten oder Marken und spielen damit permanent die Rolle des Verkäufers. Der Coca-Cola-Konzern beispielsweise braucht uns gar nicht erst mitzuteilen, dass er als Verkäufer von Coca Cola betrachtet werden möchte, da das ja allgemein bekannt ist. Wir sind schließlich alle gewohnt, auf verschiedenen Märkten, etwa für Lebensmittel, Softdrinks oder Bekleidung, als Konsumenten zu agieren.

Das führt uns zu der wichtigen Unterscheidung zwischen Märkten, auf denen die Akteure mehr oder weniger dauerhaft entweder die Rolle des ›Käufers‹ oder des ›Verkäufers‹ innehaben, und Märkten, auf denen sie die Rollen wechseln. Wir wollen die erste Form ›Märkte ohne Rollenwechsel‹ *(fixed-role markets)* nennen und die zweite

›Märkte mit Rollenwechsel‹ *(switch-role markets)*. Dabei handelt es sich um eine ideal-typische Unterscheidung zwischen zwei einander ausschließenden Marktformen. Die Unterscheidung trennt, mit anderen Worten, Märkte, auf denen die Identitäten der Akteure an eine, die Käufer- und die Verkäuferrolle einschließende, umfassendere Rolle geknüpft sind, von Märkten, auf denen die Akteure ›permanent‹ entweder die Rolle des Käufers oder des Verkäufers spielen.

Die Börse mit ihren Händlern, die mehrmals täglich die Rollen von ›Käufern‹ und ›Verkäufern‹ wechseln, ist ein typischer Fall eines Marktes mit Rollenwechseln. Swap-Märkte, Finanzmärkte und Devisenmärkte sind weitere Beispiele für Märkte, auf denen die Akteure die Rollen wechseln und auf beiden Seiten der Marktschnittstelle auftauchen. Auch Märkte für Metall-Terminwaren und andere Rechte, die vor Fälligkeit des Vertrags mehrfach gehandelt werden können, sind Beispiele für Märkte mit Rollenwechsel. Immobilienmakler können in einigen Ländern im Namen von Kunden als Käufer und manchmal als Verkäufer von Grundstücken agieren. Ein weiteres Beispiel hierfür ist schließlich der Markt für Emissionsrechte.

Das neoklassische Marktmodell bezieht sich auf Märkte mit Rollenwechsel, auf denen jeder Akteur bloß ein zum Vertragsabschluss als Käufer und Verkäufer fähiges Atom ist. Der ökonomische Mensch hat hier keine Identität als ›Käufer‹, ›Verkäufer‹, ›Produzent‹ oder ›Konsument‹. Die Vorstellung, dass der Markt eine soziale Formation ist, in der die Akteure keine permanenten Rollen innehaben, spiegelt aber bloß den Umstand wieder, dass Walras seine Theorie mit Blick auf die Pariser Börse entwickelt hat. Diese Börse ist, wie jede andere auch, ein Ort, an dem ›Händler‹ Rechte verkaufen und kaufen, oder, genauer, Anteile an Unternehmen oder Derivate, das heißt Rechte, in Zukunft ein Recht zu einem gegebenen Preis zu kaufen oder verkaufen. Der Begriff Händler bezieht sich etymologisch eindeutig auf den Handlungsablauf, also darauf, was einer tut. Handeln ist die Tätigkeit, die man mit den Angehörigen eines Gewerbes assoziiert, die untereinander und mit Angehörigen anderer Gewerbe wirtschaftliche Transaktionen durchführen. So hat beispielsweise ein Akteur an einer Börse eine Identität als Wertpapierhändler *(trader)*, Makler *(agent)* und Eigenhändler *(dealer)*, aber keine Identität als Verkäufer oder Käufer (C. Smith 1981). Händler ist somit eine eher allgemeine Rolle, die die Rollen von ›Käufer‹ und ›Verkäufer‹ umfasst. Die Händler bieten ihre Dienste aber auf Märkten ohne Rollenwechsel an, auf denen sie permanent als Verkäufer wahrgenommen werden. Wir haben es hier demnach mit einem Produzentenmarkt für Händler-Dienstleistungen zu tun. Ungeachtet der Akkuratesse, mit der das neoklassische Modell die Börse abbildet, ist es schon fast ein Paradoxon, dass die einflussreichste Markttheorie nicht in der Lage ist, korrekt zu beschreiben, was auf der Mehrheit der zu beobachtenden Märkte, geschieht. Die meisten wirklichen Märkte – etwa die Märkte für Bier, Autos, Schiffe oder Bekleidung oder der Markt für Händlerdienstleistungen – sind Märkte ohne Rollenwechsel, auf denen die Marktidentität eines jeden Akteurs mit einer einzigen Marktseite (Produzent/Verkäufer oder Konsument/Käufer) verknüpft (verbunden) ist. Die Identitäten von Autoherstellern (wie *BMW, Ford* und *Honda*) sind

Abbildung 4.1 Miteinander verbundene Märkte einer Branche in schematischer Darstellung. Jede Pfeil-spitze repräsentiert einen bestimmten Markt. Die fettgedruckten Kästchen stellen die Kernproduzenten dar, die Kreise die Endverbraucher. Die übrigen Kästchen stehen für die Produzenten verschiedener Inputs. Die Kernproduzenten agieren in drei Märkten als Käufer. Jeder Produzent in diesen drei Märkten agiert als Käufer in wiederum anderen Märkten.

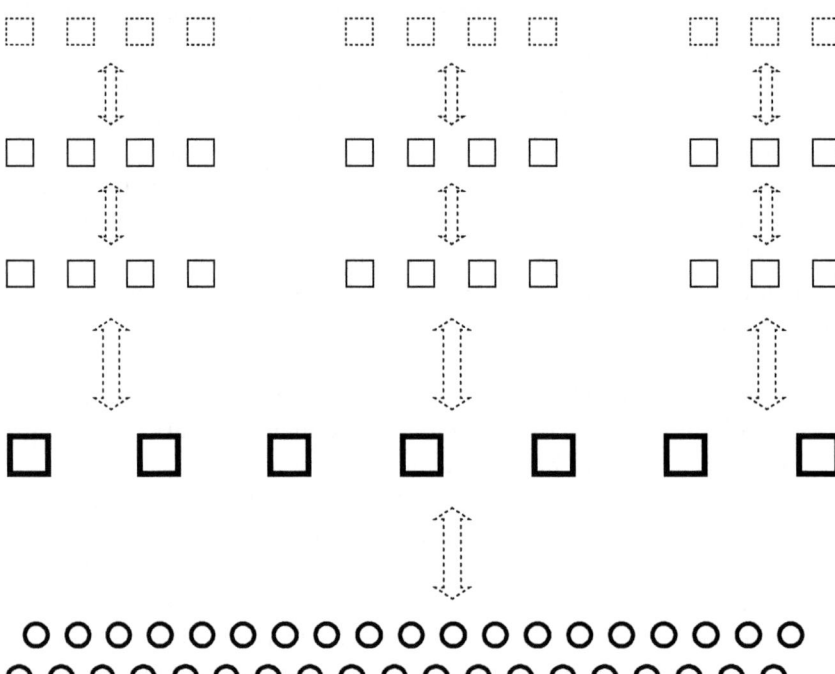

deshalb mit der Rolle der Verkäufer (Produzenten) von Automobilen verbunden. Die Rolle des Verkäufers wird auf dem Konsumgütermarkt festgelegt, was bedeutet, dass die Automobilproduzenten nicht auch als Konsumenten (Käufer) von Automobilen agie-ren. Automobilhersteller treten natürlich auf Arbeitsmärkten oder Märkten für Reifen, Organisationsberater und viele andere Inputs auch als Käufer auf. Auf dem für ihre Identität als Automobilproduzenten wesentlichen Markt werden sie gleichwohl als Verkäufer wahrgenommen. Dieser Markt ist, mit anderen Worten, der Kernmarkt der Automobilbranche, auf den die Tätigkeiten der in dieser Branche operierenden Akteure letztlich ausgerichtet sind. Dies wird in Abbildung 4.1 illustriert.

Obwohl Wirtschaftssoziologen zu Recht auf die zentrale Bedeutung von Produzen-tenmärkten hingewiesen haben, betrachten sie auf den Märkten hauptsächlich die Pro-duzenten und vernachlässigen die Konsumenten. Wir sind mit der Konsumentenrolle vertraut und nehmen oft, manchmal mehrmals am Tag, am Marktgeschehen teil. Auf einigen Märkten, wie etwa den Märkten für Lebensmitteln, agieren wir häufig; auf anderen, etwa Automobilmärkten, seltener. Auf vielen Märkten sind wir in dem Sinn anonym, dass die Produzenten uns nicht als Individuen kennen, so etwa wenn wir im Einkaufszentrum Sneakers kaufen. Auf anderen Märkten, etwa in unserer Lieblingsbar, kennen wir möglicherweise die Verkäufer. Den Produzenten sind die Endverbraucher in der Regel nur als Idealtypen ›bekannt‹. Das heißt, dass wir als Individuen eine ›Kategorie‹ repräsentieren, etwa den ›anspruchsvollen‹, ›preisbewussten‹ oder ›modebewussten‹ Kunden. Diese Kategorisierung und Differenzierung von Kunden wird von Unternehmen betrieben, die es in ihren Läden unter Umständen mit Millionen von Kunden zu tun haben. Auch die Konsumenten selbst kategorisieren einander in verschiedenen Hinsichten. Auf Business-to-Business-Märkten kennen die Unternehmen einander vielleicht, nicht zuletzt weil auf diesen Märkten in der Regel weniger Akteure operieren, aber auch weil zumindest auf einigen von ihnen jede einzelne geschäftliche Transaktion relativ gesehen wichtiger ist als einzelne Transaktionen auf einem Endverbrauchermarkt.

Obwohl Soziologen die Rolle der Konsumenten eher herunterspielen, haben sie im Gegensatz zu Ökonomen immerhin realisiert, dass der größte Teil der Märkte ohne Rollenwechsel ist. Folglich beziehen sich die meisten Studien auf verschiedenen Typen von Produzentenmärkten, die durch eine Reihe von als Verkäufer wahrgenommener Produzenten gekennzeichnet sind. Die soziologische Literatur knüpft in der Regel an die Arbeiten von Harrison White (z.B. 1981, 2002b) an. White schreibt Edward Chamberlin und, in gewissem Maß, auch Alfred Marshall den Anstoß für diesen Denkansatz zu, der die Funktionsweise von Märkten zur Kenntnis nimmt. Auf Produzentenmärkten, wie etwa dem von White beschriebenen Markt für Tiefkühlpizza, bieten die Produzenten darüber hinaus in der Regel Produkte an, die sich geringfügig voneinander unterscheiden. Für einen Markt ohne Rollenwechsel ist das aber nicht unbedingt erforderlich, wie sich etwa zeigt, wenn verschiedene Baukonsortien miteinander um den Auftrag für den Bau einer Brücke konkurrieren. In diesem Fall bieten die Verkäufer (Produzenten) das gleiche Produkt, einen Brückenbau nach den Spezifikationen der Käufer, an – allerdings zu unterschiedlichen Preisen.

Entscheidend für das Verständnis des Unterschieds zwischen Märkten mit und ohne Rollenwechsel sind also die Begriffe Identität und Rolle und nicht etwa die Güter und ihre für wesentlich gehaltenen Eigenschaften. Die Akteure auf Märkten ohne Rollenwechsel werden nicht, wie die auf denen mit Rollenwechsel, einer der beiden Marktseiten zugeordnet. Zu den Eigentümlichkeiten von Märkten mit Rollenwechsel, auf denen man die Akteure charakteristischerweise weder als Käufer noch als Verkäufer identifizieren kann, gehört allerdings, dass ihre soziale Struktur aus den beiden Rollen des Verkäufers und des Käufers besteht. Das Besondere an diesen ist, anders ausgedrückt, dass seine Akteure eher als allgemeine Marktakteure wie Makler oder Händler wahrgenommen werden.

Interesse, Rolle und Marktform

Die volle Bedeutung der Unterscheidung zwischen Märkten, auf denen die Akteure die Rollen wechseln und Märkten, auf denen sie sich mit einer Marktseite identifizieren und auch von anderen mit ihr identifiziert werden, wird sich erst im folgenden Kapitel erschließen. In soziologischer Sicht ist aber klar, dass der Marktkampf, den schon Weber als charakteristisches Merkmal des Marktes bezeichnete, davon beeinflusst wird, wie der Markt geordnet ist. Diesen Zusammenhang zwischen Marktstruktur und Interesse benennt Geertz ganz deutlich, wenn er sagt, dass der Bazar, den wir als Markt mit Rollenwechsel bestimmen, durch Wettbewerb zwischen »Käufer und Verkäufer« gekennzeichnet ist und nicht, wie »im größten Teil der Unternehmenswirtschaft« durch Konkurrenz »zwischen Verkäufer und Verkäufer« (Geertz 1963: 33). Kampf hat, wie schon oben erwähnt, etwas mit widerstreitenden Interessen zu tun (Swedberg 2003, 2004).

Es ist wahrscheinlich, dass sich die mit einer Seite identifizierten Akteure zusammenschließen, um ihre gemeinsamen Interessen durchzusetzen und vielleicht sogar den Markt zu organisieren (Geertz 1963: 29). Die Identifikation von Marktteilnehmern mit einer Marktseite, beispielsweise der Verkäuferseite, und ihren Interessen schließt Rivalitäten unter ihnen keineswegs aus. Das gemeinsame Interesse ist aber ein guter Grund für sie, sich zusammenzutun und, etwa durch die Festlegung von Geschäftsbedingungen, ihre Position gegenüber den Käufern zu stärken. Eine Organisation, die andere Organisationen als Mitglieder hat – die Käufer auf einem Markt beispielsweise –, kann somit, wie oben am Beispiel der amerikanischen Schuhmacher gezeigt (Commons 1909), die organisierte Interessenvertretung auf Seiten der Verkäufer erleichtern.

Die Akteure auf Märkten mit Rollenwechsel haben nicht als Käufer oder als Verkäufer Interessen, da sie ja nicht mit einer Marktseite identifiziert werden, sondern als Marktakteure. Dieser Art von Marktakteuren fällt die Kooperation untereinander vermutlich relativ leicht, da sie alle das Interesse an einem gut funktionierenden Markt mit Profitgelegenheiten teilen. Bei ihnen gibt es, anders ausgedrückt, keinen langfristigen Konflikt zwischen Marktrollen. Auch wenn diese Akteure, wie etwa die Broker, auf dem Markt miteinander um Marktanteile kämpfen mögen, kann es bei ihnen keine Interessenorganisation von ›Verkäufern‹ oder ›Käufern‹ geben, da ja alle Beteiligten beide, oder keine der beiden, Seiten repräsentieren. Allerdings haben die Händler ein starkes gemeinsames Interesse an der Aufrechterhaltung des Handels, da der Handel, ganz unabhängig vom Markttrend, ihr Einkommen hervorbringt. Für die Akteure ist das ein guter Grund, Märkte zu schaffen.

Vielleicht sind Märkte mit Rollenwechsel auch relativ schwer zu verstehen, weil die Rollen und Interessen hier nicht so deutlich sichtbar sind. Es sollte uns daher nicht überraschen, wenn Marktteilnehmer, die sich nicht, wie die Akteure auf Produzentenmärkten, auf einer Marktseite einreihen, einigermaßen mystisch von ›dem Markt‹ sprechen. Ein paar Zitate werden zeigen, was ich meine. Charles Smith, der nicht nur auf einem solchen Markt war, sondern ihn auch sehr eingehend studiert hat, zitiert einen

Gewährsmann mit der Aussage: »Das einzige, was an dem Markt klar ist, ist, dass nichts klar ist« (C. Smith 1981: 11). Ähnlich berichtet Hassoun, wie Marktakteure den Markt als etwas ›Lebendiges‹ betrachten und beispielsweise sagen, »der Markt ist nervös« oder »Es ging ihm [heute] besser« (Hassoun 2005: 109). Charles Smith nennt den Markt geistlos *(mindless)* (C. Smith 1981) und bemüht dafür eine Erklärung, die auf Pareto zurückgeht, nämlich, dass auf einem Markt sehr verschiedene Akteure mit unterschiedlichen Strategien operieren. Auch auf die Berichte der Tagespresse über ›den Markt‹ und seine Stimmungen sei hier noch hingewiesen. Die Börse ist in dieser Perspektive ein Spiel, bei dem man gewinnt und verliert und aus dem derjenige als Gewinner des Tages hervorgeht, welcher das meiste Geld gemacht hat.

Die zentralen Ordnungsprinzipien

Obwohl alle Märkte aus Käufern und Verkäufern bestehen, und jeder Marktteilnehmer sein eigenes Interesse hat – einen hohen Preis zu erzielen (Verkäufer) oder einen niedrigen Preis zu bezahlen (Käufer) –, sollte man natürlich die verschiedenen Phänomenologien der verschiedenen Markttypen und die entsprechenden Ordnungsprinzipien zur Kenntnis nehmen.

Wir haben gesehen, dass die bloße Betrachtung der sozialen Struktur für das Verständnis von Ordnung nicht ausreicht. Der Unterschied zwischen Märkten mit und ohne Rollenwechsel ist zwar relevant, aber weder der einzige, noch unbedingt der wichtigste. Welche Differenz ist dann aber bei der Untersuchung der Marktordnung am wichtigsten? Zur Erklärung verschiedener Marktordnungen müssen wir die Unterscheidung zwischen Märkten, die durch Status geordnet sind und Märkten, die durch Standards geordnet sind, einführen. Auch diese Unterscheidung ist idealtypisch und bezieht sich auf zwei einander ausschließende Begriffe. Auf einem ›Status‹-Markt besteht Ordnung, weil die Identitäten der Akteure auf beiden Marktseiten nach Status geordnet sind; die Rangordnung der Akteure ist ein etablierteres soziales Konstrukt als der Standard des auf dem Markt gehandelten Guts (Ware oder Dienstleistung). Wenn aber die Käufer- und Verkäuferidentitäten etablierter sind als die gehandelten Güter, sprechen wir von einem Statusmarkt. Ein Beispiel dafür könnten die Verkäufer einer Reihe von Jeansmarken sein, die in einem bestimmten Segment miteinander konkurrieren. Auf einem durch ›Standards‹ charakterisierten Markt ist es genau umgekehrt: Hier ist das Gut ein etablierteres soziales Konstrukt als die Rangordnung der Akteursidentitäten. Auf realen Märkten gibt es zwischen Status und Standard einen Umkipp-Punkt, dominiert also, mit anderen Worten, immer eines der beiden Kriterien. Märkte sind Standardmärkte, wenn der Standard der gehandelten Güter – im Allgemeinen eine bestimmte Kombination von Preis, Qualität und Lieferbedingungen – etablierter ist oder für selbstverständlicher gehalten wird als die Ordnung der sozialen Struktur (wie etwa das Set der Produzenten und/oder das Set der Konsumenten). Beispiele dafür finden sich leicht, etwa dort, wo es, wie bei Metallen,

Tabelle 4.1   Markttypologie. Empirische Beispiele auf Basis der Unterscheidungen zwischen Märkten mit und ohne Rollenwechsel sowie zwischen Status- und Standardmärkten.

Markttypologie	feste Rollen	wechselnde Rollen
Standard	Blumengroßmarkt	Börse
Status	Konsumgütermarkt für Bekleidung	Basar

Baumwolle und Getreide, Materialkategorien mit eindeutigen und stabilen materiellen Grundlagen gibt, die natürlich auch erst einmal alle in Kategorien verwandelt werden müssen. Die meisten Märkte sind eine Mischung aus den beiden Idealtypen Status- und Standardmarkt. Am Beispiel Silberbesteck lässt sich das illustrieren: Das Material bewahrt den wirtschaftlichen Materialwert – da man es ja nach Gewicht zu seinem Wert verkaufen kann –, der wirtschaftliche Wert von Bestecken mit gleicher Silberqualität und gleichem Silbergewicht variiert jedoch je nach Design.

Mithilfe dieser beiden Unterscheidungen lassen sich vier Kategorien von Märkten unterscheiden. Tabelle 4.1 präsentiert diese Unterscheidungen, zusammen mit empirischen Beispielen für jeden Markttypus. Betrachten wir nun diese vier Beispiele eingehender.

Die in Großmärkten angebotenen Blumen sind Standardartikel. Das soll nicht heißen, dass alle verkauften Blumen identisch sind, sondern, dass jede Blumensorte separat gehandelt wird und es normalerweise unproblematisch ist, die verschiedenen Sorten auseinander zu halten. Es gibt außerdem eine Qualitätsskala, sodass man unabhängig vom Preis von der Qualität sprechen kann. Die Produzenten der Blumen verkaufen sie entweder direkt auf dem Markt oder an einen Händler, der sie dann auf dem Markt verkauft. Die Verkäufer, oder Produzenten, von Blumen operieren nicht als Blumenkäufer. Die Identität jedes Marktakteurs ist hier vielmehr an eine einzige Rolle – entweder des Käufers oder des Verkäufers – gebunden und als Ordnungsprinzip fungiert der Standard des Guts. Zu dem Gut gehört nicht nur das Produkt, in diesem Fall ein Posten Blumen, obwohl das Produkt natürlich die Grundlage ist, sondern auch der Liefermodus. Das bedeutet, dass die Akteure, Verkäufer wie Käufer, das Angebot ›ein Posten Blumen von bestimmter Qualität zu einem bestimmten Preis‹ verstehen können, ohne den Transaktionspartner zu kennen. Man orientiert sich, mit anderen Worten, am Gut und am Standard und nur indirekt an den Handelspartnern. Eine ganz ähnliche Organisation des Marktes beobachtete Garcia-Parpet (2007) bei ihrer Untersuchung des Erdbeermarktes.

An der Börse wird zweifellos auch ein Standardprodukt gehandelt; wir kommen darauf in Kapitel 5 zurück. Jede einzelne Aktie eines Unternehmens, wie etwa von *General Motors,* ist von gleicher Beschaffenheit wie jede andere. Es ist also völlig unerheblich, wer der Käufer oder der Verkäufer ist. Infolgedessen kommt es auf dem Markt weniger auf die Beteiligten an und wird der Preis der Güter (der Aktien) zum Ordnungsprinzip. Man kann also von einer Ordnung sprechen, die auf standardisierten Gütern und der Orientierung der Akteure an ihnen beruht. Wichtig ist, ob es einen vom Produkt unabhängigen Standard gibt, sodass man die ›Qualität‹ des Produkts messen kann. Sind alle Produkte gleich, wie an der Börse, haben wir es mit einem Spezialfall von Standardgut zu tun. Die Marktkategorie oder, allgemeiner, der Marktstandard kann auf dem Markt, vom Staat oder von Seiten der Marktteilnehmer – von einer einzigen oder von beiden Marktseiten – bestimmt werden.

Auf dem Endverbrauchermarkt für Bekleidung, auf dem wir als Konsumenten agieren und Unternehmen mit unterschiedlichen Identitäten Kleidung anbieten, ist das Produkt den Launen der Mode unterworfen und alles andere als ein Standardprodukt. Auf einem durch Status geordneten Markt verändern sich die angebotenen Güter und gibt es keinen von den Marktakteuren unabhängigen Standard zur Bewertung der Angebote. Hier ist dafür die soziale Struktur relativ stabil, da die Verkäufer, die alle Werbung betreiben und eigene Läden unterhalten, in der Regel schon viele Jahre ortsansässig sind. Das heißt, dass sie sich voneinander durch eigene Identitäten unterscheiden und dass diese Identitäten den Konsumenten bekannt sind. Wichtig dabei ist, dass einige Verkäufer einen höheren Status genießen als andere und dass das, was sie anbieten und was von Konsumenten mit hohem Status gekauft wird, bestimmt, was Mode ist. Mode wird durch Interaktionen zwischen Produzenten und Konsumenten ›gemacht‹ oder ›kreiert‹ und nicht nach einem vorgegebenen Standard bewertet. Für Mode gibt es keinen Standard. Genau genommen mangelt es allen Märkten, auf denen die Entscheidungen in ästhetischen Werturteilen wurzeln, an einem Wertmaßstab. Man kann diese Märkte als Ästhetikmärkte betrachten (Aspers 2001: 1; Entwistle 2009); dieser Begriff bezeichnet also jenen Teil der Statusmärkte, bei dem die Entscheidungen auf ästhetischen Werten, oder, anders ausgedrückt, Geschmack beruhen (Bourdieu 1984).

Die Verkäuferseite des Bekleidungsmarktes besteht aus relativ wenigen Unternehmen, wie etwa *Gap, Zara* und *H&M,* deren Identitäten die Kunden überblicken können. Die Konsumenten sind den Verkäufern natürlich nicht als Individuen bekannt und kennen sich auch nicht untereinander. Verkäufer wie Käufer kennen dagegen sehr wohl idealtypische Konsumenten, wie bestimmte Oberklassepersonen mit ihrem Modegebaren, Leute aus der Kunstwelt und alle möglichen Arten von Subkulturen. Diese soziale Struktur hält zwar nicht ewig, ist aber stabiler – und kann daher ein stärkeres Ordnungsprinzip sein – als die auf dem Markt gehandelten Güter.

Unser letztes Beispiel ist der Basar. Der Basar besteht aus Händlern, die sowohl kaufen als auch verkaufen. In einem Basar gibt es keine Konzentration auf einen bestimmten Artikel, sondern kann man ›alles‹ kaufen; allerdings sind Basare wie die in Istanbul – oft auch räumlich – in Bereiche für Lebensmittel oder Kleidung unterteilt und findet man in den Lebensmittelbereichen die Fischhändler an einem Ort konzentriert und die Fleischhändler an einem anderen. Inzwischen haben sich viele, wenn auch nicht alle, Basare in Märkte für Endverbraucher verwandelt. Clifford Geertz sagt zum Beispiel, dass »Waren ... die einmal in das Marktnetzwerk eingespeist wurden, dort in der Regel zirkulieren und ziemlich lange von Händler zu Händler weitergegeben werden, bevor sie in Reichweite des eigentlichen Konsumenten gelangen« (1963: 31). Nachdem wir die Marktelemente erörtert haben, darunter die soziale Struktur von Akteuren, deren Interessen zu Konkurrenz führen, sowie die Eigentumsrechte, wenden wir uns nun den drei oben erörterten Vorbedingungen für einen geordneten Markt zu, die auf jedem Markt, wenn auch nicht in der gleichen Form, erfüllt sein müssen.

1. Was auf dem Markt gehandelt wird

Auf einem Standardmarkt, etwa einem Kupfermarkt, ist klar, was angeboten wird. Selbst auf Statusmärkten, wie den von Velthuis (2005) oder Plattner (1996) beschriebenen Kunstmärkten, weiß man halbwegs, was gehandelt wird und was nicht. In diesem Fall werden Güter gehandelt. Ein Gut kann ein materieller Gegenstand wie Besteck oder ein Basketball ein, oder aber eine Dienstleistung wie Steuerberatung. Das Angebot ist unter Umständen verhandelbar, aber nicht alles kann offen für Verhandlung und Interpretation sein. Die Tatsache, dass ein Markt durch das auf ihm gehandelte Gut charakterisiert wird, sorgt für eine gewisse Stabilität. Wenn die angebotenen Gegenstände oder Dienstleistungen sich gleich bleiben, können sich die Marktakteure daran orientieren und ist klar, was auf dem Markt gehandelt wird. Auf dem Modemarkt ist, wie soeben festgestellt, der Wandel entscheidend. Die Marktteilnehmer sind sich dessen allerdings bewusst. Genau auf dieses gemeinsame Wissen und Rahmenverständnis (Goffman 1974) vom Markt und darüber, was – selbst bei veränderlichen Gütern – auf ihm gehandelt wird, kommt es hauptsächlich an. Märkte werden also zum Teil aufgrund der von den Konsumenten und Produzenten wahrgenommenen Kategorien der gehandelten Güter (Rosa, Porac, Runser-Spanjol und Saxon 1999) voneinander abgegrenzt, weshalb man auch von einer »Marktkategorie« (Kennedy 2005) sprechen kann. Wir brauchen uns nicht auf die psychologisch-kognitive Dimension von Kategorien zu konzentrieren; entscheidend ist vielmehr der soziale Prozess ihrer Konstruktion und Aufrechterhaltung. Märkte setzen somit voraus, dass die gehandelten Güter um ihrer Kalkulierbarkeit willen singularisiert werden (Callon und Muniesa 2005). Jeder Markt bewertet, in anderen Worten, eine einzige Sache (Favereau, Biencourt und Eymard-Duvernay 2002).

Die Welt wartet nicht mit vorgefertigten Marktkategorien auf. Diese müssen vielmehr gebildet werden. Einige dieser Kategorien werden möglicherweise außerhalb des Marktplatzes erzeugt und dann in einen Markt eingeführt. Andere Kategorien werden dagegen gehandelt, allerdings noch nicht auf einem Markt, und wieder andere müssen von den Marktakteuren selbst gebildet werden. Die Marktakteure erzeugen die Kategorien unter Umständen in einem spontanen Prozess, aber die Kategorien können auch aus organisierten Kategorisierungsversuchen (Möllering 2009) hervorgehen. Standardisierung (vgl. Brunsson et al. 2000) ist eine Möglichkeit der organisierten Kategorienbildung. Dass Stahl, ein von Menschen gemachtes Produkt, standardisiert wurde, kann man sich leicht vorstellen. Aber selbst eher natürliche Objekte, wie Fisch (Holm 2008) und Holz werden kategorisiert. Bei Holz unterscheidet man beispielsweise Sägeholz und Zellstoffholz oder Brennholz und Holz für andere Zwecke. Aber auch beim Holz selbst ist die Variationsbreite erheblich. So gibt es unterschiedliche Baumarten, wie beispielsweise Kiefern, Birken und Fichten, aber auch bei jeder Baumart unterschiedliche Holzqualitäten.

Zusammenfassend kann man sagen, dass auf jedem Markt etwas Bestimmtes gehandelt wird, und dieses Etwas gibt dem Markt in der Regel einen Namen, wie etwa Markt für menschliche Organe (Healy 2006), die nicht auf dem gleichen Markt verkauft werden wie Autos. Anders ausgedrückt: ›Sachen‹, die in einer Hinsicht gleich sind, werden auf dem ›gleichen‹ Markt gehandelt. Ein zentrales soziologisches Argument ist, dass diese Dinge nicht auf materielle Bedingungen reduziert werden können.

2. Wie auf dem Markt agiert wird

Die zweite Voraussetzung hat etwas mit Marktkultur zu tun. Wir definieren *Kultur* als die dem Setting eigenen Ansichten, Normen, ›Werkzeuge‹ und Verhaltensmuster – etwa Gesprächsmuster und Bräuche. ›Kultur‹ meint sowohl informale Institutionen als auch die aus ihnen erwachsenden formalen Institutionen, wie Vorschriften und Gesetze. Manche kulturellen Elemente sind allen sozialen Interaktionen gemein, andere finden sich auf vielen Märkten, und wieder andere gibt es nur auf einem speziellen Markt. Man kann also die allgemeine Marktkultur, das heißt die kulturellen Merkmale, die Märkte von Nicht-Märkten trennen, von den kulturellen Eigentümlichkeiten unterscheiden, die bestimmte Märkte einzigartig machen und von anderen Märkten abheben; die Letzteren kann man als Teilkultur (des Marktes) bezeichnen. Obwohl Kultur an sich nicht das Resultat von Entscheidungen sein kann, gehen Regeln und Institutionen oft aus Entscheidungsprozessen hervor. Der umfassende Kulturbegriff umfasst sowohl Ergebnisse von Entscheidungen als auch gewachsene Elemente, und man kann nicht a priori feststellen, welche davon auf einem Markt am wichtigsten sind.

Wir beginnen mit der allgemeinen Marktkultur. Da Märkte in den meisten zeitgenössischen ›Marktgesellschaften‹ Bestandteil der Lebenswelt werden (Slater und Tonkiss 2001), lässt sich eine allgemeine Marktkultur feststellen, die viele Märkte überspannt und die zum Einsatz kommen kann, wenn jemand handelt und wenn Märkte eingerichtet werden. Die Marktakteure können also für ihr Handeln einen ganzen Satz von Werkzeugen (Swidler 1986) benutzen, die in vielen verschiedenen Märkten legitim sind. Die Kultur eines Marktes hilft, ihn in Ordnung zu bringen, da sie vorschreibt, was man machen kann und was nicht und welches die entsprechenden Sanktionen sind. Die gesetzliche Richtschnur der Kaufleute, die sogenannte *lex mercatoria,* steht beispielhaft für eine das Marktverhalten regulierende formale Institution (Volckart und Mangels

1999). Kultur im hier beschriebenen Sinn ist auf vielen Märkten wirksam und spielt eine wichtige Rolle bei der Konstitution der Märkte. Die allgemeine Marktkultur bezieht sich auch auf das, was ›schätzenswert‹ ist: »Schätzenswerte Dinge sind *verkäufliche* Güter, die auf dem Markt eine *starke Position* haben. Schätzenswerte Menschen sind reich, *Millionäre* und *leben auf großem Fuß*« (Boltanski und Thévenot 2006: 196).

Was ist unter der Teilkultur eines bestimmten Marktes oder, kurz, einer spezifischen Marktkultur zu verstehen? Ein Markt hat unter Umständen eine eigene, mehr oder weniger stark ausgeprägte eigene ›Kultur‹; diese kann sich in seinem Narrativ manifestieren (Mützel 2007), das sich die auf dem Markt operierenden Akteure in Sozialisationsprozessen aneignen. Die Kultur bringt also nicht nur Ordnung auf einen Markt, sondern macht ihn unter Umständen auch einzigartig. Sie bezieht sich auf so einfache Dinge wie die Praxis, wer wen kontaktiert (wer die Angebote macht: der Verkäufer oder der Käufer), wer das Mittagessen bezahlt und viele andere Gewohnheiten mehr. Die Kultur eines bestimmten Marktes umfasst ferner »Tauschregeln« (Fligstein und Mara-Drita 1996: 15; Smith 2007: 3; White 2002b: 2), das heißt, kurz gesagt, Regeln über das erlaubte und das erwartete Kooperations – und Konkurrenzverhalten der Akteure auf dem Markt. Zu den kulturellen Aspekten kann außerdem gehören, wie die Leute reden, wie ein Büro aussehen sollte, oder – etwa bei erfolgreichen Modefotografen – welches Auto man fahren sollte (Aspers 2006: 52–53). Skripte für die Preissetzung, das heißt dafür, wie man den Outputpreis von Ölgemälden (Velthuis 2005) oder von beliebigen anderen Artikeln bestimmt – variieren ebenfalls mit den Märkten. Wie der wirtschaftliche Wert bestimmt wird, erörtern wir im nächsten Abschnitt.

Die Kombination der beiden zuletzt genannten Arten von Kultur – der allgemeinen Marktkultur und der Partialkultur eines bestimmten Marktes – könnte im Prinzip Ordnung auf einem Markt schaffen, da ja beide etwas mit Verhaltensregeln zu tun haben, die menschliche Koordination ermöglichen, erleichtern und beschränken. Obwohl Kultur ein wesentlicher Bestandteil aller Märkte und eine Bedingung jeder sozialen Interaktion ist, stellt sie jedoch eher selten das etablierteste Ordnungsprinzip von Märkten dar. Für einige Märkte, vor allem Marktplätze, kann die Kultur aber sehr wichtig sein. Ein Marktplatz wird nicht unbedingt mit einer einzigen Ware in Verbindung gebracht und daher auch nicht mit einer bestimmten sozialen Struktur aus allseits bekannten Käufern und Verkäufern. Marktplätze, wie etwa Basare, sind normalerweise von Händlern bevölkert, die darauf warten, dass Kundschaft kommt und sich in ihren Netzen verfängt. Obwohl jedes Produkt hier gleichsam seinen eigenen Markt hat, ist keiner davon stark genug, um den ganzen Marktplatz zu ordnen. Eher ordnet noch der Marktplatz die verschiedenen ›Märkte‹. Geertz untersuchte Märkte, die nur schwach formal organisiert waren und in denen es weder Gilden noch eine amtliche Aufsicht gab. Die Ordnung auf diesen Märkten beruhte vor allem auf »festen, durch jahrhundertelange Anwendung geheiligten Handelsbräuchen« (Geertz 1963: 47). Lisa Bernstein fand bei ihrer Untersuchung des Diamantenhandels ein Gewerbe und Märkte mit selbstgeschaffenen Regeln vor, die alle in soziale Netzwerke und ungeschriebene Kodexe eingebettet waren. Dazu bemerkt sie beispielsweise, dass »die erfahrenen Händler, die die Branche dominieren, für Streitigkeiten unter den Branchenmitgliedern ein ausgefeiltes internes Regelwerk inklusive eigener Institutionen und Sanktionen entwickelt haben« (Bernstein 1992: 115).

3. Wie der wirtschaftliche Wert des Gutes bestimmt wird

Die dritte Voraussetzung von Märkten ist die Bestimmung des wirtschaftlichen (Tausch-) Werts. Die ersten beiden Voraussetzungen sind marktspezifisch, aber der Wert von Gütern muss auch innerhalb von Organisationen bestimmt werden, die es mit Fragen der Produktion, Konsumtion und Distribution zu tun haben. Der wirtschaftliche Wert von Luxusgütern wie Champagner und Kaviar wurde im Russland der Sowjetära nicht vom Markt ›entschieden‹. Wie viel Champagner und Kaviar produziert und zu welchem Preis verkauft werden sollte, war vielmehr eine politische Entscheidung (Gronow 2003). Eine Folge dieser politischen Preise in der Sowjetunion war, dass Champagner und Kaviar wenig kosteten und dass diese Güter daher relativ gering geschätzt wurden.

Wir haben bereits erläutert, dass der Handel eines bestimmten Objekts auf dem Markt als legitim gelten muss und dass darin die ›moralischen‹ Werte der Gesellschaft zum Ausdruck kommen. Bei der dritten Voraussetzung geht es darum, wie der *wirtschaftliche* Wert bestimmt wird. Wert ist dem Vergleichsprozess inhärent; dieser ist eine Bedingung des Wettbewerbs, welcher seinerseits, wie oben gezeigt, ein wesentliches Marktelement darstellt. Es gibt somit verschiedene Methoden zur Generierung von Marktwert. Der Interessenkonflikt zwischen den Handelsparteien kann durch Feilschen, Verhandeln, Festpreise oder Auktionen gelöst werden. Dabei handelt es sich also um unterschiedliche Formen des Güteraustauschs, die im Lauf der Geschichte in Abhängigkeit von den jeweiligen kulturellen, moralischen oder ökonomischen Werten praktiziert wurden.

Die normale Methode der Wertbestimmung in Märkten mit festen Rollen ist das Angebot von Gütern oder Dienstleistungen zu Festpreisen. In diesem Fall ist die Preisbestimmung identisch mit der Bestimmung des Marktwertes, vorausgesetzt, es gibt Käufer, die die Angebote annehmen, und es besteht Konkurrenz. Einige Akteure sind möglicherweise bereit, mehr zu bezahlen, um das Objekt zu bekommen, oder verkaufen es unter dem Marktpreis und schaffen so zusätzlichen Wert für diese Leute. Auf Produzentenmärkten mit differenzierten Produkten, wie etwa dem Fahrradmarkt, wird im Wesentlichen jeder Produkttyp für einen bestimmten Preis angeboten. Obwohl es einen gewissen Spielraum für Preisverhandlungen zwischen dem Kunden und dem Fahrradhändler geben mag (und zwischen dem Händler und dem Hersteller oder dem Großhändler), handelt es sich für den Kunden im Wesentlichen um ein Preisangebot, das er entweder annehmen oder ablehnen kann. Das Gleiche gilt für die Preise verschiedener Markenwaschmittel im Supermarkt. Der Kauf von Militärflugzeugen kann dagegen

Jahre dauern und mit allen Arten von Verhandlungen, manchmal auf höchster politischer Ebene, einhergehen.

Festpreise nach Art der in der Werbung, in Geschäften, in Restaurants und anderswo angegebenen Preise waren nicht immer die Norm. Der Basar ist ein Beispiel für einen Handelsplatz, auf dem es keine Festpreise gibt. Das hat historische Gründe, wie Geertz in modernen wirtschaftswissenschaftlichen Begriffen erklärt: »Das gleitende Preissystem, in Verbindung mit dem lebhaften und oft aggressiven Verhandeln, das solche Systeme offenbar überall kennzeichnet, ist zum Teil einfach nur ein Mittel zur Kommunikation wirtschaftlicher Informationen in einer unbestimmten Preisbildungssituation … [und es] ist in gewissem Maß ein bloßer Reflex der Tatsache, dass die Abwesenheit einer komplexen Buchhaltung und einer langfristig angelegten Kostenrechnung oder Finanzplanung es sowohl für den Käufer als auch für den Verkäufer schwierig macht, ganz genau zu kalkulieren, was in einem besonderen Fall ein › vernünftiger ‹ Preis ist« (Geertz 1963: 32–33).

In Situationen, in denen es keine Preisaufzeichnungen über längere Zeiträume gibt, kommen die Talente derer, die sich an dem gelegentlich zeitraubenden Prozess der Preisfindung beteiligen, zum Tragen. Zum Feilschen gehört, dass die Parteien Angebote und Gegenangebote machen und um den Preis kämpfen. Im Basar gibt es eine bestimmte Art von Kampf, vor allem zwischen Verkäufern und Käufern, aber auch zwischen den um Kundschaft wetteifernden Verkäufern. Außerdem kämpfen und konkurrieren auf einem Produzentenmarkt, wie dem Markt für Waschmaschinen, hauptsächlich die Verkäufer miteinander; als Käufer kann man ziemlich sicher sein, dass es auf dem Markt Waschmaschinen zu kaufen gibt.

Was ist ein Preis? Aus wirtschaftswissenschaftlicher Sicht ist der monetäre Preis identisch mit dem Marktpreis. Der wirtschaftliche Marktwert ist praktisch gleich dem Transaktionspreis, das heißt dem Preis, den ein Käufer bezahlt und den der Verkäufer erhält, ohne Berücksichtigung möglicher Transaktionskosten. Die Ökonomen betrachten ferner den Markt als Mechanismus zur Generierung von Preisen. So sagen Stigler und Sherwin: »Der Markt ist das Feld, auf dem der Preis bestimmt wird: Der Markt besteht aus dem Set von Anbietern und Nachfragern, deren Handel den Preis eines Gutes bestimmt« (Stigler und Sherwin 1985: 555). Für die Wirtschaftswissenschaft ist der Preis somit Ergebnis der Marktinteraktion.

Sowohl Stigler und Sherwin als auch Geertz beziehen sich aber eindeutig nur auf einen Auktionsmarkt. Auf Statusmärkten gehört der Preis dagegen, um nur eine Differenz zu verdeutlichen, zur Identität der Marktteilnehmer. Zumindest für einige Statusmärkte gilt der von Veblen beschriebene Zusammenhang, dass die Nachfrage nach gewissen Gütern mit steigendem Preis zunimmt und dass unter Umständen der Status des Produzenten mit dem Preis der Güter steigt (Veblen 1953). Zur Erinnerung: Das ist nur möglich, weil es keinen Wertmaßstab gibt, mithilfe dessen man unabhängig von den Käufern und Verkäufern des Gutes dessen › Qualität ‹ messen kann.

Der wirtschaftliche Wert wird gewöhnlich in Preisen ausgedrückt und in Geldgrößen angegeben. Preise erlauben den Vergleich von Produkten mit anderen Gütern und

Dienstleistungen. Preise, die in irgendeiner Art von Geld ausgedrückt sind (vgl. »Geld als Recheneinheit«, Dodd 2005), befähigen uns, völlig unterschiedliche Dinge miteinander zu vergleichen, etwa ein Auto mit einer Hawaiireise, aber auch zwei Autos auf demselben Markt.

Preise können mit verschiedenen Verfahren bestimmt werden, da Märkte unterschiedlich sind. Auf den meisten Märkten mit Rollenwechsel werden zur Preisbildung verschiedene Auktionsformen benutzt. Auktionen sind wohl die gebräuchlichsten theoretischen Repräsentationen der Preisbildung, obgleich sie empirisch nicht am häufigsten vorkommen. Es gibt verschiedene Arten von Auktionen (C. Smith 1989). Am üblichsten ist die sogenannte Englische Auktion, bei der es normalerweise ein Anfangsgebot gibt und man damit rechnet, dass der Preis über dieses Anfangsgebot hinaus steigt, sobald die Bieter miteinander zu konkurrieren beginnen. Eine Kunstauktion, sei es bei Sotheby's oder im Internet (eBay), ist normalerweise als Englische Auktion organisiert. Das Gebot, das den Zuschlag erhält – das heißt der Preis, zu dem ein Gut gegen Geld getauscht wird –, ist das Äquivalent zum Marktpreis. Eine sogenannte Holländische Auktion kann als Englische Auktion betrachtet werden, die aber in der Gegenrichtung verläuft. Sie beginnt mit einem hohen Preis und senkt den Preis, bis ein Käufer gefunden ist. Diese Auktionsform ist unter Umständen sehr schnell, da die Organisatoren der Auktion die Preise rasch reduzieren können; sie erfordert aber auch Käufer, die schnell entscheiden können. Die Holländische Auktion wird meist für Fachleute veranstaltet, so beispielsweise beim Blumenverkauf in Holland, aber auch durch die *Ontario Flower Growers Co-Operative,* eine 1972 gegründeten Organisation. Bei der Holländischen Auktion kann man mehrere Lose auf einmal verkaufen und auf diese Weise schnell große Mengen handeln.

Im wirklichen Leben findet man Auktionen in allen möglichen Kombinationen – auch für gleichartige Objekte. So sind beispielsweise Fischmärkte unterschiedlich organisiert und gibt es in Island »zweiunddreißig Auktionen, darunter achtzehn englische (›steigender Preis‹) und vierzehn holländische (›absteigender Preis‹). Im französischen Lorient wird Fisch mithilfe einer Kombination aus paarweisem Handel und Auktion verkauft, während er in Sète durch eine Holländische Auktion verkauft wird und im nahegelegenen Marseille durch paarweisen Handel. Der Fischmarkt in Sydney, Australien, wird in Form zweier simultaner Holländischer Auktionen betrieben« (Kirman 1991: 157).

Auktionen werden in der Literatur vor allem von Ökonomen (Krishna 2009), aber auch von Soziologen (Smith 1989) erörtert. Das Finanzministerium der Vereinigten Staaten und andere Regierungen benutzen Auktionen als Instrument, um am Markt Geld zu möglichst niedrigen Kosten aufzunehmen. Das Wort Auktion selbst geht auf das lateinische *augere,* zurück, das ›vermehren‹ bedeutet (Krishna 2009: 2). Auktionen mit mehreren Bietern führen zu einem Preis, der zumindest über dem des Bieters mit dem zweithöchsten Gebot liegt.

Auktionen sind manchmal ›offen‹ und machen alle Preise publik. Offene Auktionen – offen zumindest für die Teilnehmer – sind die üblichste Auktionsform. In anderen Fällen fordert man die Käufer auf, versiegelte Gebote abzugeben, unter denen der Verkäufer eines auswählt. Unter Umständen erhält das beste (höchste) Gebot auch den Zuschlag. Eine andere Form ist die verdeckte Zweitpreisauktion; hier erhält der Bieter mit dem höchsten Gebot den Zuschlag, bezahlt aber nicht den in seinem eigenen Gebot genannten Preis, sondern den des zweithöchsten Gebots. In einigen schwedischen Provinzen werden forstwirtschaftliche Flächen in verdeckten Auktionen ohne Startpreis verkauft, in einer Nachbarprovinz aber möglicherweise auch mit einem anfänglichen ›Reservationspreis‹; wenn allerdings mehrere Käufer ein Formular ausfüllen und damit ihr Interesse an dem Objekt bekunden, wird zur Ermittlung des Gewinners eine Englische Auktion veranstaltet. Diese enorme Variationsbreite deutet darauf hin, dass die Organisation eines Marktes mit Blick auf die Geschichte betrachtet werden muss und nicht auf einen einzigen Rationalitätsgrundsatz zurückgeführt werden kann.

Ein Markt existiert nur, wenn bekannt ist, was gehandelt wird, wie die Marktkultur geartet ist und ob es ein Preisbildungsverfahren gibt, das heißt, wenn die Vorbedingungen eines Marktes erfüllt sind; nur dann sind Vergleich und Wettbewerb möglich. Auf dieser Grundlage wenden wir uns nun den Grenzen von Märkten und speziell der Frage zu, inwieweit man die Grenzen zwischen Märkten mithilfe der Marktelemente inklusive der drei Marktvoraussetzungen verstehen kann.

Marktgrenzen

Dieses Buch heißt *Märkte* und nicht ›Der Markt‹ oder ›Die Marktgesellschaft‹. Der Grund dafür ist, dass wir zwischen verschiedenen Marktformen, aber natürlich auch zwischen verschiedenen empirischen Märkten, differenzieren wollen. Um Märkte voneinander zu unterscheiden, muss man sich die Grenzen von Märkten ansehen. Wann beginnt ein Markt und wann endet er? Wir begründen zunächst etwas eingehender, warum das Thema Marktgrenzen wichtig ist, und wenden dann unsere Analyseinstrumente auf die unterschiedlichen Arten von Märkten an.

Märkte zu definieren und voneinander abzugrenzen ist nicht nur theoretisch interessant. Die Kenntnis der Marktgrenzen ist auch eine Bedingung für die Ermittlung von Marktanteilen. Der Marktanteil eines Unternehmens ist leicht zu ermitteln – durch Division seiner Erlöse durch die auf dem gesamten Markt erzielten Erlöse. Allerdings: »Berechnungen der Marktanteile oder der Marktkonzentration, die man typischerweise zur Einschätzung der Konkurrenzbedingungen anstellt, sagen nicht viel aus, wenn die Grenzen des Marktes nicht korrekt bestimmt wurden« (Brooks 1995: 536). Das Problem ist also, festzulegen, welche Unternehmen und welche Produkte zu einem Markt gehören. Bei Mobiltelefonen war viele Jahre lang *Nokia* mit einem Marktanteil von fast fünfzig Prozent der Marktführer. Die Wirklichkeit ist allerdings komplexer, und die Märkte – wie die Marktgrenzen – sind nicht unbedingt stabil. Als *Apple* und andere Anbieter aus anderen Märkten auf diesen Markt drängten und den Konsumenten eine technologische Alternative zu den herkömmlichen Handys von *Siemens, Ericsson* und *Nokia* boten, wurde der Markt umdefiniert. In einem derartigen Fall ist unklar, was auf dem Markt gehandelt wird und was die Grenzen – das heißt die Umwelten – verschiedener Märkte sind. Reale Marktgrenzen sind dementsprechend oft nicht eindeutig zu bestimmen. Staatliche Instanzen, wie die Regierung, das Justizministerium und die Handelskommission der Vereinigten Staaten, müssen Fusionen und Übernahmen daraufhin bewerten, ob sie den Unternehmen eine Monopolstellung verschaffen, aufgrund derer sie die Preise erhöhen und so den Wettbewerb behindern und ihre Profite auf Kosten der Konsumenten erhöhen können.[27]

Viele Ökonomen versuchen, Marktgrenzen mithilfe des Begriffs Standardprodukt oder, wie Ökonomen sagen, homogenes Produkt zu bestimmen. Sie grenzen also Märkte auf Basis der gehandelten Güter ab. Dem entspricht die Vorstellung, dass es auf einem Markt nur einen Preis gibt. Stigler und Sherwin unterstellen genau diesen Zusammenhang zwischen Preis und Markt: »Die zentrale Rolle des Preises bei der Definition eines Marktes ist die Kehrseite dieses Zusammenhangs zwischen Preisbestimmung und Marktbestimmung« (Stigler und Sherwin 1985: 555). Wenn das gleiche Gut an zwei verschiedenen Orten zu unterschiedlichen Preisen angeboten wird, haben wir es, so ihr Argument, mit zwei verschiedenen Märkten zu tun. Dieser Versuch, den Markt und seine Grenzen zu bestimmen, beruht auf dem Konzept eines zum Gleichgewicht tendierenden vollkommenen Marktes mit standardisiertem Angebot. Zu dieser Definition gehört auch, dass jedwede Produktdifferenzierung, so etwa das Angebot von Kaugummis unterschiedlicher Geschmacksrichtungen, eine Ausdifferenzierung von Märkten darstellt. Angesichts des Konkurrenzdrucks auf Märkten, auf denen Markenbildung wichtig ist, würde dem aber wohl kaum jemand zustimmen.

Wie versuchen nun Soziologien, die Grenzen von Märkten zu bestimmen? Die Grundbedingung ist natürlich, dass zwischen den Marktakteuren Wettbewerb herrscht. Folgen wir unserer Unterscheidung zwischen Standardmärkten und Statusmärkten, drängt sich die folgende Strategie zur Abgrenzung der Märkte auf. Die Grenze eines Standardmarktes wird durch die miteinander konkurrierenden Anbieter des standardisierten Produkts bestimmt. Wenn es eine Qualitätsskala gibt, gelangen möglicherweise nur Produkte einer bestimmten ›Qualitätspalette‹ auf den Markt, so etwa Kartoffeln, die einem vorgegebenen Standard entsprechen. Die Grenzen eines Statusmarktes sind dagegen nicht ›in‹ den Gütern zu suchen, sondern ›in‹ der sozialen Struktur. Hier kommt es also auf die Beziehungen zwischen den Marktakteuren an, allerdings nur auf die zwischen den Produzenten; um das zu verstehen, müssen wir auch die Konsumenten berücksichtigen. Der von uns vorgestellte soziologische Ansatz geht vom Konzept der Ordnung aus und nicht vom Gleichgewichtskonzept.

Die Soziologen Ronald Burt und Debbie Carlton (1989) haben die Grenzen von Märkten ohne Rollenwechsel analysiert und dabei, mit Blick auf die Transaktionsnetzwerke der Akteure, zwischen ›Produzenten‹ und ›Konsumenten‹ unterschieden. Könnte man ihre Analyse auch auf die Interaktionsmuster der Händler auf einem Markt mit Rollenwechsel, wie etwa dem Devisenmarkt oder einer herkömmlichen Börse, übertragen? Wir erwarten womöglich bei Börsen, an denen identische Angebote (Güter) gehandelt werden, bei den Interaktionsmustern der Händler keine Anzeichen von Netzwerken oder von Transaktions- und Informationsübertragungen. Genau diese Phänomene hat aber Wayne Baker (1984) bei einer empirischen Untersuchung des Parketthandels von Aktienoptionen gefunden. Angesichts des automatisierten Handels ist die Wahrscheinlichkeit dafür heute jedoch geringer. Um sicherzustellen, dass die Information im Besitz eines Akteurs nicht sofort öffentlich wird, wenn er sie einem Partner in der Branche anvertraut, ist es aber immer noch wichtig, soziale Beziehungen zu pflegen. Das geschieht allerdings hauptsächlich außerhalb des Marktes, in Clubs und Kneipen (Hasselström 2003). Wir sehen nur eine Verlagerung – von den früher auf den Märkten zu beobachtenden Netzwerkstrukturen hin zu weniger sichtbaren oder sogar versteckten Netzwerken (Simmel 1955).

Burt und Carlton weisen zwar Interaktionsmuster nach, was der Erörterung von Marktgrenzen zu Gute kommt, können aber nicht zwischen Statusmärkten und Standardmärkten unterscheiden, da sie die ›Ware‹ schon voraussetzen. Den Grund für Marktgrenzen beschreiben sie allerdings deutlich: »Märkte werden in ihrer Eigenschaft als Netzwerkphänomene durch produktionstechnisch erzwungene Unterschiede zwischen Kauf- und Verkaufsmustern voneinander abgegrenzt« (Burt und Carlton 1989: 724).

Um zu verstehen, warum ein Markt ein bestimmtes Netzwerkmuster aufweist, müssen wir die Ursachen der Grenzen untersuchen und die Art des Marktes betrachten. Aktienmärkte unterscheiden sich von anderen Märkten nicht aufgrund von ›Produktionstechnologien‹ oder unterschiedlichen Handelstechnologien. In der Alltagssprache bringen wir Marktgrenzen oft in Zusammenhang mit dem gehandelten Gut und sprechen etwa vom Traktormarkt oder Shampoomarkt. Häufig ist das Produkt das etablierteste soziale Konstrukt des Marktes, sodass man von Standardmärkten sprechen kann. In diesen Fällen ist das Produkt so standardisiert, dass es nicht nur den Namen für den Markt abgibt, sondern auch seine Grenzen bestimmt. Der von Marie-France Garcia-Parpet (2007) untersuchte Erdbeermarkt ist ein gutes Beispiel für einen Markt, auf dem das Produkt – Erdbeeren – etabliert ist. Äpfel und Pfirsiche werden auf anderen Märkten gehandelt. Ein Standardprodukt oder, unter dem Aspekt der Marktvoraussetzungen, das, was auf dem Markt gehandelt wird, bietet eine Möglichkeit zur Unterscheidung eines Marktes von einem anderen. Ist es aber nicht auch ein einziger Markt, wenn gleichartige Autos in verschiedenen Ländern verkauft werden? Nein, denn obgleich die Standards in verschiedenen Ländern identisch sein können – falls das bei Automärkten überhaupt jemals vorkommt –, werden die Märkte durch etwas anderes getrennt. In der Perspektive der Netzwerkanalyse ist klar, dass ein Markt und seine Grenzen mithilfe von Relationen definiert werden sollten. Burt und Carlton zufolge »sind die Produzenten einer bestimmten Ware und die einer anderen Ware in dem Maß Konkurrenten auf ein und demselben Produzentenmarkt, wie sie gleiche Beziehungen zu denselben Anbietermärkten und zu denselben Konsumentenmärkten unterhalten« (Burt und Carlton 1989: 724). In der Netzwerkperspektive sind diese Beziehungen strukturäquivalent, und das ist das entscheidende Kriterium dafür, dass sich die Unternehmen auf ein und demselben Markt befinden. Diese Abgrenzung abstrahiert zwar vom Inhalt, hat aber den Vorzug, statt der Produkte die Beziehungen und damit die Struktur in den Mittelpunkt zu rücken.

Obwohl es sich beim Konzept der Strukturäquivalenz um einen wichtigen Beitrag des Netzwerkansatzes handelt, müssen die beobachtbaren Marktgrenzen nicht zwingend auf Strukturäquivalenzen zurückgehen oder zu solchen führen. Es besteht überhaupt kein logischer Grund (Quine 1961), der Netzwerkperspektive Erklärungsvorrang einzuräumen, das heißt einem bestimmten Ansatz die Rolle der wahren und überlegenen Erklärung zuzubilligen, im Vergleich zu der andere Ansätze nur Hilfserklärungen sind. Dieses Netzwerkmuster ist kulturell bedingt und hat, konkret gesagt, entweder formale (legale) oder informale institutionelle Gründe. Marktgrenzen beruhen manchmal auch auf staatlicher oder vertraglicher Lizenzvergabe, die die Zahl der Marktakteure einschränkt. Im Prinzip können wir es auch bei gleichen Waren und im Wesentlichen gleichem Teilnehmerkreis mit mehreren Märkten zu tun haben, deren einziger Unterschied darin besteht, dass sie an verschiedenen Orten und mit unterschiedlichen Verhaltensregeln betrieben werden.

Marktgrenzen sind mehr oder weniger flexibel. Standardmärkte lassen sich leichter erweitern als Statusmärkte. Tatsächlich wird auf den meisten – unserer Marktdefinition entsprechenden – globalen Märkten mit ziemlich standardisierten Produkten gehandelt. Nehmen wir einmal die Märkte für verschiedene Währungen, wie sie beispielsweise Karin Knorr Cetina untersucht hat. Diese Märkte sind, erstens, grundsätzlich miteinander verbunden. US-Dollars können sozusagen nicht mit US-Dollars gekauft werden. Man muss vielmehr auch eine Währung verkaufen. In diesem Sinne sprechen wir von Devisentausch, also beispielsweise dem Kauf von US-Dollars mit Euros, und genau darum geht es auf Devisenmärkten. Obwohl man zum Devisentausch in eine Bank, eine Wechselstube oder sogar zu Thomas Cook gehen kann, wird der Devisenhandel hauptsächlich von Händlern an Bildschirmen betrieben. Hier handelt es sich um einen wahrhaft globalen Markt mit weltweit vernetzten Händlern. Das soll nicht heißen, dass es keine Eingangsbarrieren gebe oder dass die Händler gleichmäßig verteilt wären. London, New York, Tokio und Zürich sind vielmehr die wesentlichen Handelszentren, die gemeinsam dafür sorgen, dass rund um die Uhr gehandelt wird. Dies ist ein globaler Markt, weil genau die gleichen Devisen gehandelt werden und somit die erste Voraussetzung für einen Markt erfüllt ist. Gehandelt werden formale Rechte, da ja heute nicht mehr physisches Geld – wie etwa das alte Metallgeld auf den europäischen Messen des zwölften Jahrhunderts – von den Händlern bewegt wird. Die Spielregeln werden nicht lokal bestimmt; das Spiel wird vielmehr unter Bezugnahme auf die Rechtsgrundsätze der *lex mercatoria* gestaltet (Knorr Cetina 2005: 57), was darauf hindeutet, dass auf der globalen Ebene zumindest ein wichtiger Teil der zweiten Marktvoraussetzung erfüllt ist. Da überall der gleiche Preisbildungsgrundsatz gilt, ist auch die dritte Voraussetzung für einen Markt gegeben. Die räumliche Entfernung ist nicht so wichtig, da die Verbindung überwiegend, wenn nicht ganz, Sache der Computerbildschirme ist (Knorr Cetina und Bruegger 2002). Als eine Möglichkeit der Wissensorganisation unter den Händlern, ist räumliche Nähe allerdings auf der Mikroebene immer noch von Belang. Sie ermöglicht es Gruppen mit gleichen Qualifikationen miteinander zu kommunizieren, andere Gruppen zu informieren und neue Informationen aufzunehmen. Schließlich ist auch die dritte Marktvoraussetzung erfüllt, da der wirtschaftliche Wert der verschiedenen Devisen auf diesen großen Märkten mit genau dem gleichen Verfahren bestimmt wird. Es gibt allerdings auch lokale Märkte, so etwa die – teilweise illegalen – Devisenmärkte in diversen Ländern, in denen Euros oder Dollars die amtliche Währung ersetzen.

Die Organisation von Marktgrenzen

Marktgrenzen werden manchmal durch Regulierung geschaffen. Wenn der Staat beschließt, einem Unternehmen ein Monopol zu verleihen, ›schließt‹ (Swedberg 1989; Weber 1978) er damit diese Seite des Marktes. Marktgrenzen gehen gelegentlich auf Organisationsentscheidungen, auch seitens nichtstaatlicher Organisationen, zurück. Die Haute Couture ist eine Form der Mode, bei der es primär auf die Organisationen und weniger auf die Bekleidung als solche ankommt. Die Kammerorganisation *La Chambre Syndicale de la Couture Parisienne* organisiert Modehäuser und ist eine Art moderner Zunft mit strengen Mitgliedschaftsbedingungen, zu denen etwa eine bestimmte Anzahl angestellter Designer und täglich hergestellter Kleidungsstücke gehören. Die Kammer ist eine Metaorganisation, die den Marktzugang herstellt und kontrolliert. Vor allem aufgrund dieser organisationsbasierten Ordnung unterscheidet sich die Haute Couture vom Prête-à-porter (›gehobene Konfektion‹); bei der Letzteren produzieren Designer-Label Kleidungsstücke für größere Konsumentengruppen und wenden dabei Techniken der Massenproduktion an, um die Preise relativ niedrig zu halten (Kawamura 2004: 73–88). Natürlich gibt es auch Unterschiede in der Machart der für diese beiden Märkte hergestellten Kleidung, aber das ist gerade nicht der Unterschied, der diese Märkte voneinander trennt.

Die Erklärung von Marktgrenzen muss im Prinzip in der Lage sein, die Phänomenologie des fraglichen Marktes zu erklären. In anderen Worten: Von einem Markt kann eigentlich nur die Rede sein, wenn die Akteure ihn als einen Markt wahrnehmen; in solchen Fällen sind wahrscheinlich auch die von Burt für entscheidend gehaltenen Interaktionsmuster zu beobachten. Das heißt, Harrison Whites Marktansatz ernst nehmen. White sagt: »Märkte sind handfeste Cliquen von Produzenten, die einander beobachten« (1981: 543). Die Marktgrenze ist, so gesehen, eine logische Konsequenz der sozialen Konstruktion des Marktes durch die Akteure.

Die Grenzen von Statusmärkten werden nicht von den Produkten gezogen. Wenn wir einen Blick auf Märkte für modische Bekleidung werfen – indem wir einfach einmal alle zwei Wochen die Haupteinkaufsstraße einer Großstadt entlang spazieren – sehen wir, dass sich die Produkte ändern. Das deutet darauf hin, dass es keine inhärente ›Produktqualität‹ gibt, die die Marktgrenzen erklären kann. Wir finden vielmehr Sets von Produzenten, die hier zusammenkommen und miteinander konkurrieren. Die Aktivitäten von Produzenten müssen jedoch im Zusammenhang mit Konsumentengruppen gesehen werden (Aspers 2010). Die Grenzen eines Statusmarktes sollten von der Wahrnehmung der Produzenten her erklärt werden, die definieren, wer ihre Wettbewerber und wer ihre Kunden sind. Das kann mithilfe eines Netzwerksansatzes nicht angemessen untersucht werden. Die Konkurrenzbeziehungen wie auch die Triebkräfte der Modetrends (wenn sich beispielsweise eine Mode durch Imitation verbreitet) hinterlassen nicht unbedingt ›Spuren‹ oder Bande, da es zwar sicherlich Beziehungen, aber keine Interaktion gibt.

Zum Abschluss unserer Erörterung der Marktgrenzen sei gesagt, dass die Gründe für Marktgrenzen nicht a priori bekannt sein können. Eine Marktgrenze muss in erster Linie in Relation zu der Form des Marktes – Statusmarkt oder Standardmarkt – und in Relation zu dem kombinierten Effekt aller Elemente und Voraussetzungen von Märkten verstanden werden. Eine Marktgrenze kann demnach entweder in der sozialen Struktur oder dem Standard des Gutes wurzeln. Ein empirischer Markt kann aber auch geographische Grenzen haben; so ist beispielsweise der Markt für Restaurants lokal begrenzt und unterliegt, wenn wir einmal von Fast-Food-Ketten absehen, keiner nationalen Konkurrenz. Darüber hinaus kann es kulturell verschiedene Märkte geben, so etwa, wenn verschiedene Aktienbörsen miteinander konkurrieren. Auf das Thema Marktkategorie kommen wir bei unserer Unterscheidung von Markt und Marktplatz im nächsten Abschnitt zurück.

Märkte und Marktplatz

Der Begriff Markt bezieht sich, in der Forschung über die Geschichte und die Gegenwart ebenso wie in der Alltagssprache, sowohl auf den Marktprozess als auch auf bestimmte Plätze. Diese verschiedenen, aber oft zusammenhängenden Vorstellungen wollen wir nun verdeutlichen. Wenn wir von ›Platz‹ sprechen, meinen wir damit nicht einfach die Tatsache, dass die Marktakteure am gleichen Ort sind. Wie gezeigt, lässt sich der von Karin Knorr Cetina und Urs Bruegger (2002) untersuchte hoch globalisierte Devisenmarkt am besten als virtueller Markt beschreiben; die Teilnehmer beobachten einander auf den Bildschirmen und orientieren sich an diesem virtuellen Markt. Unter *Marktplatz* verstehen wir die räumlich verortete sozio-materielle Infrastruktur, die Markttransaktionen ermöglicht. Ein Platz ist gegenüber seiner Umwelt (anderen Plätzen) abgegrenzt; die Grenzen sind manchmal geografischer Natur, wie bei dem für Markttransaktionen vorgesehenen Platz in der Mitte der Stadt, beruhen gelegentlich aber auch, wie beim globalen Devisenmarkt, auf Mitgliedschaft.

Ein Marktplatz kann für einen speziellen Markt oder für mehrere unterschiedliche Märkte benutzt werden oder gedacht sein. Dank dieser Einrichtung können sowohl verschiedene Märkte abgehalten werden als auch einzelne Transaktionen stattfinden, die zum Teil vielleicht ein Auftakt zu Märkten sind. In anderen Worten: Der heutige Marktplatz ist die moderne Version des städtischen Handelsplatzes, dessen Entstehung wir bei unserer Erörterung von Märkten in der Geschichte betrachtet haben. Die Marktakteure fürchten heute vielleicht nicht mehr den Tod oder Raubüberfälle, brauchen aber immer noch Lösungen für die Probleme Ungewissheit, Effizienz und Wettbewerb. Man kann sagen, dass der Marktplatz Akteure, die ein bestimmtes Interesse haben, mit einer Infrastruktur versorgt; zu dieser Infrastruktur gehören eventuell technische Vorrichtungen für den Handel, aber auch Regeln – samt den entsprechenden Aufsichtseinrichtungen –, die bestimmen, was auf dem Markt gehandelt wird und wie man auf dem Markt Handel treiben und sich benehmen muss. Physisch kann ein Händler jedoch fast überall auf der Welt angesiedelt sein. Die hoch organisierte Börse, auf die wir im nächsten Kapitel zurückkommen, ist ein gutes Beispiel für einen Marktplatz, der den Handel unterschiedlicher Aktien – im Prinzip auf je eigenen Märkten – erleichtert. Diese Infrastruktur des Marktplatzes steht zum Gebrauch bereit, wenngleich einzelne Akteure nur selten auf einem seiner speziellen Märkte operieren. Als nächstes betrachten wir eine besondere Form des Marktplatzes, den Basar.

Der Basar

Der Basar ist eine uralte Institution mit vermutlich persischen Wurzeln. Er ist ein Marktplatz, den manche einen Markt oder einfach den ›täglichen Markt‹ nennen würden. Er ist ein physischer Platz und richtet sich an die Endverbraucher; das Wort Basar bedeutet wörtlich ›hin-und-her-schlendern‹, und seine europäische Version – Arkaden – inspirierten Walter Benjamin zu Gedanken über die moderne Gesellschaft (2002). Im Basar schlendern die Leute durch schmale, teils überdachte, Straßen, entlang derer sich kleine Geschäfte aufreihen. Diese Form von Vermarktung und Marktplatz wurde im siebzehnten Jahrhundert in Europa eingeführt. Unsere Vorstellung einer Basarordnung ist allerdings weiter und beinhaltet sowohl die Form der Geschäftsorganisation als auch die Art und Weise, wie Transaktionen durchgeführt werden. Obwohl wir uns vor allem für den Basar in seiner Eigenschaft als Marktplatz interessieren, ist es gut, ihn empirisch etwas genauer zu betrachten, bevor wir zur theoretischen Erklärung dieses Markttyps zurückkehren. Wir folgen Clifford Geertz' Werk über Basare, das auf seinen Untersuchungen in Indonesien in den 1950er Jahren beruht. Natürlich könnte man auch andere Quellen benutzen.

Als erstes sollte erwähnt werden, dass der Basar nicht vom Rest der Gesellschaft getrennt werden kann; er ist, in Geertz' Worten, »eingebettet« (Geertz 1963: 32). Obwohl die heutige Gesellschaft in verschiedene Lebensbereiche ausdifferenziert ist, kann man wirtschaftliches Handeln auf keinen Fall als etwas völlig Abgetrenntes behandeln; das gilt erst recht für die von Geertz untersuchten Ökonomien. In der folgenden Aussage bezieht er sich auf einen speziellen Marktplatz im indonesischen Modjukuto: »Unter *pasar* [dem Markt] verstehen wir also nicht einfach dieses im Stadtzentrum abgegrenzte, ungefähr eine Achtel Meile messende Viereck aus Bretterbuden und Podesten, wo es (wie jemand einmal über den Handelsplatz in der Antike sagte) den Leuten erlaubt ist, einander Tag für Tag zu betrügen, sondern das ganze, für die Gegend um Modjukuto typische Muster aus kleinteiligen Straßenverkaufs- und Verarbeitungstätigkeiten. Der Marktplatz ist nur eine Steigerung dieses Musters, sein Brennpunkt und Zentrum, aber nicht das Ganze; denn der Handelsstil des *pasar* durchdringt die ganze Region und schwächt sich nur in den abgelegensten Dörfern etwas ab« (Geertz 1963: 30).

Der Basar ist, wie schon erwähnt, eine Form der wirtschaftlichen Transaktion, die wir betrachten sollten, um die Logik der heutigen Märkte zu verstehen. Der Blick auf den Basar trägt aber auch, wie wir in Kapitel 7 ausführlicher erörtern, dazu bei, die Herausbildung von Märkten zu verstehen.

Der Basar ist mit rivalisierenden Händlern bevölkert, die versuchen, durch Handel untereinander und letztlich durch Verkauf an den Endverbraucher, Geld zu machen. Dabei handelt es sich im Wesentlichen um Einzelhandel. Der Informationsvorteil, den diese Händler genießen, weil sie wissen, wie viel sie für die angebotene Ware bezahlt haben, wird zur Erhöhung des Profits ausgenutzt. Dass sich die Händler (aus Sicht der Käufer) so skrupellos und wenig ethisch verhalten, liegt an der strukturellen Stellung der Händlerrolle und dem dazu gehörenden Ziel, ›Geld zu machen‹ – und nicht an der Festrolle eines Verkäufers (oder Käufers). Der Händler ist, Geertz zufolge, nicht primär im Basar, um dort eine Marke aufzubauen und langfristige vertrauensvolle Beziehungen herzustellen, obwohl natürlich auch das Teil des Spielplans sein kann. Das Ziel ist, ›Reibach‹ zu machen, und nicht, »einen festen Kundenstamm oder ein stetig wachsendes Geschäft« aufzubauen, und das bedeutet, »so viel wie möglich aus dem aktuellen Deal herauszuholen« (Geertz 1963: 35).[28] Die Händler sind miteinander durch Kreditbeziehungen verbunden, die man nicht von den Statusbeziehungen trennen kann.

Nun zu den heutigen Basaren, die in Vielem den früheren ähneln, in denen die Händler allerdings stärker an die Verkäuferrolle gebunden sind. Basare, wie die in Istanbul, enthalten hunderte von Ständen, die sich eventuell auch außerhalb der formalen oder physischen Grenzen des Basars fortsetzen. Eine Vielfalt von Dingen wird angeboten, und die Besucher werden beim Gang durch die Gassen von der Fülle der mehr oder weniger verlockenden Gerüche aller nur möglichen Dinge, von Parfums und Gewürzen bis zu Fleisch und Fisch, ziemlich überwältigt. Kleidung, Möbel, Kochtöpfe, Schuhe, Werkzeug, Unterwäsche und vieles andere mehr stehen zum Verkauf. Normalerweise gibt es eine räumliche Konzentration und werden beispielsweise die Gewürze in einem bestimmten Bereich verkauft und die Unterwäsche in einem anderen. Die Produkte werden ausgestellt, jedoch ohne Preisauszeichnung. Obwohl Preise auf Anfrage mitgeteilt werden, gleicht der Prozess der Preisbildung, der zu einem Handel führt, einem Ritual; die besondere Art und Weise, wie ein Handel abgeschlossen wird, ist ein wichtiger kultureller Aspekt des Basars, und variiert unter Umständen zwischen verschiedenen Basaren. Man muss sozusagen einen Preis dafür bezahlen, dass die Transaktion abgeschlossen wird.

Zur Kultur eines Basars gehört auch, wie sich die Händler gegenüber unterschiedlichen Käufertypen verhalten. Getrennt wird beispielsweise zwischen Touristen und Ausländern auf der einen und Einheimischen auf der anderen Seite. Ausländer kommen wahrscheinlich nicht wieder und wissen wohl auch weniger über die Preise und darüber, wie man feilscht, was man sagen oder fragen soll, ob man einen Laden betreten kann, ohne etwas zu kaufen oder ob man das Angebot eines Tees, ein wichtiges Element der Marktkultur, annehmen soll. Die Einheimischen wissen dagegen, wie man in einer Basarökonomie Geschäfte macht, und kennen, trotz fehlender Preisauszeichnung, aufgrund von Klatsch und eigener Erfahrung die Preise zumindest teilweise. Gleichwohl haben offenbar sowohl Ausländer als auch Einheimische das Gefühl, dass sie wegen der fehlenden Preisauszeichnung in der Regel mehr bezahlen als nötig wäre. Der Basar erleichtert durch seine Konzentration des Handels den Preisvergleich, aber die Nähe der Händler erleichtert auch deren Kollaboration. Die zum Verkauf stehenden Produkte sehen unter Umständen ziemlich ähnlich aus. Eine Produktdifferenzierung findet zwar statt, basiert aber, und das ist wichtig, nicht auf Markennamen. Zwar werden auch einige Markenartikel verkauft, aber die einschlägigen Geschäfte sind nicht gekennzeichnet und für ein ungeübtes Auge möglicherweise schwer zu entdecken.

Geertz (1992) hat analysiert, welche Informationen und welches Wissen die Akteure auf einem Basar brauchen. Zur Bewältigung der Ungewissheit sowohl hinsichtlich des Preises als auch dessen, was genau und zu welcher Qualität auf dem Markt gehandelt wird – es steht ja schließlich ›alles‹ zum Verkauf – bauen die Marktakteure soziale Bindungen auf. Geertz nennt das »Klientelisierung« (1992: 228–229). Der Basar ist ein Marktplatz. Es muss aber erwähnt werden, dass zumindest der moderne Basar ein Marktplatz ist, der mehrere unterschiedliche ›Märkte‹ beherbergt, wie etwa Märkte für Bekleidung, Kartoffeln, Messer und vieles anders mehr. Er ist nicht zuletzt darum ein Marktplatz, weil man die gleichen Lebensmittel und übrigen Artikel, die im Basar zum Verkauf stehen, auch auf andere Weise (d. h. auf anderen Markt-»plätzen«), etwa im Internet oder Einkaufszentrum, finden kann Zur weiteren Verdeutlichung der Unterscheidung zwischen einem Markt und einem Marktplatz betrachten wir im nächsten Kapitel die Börse. Viele andere Märkte und Marktplätze sind von Soziologen und anderen Sozialwissenschaftlern eingehend untersucht worden. Den Basar zeichnet aber aus, dass er Endverbrauchermarkt und Business-to-Business-Markt zugleich ist. Der Basar zeigt noch Spuren der vormaligen Messe und ist für alle, die historische oder zeitgenössische Märkte verstehen wollen, ein wirklich wichtiger Fall.

Zusammenfassung

In diesem Kapitel haben wir gesehen, dass ein Markt in den Standards seiner stillschweigend vorausgesetzten Güter wurzeln kann. In manchen Fällen, wie etwa beim Markt für
Brent Crude Oil, werden diese Güter durch die zu ihrer Bewertung benutzten Verfahren
(vgl. Callon, Millo und Munesia 2007) mit bestimmt. Die auf einem Markt angebotenen
Güter können auch in der Statusordnung des Marktes wurzeln, die die Güter ›heraus-
pumpt‹. Beim Modemarkt für Konsumenten mit seinen rasch wechselnden Produkten
ist genau das der Fall.

Die Analyse der sozialen Struktur, der Kultur und des Wertes in diesem Kapitel ist
für die Analysen der nächsten beiden Kapitel entscheidend. Die Unterscheidungen zwischen Märkten mit und ohne Rollenwechsel sowie zwischen Statusmärkten und Standardmärkten sind idealtypischer Natur. Jede Form hat ein phänomenologisches und
empirisches Pendant. Diese begrifflichen Unterscheidungen wurzeln in unterschiedlichen Formen von Märkten und sind keine ›Perspektiven‹ oder ›Theorien‹. Es gibt, wie
wir in den folgenden Kapiteln zeigen, eine Entsprechung zwischen Theorien und Märkten, da einige Theorien im Zusammenhang mit der Untersuchung eines bestimmten
Markttyps entwickelt wurden. In Kapitel 5 betrachten wir die Märkte, die wir Standardmärkte genannt haben; in Kapitel 6 folgt die Erörterung von Statusmärkten.

Ordnung durch Standardgüter **5**

In Kapitel 4 haben wir der Unterschied zwischen Standardmärkten und Statusmärkten erörtert. Standardmärkte sind weitverbreitet und unter anderem bei den Aktienmärkten oder den Märkten für Gold oder Rohöl zu beobachten. Auf einem Standardmarkt werden die gehandelten Produkte oder Dienstleistungen mithilfe einer Werteskala bewertet. In der Alltagssprache bezeichnet man das oft als ›Qualität‹. Der Hauptzweck dieses Kapitels ist, die bisherige Erörterung von Standardmärkten fortsetzen und konkretisieren.

Die Analysen in diesem und dem folgenden Kapitel sollen klären, wie auf Standardmärkten Ordnung geschaffen wird, und wie vor allem die beiden entscheidenden Marktvoraussetzungen erfüllt werden und miteinander zusammenhängen. Welches Gut wird gehandelt (Voraussetzung 1)? Und wie erhält es einen Preis (Voraussetzung 3)? Wir werden sehen, dass der Wert eines Gutes, das heißt das, was das Gut ›ist‹, und sein wirtschaftlicher Wert, also wie viel es wert ist, bei Standardmärkten auf andere Weise zusammenhängen als bei Statusmärkten. Wir erörtern sodann das neoklassische Marktmodell. Dabei widmen wir uns speziell der Börse, da sie wirtschaftlich zentral ist und bei der Entwicklung des neoklassischen Marktmodells eine wichtige Rolle gespielt hat. Schließlich befassen wir uns mit der monopolistischen Konkurrenz und dem Monopol.

Ordnung durch Standards

Obwohl die Ordnung jedes Marktes eine Kombination vieler Faktoren ist, zu denen auch der für selbstverständlich gehaltene Hintergrund gehört, zoomen wir in diesem Kapitel ein einziges Ordnungsprinzip heran, nämlich die Güter und wie sie standardisiert werden. Wir haben einen Standard negativ als etwas bestimmt, das etablierter ist als die soziale Struktur (die Statusordnung); damit ist gemeint, dass Standards für mehr oder weniger selbstverständlich gehalten werden, und dass sie daher Märkte auch mehr oder weniger stark ordnen. Standardmärkte sind, positiv definiert, Märkte, die über eine Werteskala zur Bewertung des auf ihnen gehandelten Gutes verfügen. ›Wert‹ ist definiert als Bestimmung und Einstufung eines ›Dings‹. Der Wert leistet also zweierlei: Er etabliert das Gut als solches, macht es aber auch möglich, Güter im Hinblick auf ihren Wert zu ›messen‹. Man kann also sagen, dass ein Gut ›mehr‹ oder ›weniger‹ oder ›besser‹ oder ›schlechter‹ ist als ein anderes. Ein Standard ist einfach eine Basis für die Bewertung von Dingen, und ein Standardmarkt impliziert nicht, dass die Produzenten identische Produkte anbieten. Homogene Produkte sind auf Standardmärkten offensichtlich nur ein Sonderfall. Mithilfe des Standards (des Werts, oder, wie manche sagen würden, der ›Qualitätsskala‹) lassen sich Güter vertikal differenzieren. Differenziert werden kann mithilfe einer kontinuierlichen oder einer diskreten Qualitätsskala. Ein Standard ist unabhängig von persönlichen Vorlieben, Meinungen und Urteilen anwendbar, wenngleich man sich natürlich Gedanken über seine Validität machen kann.

Wie werden Standards entwickelt? Der Standard, etwa die Härte von Stahl oder das Karat von Diamanten (Bernstein 1992), wird entweder auf dem Markt oder außerhalb des Marktes geschaffen. Der Standard kann ein bewusst festgelegtes Ordnungsprinzip sein, wie die in internationalen Vereinbarungen zustande gekommenen Stahlstandards; er kann sich aber auch aus der wechselseitigen Interaktion als Ordnungsprinzip heraus entwickeln, wie höchstwahrscheinlich bei den Standards der auf dem globalen Markt gehandelten ›Rechte‹ zur Bekleidungsproduktion. Standardmärkte signalisieren Verkäufern und Käufern sowie potentiellen Marktteilnehmern und Akteuren auf anderen Märkten, was bewertet wird und was die Güter auf dem Markt wert sind. Somit können auch Nicht-Marktteilnehmer ihre Besitztümer oder das, was sie handeln möchten, bewerten, ohne am Marktgeschehen teilzunehmen, da sie es an dem Standard ›messen‹ können.

Diese Bewertung hat analytisch nichts mit dem Preis zu tun; sie ist bloß eine Möglichkeit, das, was man besitzt, mit dem Marktstandard zu vergleichen, und so erste die Vorbedingung zu erfüllen. Weiter unten gehen wir dem Zusammenhang zwischen diesem Standard und der Preisbildung und damit der Frage nach, wie dritte Vorbedingung erfüllt wird. Der Standard ist allerdings eine Bedingung für transparente Preisbildung. Nehmen wir ein Beispiel: Wenn man die ›Qualität‹ eines Gutes, etwa von 400 Kubikmetern Kiefernholz, eindeutig bestimmen kann, ist es möglich, sie zur Preiskalkulation zu benutzen. ›Qualität‹ kann sich hier darauf beziehen, wie alt, dicht, dick, und gerade die Stämme sind und damit deren Eignung für verschiedene Verwendungszwecke anzeigen. Die Preise sind keine Folge der Qualität, da die Qualität an sich nichts über den wirtschaftlichen Wert aussagt; es gibt allerdings einen Zusammenhang zwischen Preis und Qualität. Solange es einen Markt für Kiefernholz gibt, kann man daher auch den wirtschaftlichen Wert der Kiefern berechnen, die in einem Wald stehen (vorausgesetzt die Qualität der Bäume ist bekannt).

Wenn alle Inputmärkte und Outputmärkte Standardmärkte wären, könnte ein Wirtschaftsakteur, zumindest theoretisch, die Profitrate auf diesen Märkten berechnen. Hayek, Walras und andere Ökonomen, die die Wirtschaft als einen einzigen großen

Markt verstehen, stellen sich die ideale Situation so vor: »die ganze Welt kann als ein riesiger allgemeiner Markt betrachtet werden, der aus diversen speziellen Märkten besteht« (Walras 1954: 84). Bei kodifiziertem Produktionswissen und bekannten Preisen kann man die Situation hinreichend kalkulieren. Diese Bedingungen sind in der Wirtschaft allerdings selten erfüllt.

Wir haben gesagt, dass es zwischen dem Standard und dem Preis einen Zusammenhang gibt. Wenn kein Zusammenhang besteht, gibt es auch keinen Standard oder kann man sagen, dass es zwar einen Standard gibt, dass er aber nichts mit dem zu tun hat, was auf dem Markt bewertet wird. Der springende Punkt ist hier natürlich nicht, ob es in einem ›objektiven‹ oder in einem ›hypothetischen‹ Sinn einen Standard gibt, sondern ob tatsächlich ein Marktstandard in Kraft ist. Zur Verdeutlichung beziehen wir uns auf George Akerlof (1970), der das Problem herausgearbeitet hat, mit dem es die Käufer von Gebrauchtwagen zu tun haben. Der Verkäufer eines Gebrauchtwagens kennt vermutlich dessen Qualität, aber wie kann ein potentieller Käufer sie kennen? Der Käufer, so Akerlof, kann sie nicht kennen, weil das Problem die asymmetrische Information zwischen den auf dem Markt operierenden Käufern und Verkäufern ist. Die Käufer sind nicht bereit, den Aufpreis zu bezahlen, den, wenn sie so viel wüssten wie der Verkäufer, ein gutes Auto wert ist, da sie nicht wissen, ob sie ein gutes Auto oder eine ›Zitrone‹ (ein schlechtes Auto) bekommen. Der Preis liegt deshalb meist in der Nähe dessen, was ein durchschnittliches Auto wert ist.

Wenn wir unsere Konzepte auf den Gebrauchtwagenmarkt anwenden, sehen wir, dass es dort keine (über das Baujahr und andere offensichtliche Aspekte hinausgehende) unabhängige Werteskala zur Unterscheidung modellgleicher Autos gibt. Die Käufer bringen daher möglicherweise enorme Suchkosten auf, um die Qualität dieses Autos oder derjenigen Autos herauszufinden, die sie als attraktivste Alternative ansehen (und wissen dann immer noch nicht, wie gut diese Autos verglichen mit anderen Autos auf dem Markt wären). Das hat laut Akerlof zur Folge, dass die Verkäufer guter Autos sich von diesem Markt fernhalten, da sie dort nicht den Preis erzielen, den sie für ihre Autos erwarten.

Sehen wir uns aber einmal an, welche Alternativen es beim Umgang mit dem Problem der asymmetrischen Marktinformation gibt, wobei es keine schlechte Idee ist, die Realität im Auge zu behalten. Private Verkäufer, die ihr Auto beispielsweise über das Internet zum Verkauf anbieten, können wenig tun, um sich, zwecks Überwindung des Informationsproblems, als vertrauenswürdige Verkäufer darzustellen, da die meisten von ihnen nur selten ein Auto verkaufen und als nichtprofessionelle Verkäufer keine Erfolgsbilanz vorweisen können. Die Käufer sind, mit anderen Worten, hier nicht in der Lage, zwischen vertrauenswürdigen und nicht vertrauenswürdigen Verkäuferidentitäten zu unterscheiden.

Demgegenüber können Unternehmen, die Gebrauchtwagen anbieten, auf dem Markt Identitäten aufbauen, da sie ja wiederholt Autos kaufen und verkaufen. Der Aufbau einer Marktidentität als ›fairer‹ Händler, der Garantien für Funktionsmängel des

Wagens gewährt, erlaubt ihnen, höhere Preise verlangen und außerdem die Preise für die in ihrem Angebot befindlichen Autos zu differenzieren. Akerlof zufolge sind »Markennamen« eine »entgegenwirkende Institution« zur »Überwindung der Ungewissheit« (Akerlof 1970: 499–500). Bei der Kaufentscheidung für einen Gebrauchtwagen kann man sich somit vom Status des Händlers statt von dem Auto als solchem leiten lassen. Die Identität des Händlers ist ein Signal (Spence 1979; White 1981, 2002b) seines Status in Relation zu den anderen Händlern und, natürlich gegenüber den Einzelpersonen, die ihre Autos zu verkaufen versuchen. Die Suchkosten sind höher, wenn jedes einzelne Auto überprüft werden muss als wenn der Status des Verkäufers stellvertretend für die Qualität des Autos stehen kann. Wenn der Status zum dominierenden Ordnungsprinzip wird, haben wir es mit einem Statusmarkt zu tun.

Um den Unterschied zwischen einem Statusmarkt und einem Standardmarkt zu verstehen, muss man sowohl die kognitive wie die zeitliche Dimension in die Betrachtung einbeziehen. So lange ein Standard existiert, gibt es keine zahlenmäßige Obergrenze für die Güter, da alle leicht beurteilt werden können. Demgegenüber sind Statusmärkte nicht möglich, wenn man zu viele Unternehmen im Auge haben muss; sie funktionieren auch nicht, wenn Autokäufer selten auf dem Markt erscheinen und daher ›vergessen‹, wie die Statusordnung zu verstehen ist. Wir haben uns bisher auf ein nicht-homogenes Gut, einen Gebrauchtwagen, bezogen. Anders wäre die Situation natürlich bei Neuwagen, bei denen alle Exemplare der gleichen Marke und des gleichen Modells, zumindest tendenziell, die gleiche Qualität haben. In diesem Fall wäre die einzelne Kategorie des Guts homogen, und bestünde das Problem darin, die Unterschiede zwischen den vielen Marken und Modellen dieses durch monopolistische Konkurrenz gekennzeichneten Marktes zu beurteilen.

Bei nicht völlig homogenen Gütern müssen die Käufer und Verkäufer folglich mehr als den Preis kennen, um zu beurteilen, ob das Angebot ihrer Vermögenswerte auf dem Markt bzw. die Investition in einen Kauf für sie attraktiv ist. Wenn eine Person eine kleine Zweizimmerwohnung in der Nähe der New York University besitzt, gibt es höchstwahrscheinlich so viel Markttransaktionen und Preisinformationen, dass sie den Wert ihres Eigentums einigermaßen genau kennt. Diese Kenntnis hat offenbar etwas mit der verfügbaren Information zu tun. Die Aufwärts- und Abwärtsbewegungen des durchschnittlichen Preises pro Quadratmeter oder Quadratfuß informieren über den Markttrend, und das ist vielleicht die beste Möglichkeit, den Wert seines Hauses zu erfahren oder zu schätzen, was der Kauf eines Hauses kosten würde. Offensichtlich spielen auch Stil, Materialqualität, genaue Lage, Zahl der Räume, das Stockwerk und die Existenz eines Balkons oder Aufzugs eine Rolle, was heißen soll, dass Immobilien nicht homogen sind. Überdies sind Immobilien so unterschiedlich, dass das bevorzugte Transaktionsverfahren oft eine – wie immer geartete – Auktion ist. Wir haben es hier aber immer noch mit einem Standardmarkt zu tun, und nicht mit einem Statusmarkt.

Im Immobiliengeschäft muss der Wert eines Objekts allerdings oft mithilfe von Gutachten, das heißt einer eingehenden Untersuchung ermittelt werden, die aber keine technische Recherche ist. Die Begutachtung beleuchtet vielmehr die Relation zwischen dem theoretischen und dem tatsächlichen Marktwert der fraglichen Immobilie. Das Ziel der Bewertung ist, zu schätzen, was eine Immobilie kosten würde, wenn sie auf dem offenen Markt mit konkurrierenden Käufern und Verkäufern verkauft worden wäre. Es mag überraschen, dass in einigen Ländern, wie etwa den Vereinigten Staaten, die Banken auf Basis dieser Bewertungsgutachten entscheiden, ob sie den Kunden Kredit geben und wie viel. Wenn der tatsächliche Marktpreis höher ist als der im Gutachten geschätzte Preis, stützt sich die Bank jedoch unter Umständen bei ihrer Kreditentscheidung auf das Gutachten und nicht auf den tatsächlichen Marktpreis, weil sie es mit einem realen Geschäft mit einem realen Käufer und einem realen Verkäufer zu tun hat. Das deutet auf den leicht paradoxen Sachverhalt hin, dass die Bank zur Beurteilung des Marktwertes das Wertgutachten und nicht den belegten Marktpreis der Transaktion benutzt. Dem liegt die Annahme zugrunde, dass sich bei wiederholten Verkäufen des bewerteten Objekts der im Wertgutachten verwandte Wert als Durchschnitt ergeben würde; diese Schätzung beruht allerdings oft auf einem Vergleich mit ähnlichen Objekten, die kürzlich auf dem Markt verkauft wurden. In anderen Worten: Der Marktpreis, auf den sich das Wertgutachten bezieht, ist ein theoretischer Marktpreis. Theoretische Ideen über den Markt haben in diesem Fall Auswirkungen auf reale Märkte. Die realen Märkte basieren sozusagen auf der Theorie.

Was aber, wenn das auf dem Markt angebotene Produkt völlig homogen ist, wie etwa die an der New Yorker Börse gehandelten Aktien eines Unternehmens? In solchen Fällen muss eine Aktieninhaberin nur den im Internet oder in der Tageszeitung angegebenen Preis prüfen, um zu sehen, was ihr Portfolio wert ist. Alfred Marshall formuliert das deutlich: »Jede einzelne Aktie oder Anleihe einer Aktiengesellschaft oder jede einzelne Staatsanleihe ist genau von dem gleichen Wert wie eine beliebige andere der gleichen Emission: Für einen Käufer kann es keinen Unterschied machen, welche der beiden er kauft« (Marshall 1961: 326–327), da die Güter »absolut standardisiert« (Marshall 1920: 319) sind. In diesem Fall dient die Definition der Aktie, ein standardisierter Vertrag, als Standard und braucht man, da ja alle Aktien per definitionem gleich sind, vor dem Blick auf den Preis nicht zuerst die Qualität der Aktie zu beurteilen. Die Marktpreise enthalten alle erforderlichen Informationen. Auf diesem Markt kommt es nicht darauf an, mit wem man Handel treibt – er erfüllt damit die Bedingung für ›anonymen‹ Handel und offensichtlich auch für ein automatisches Handelssystem.

Märkte mit oder ohne Rollenwechsel

Es gibt Standardmärkte, auf denen die Akteure die Rollen wechseln, und andere, auf denen sie nur jeweils eine der beiden Marktrollen einnehmen. Wir beginnen mit einer sehr verbreiteten Form von Markt ohne Rollenwechsel, dem Arbeitsmarkt. Danach analysieren wir als Beispiel für einen Markt mit Rollenwechsel die Börse.

Arbeitsmärkte

Arbeitsmärkte sind Märkte ohne Rollenwechsel, in denen die meisten Beteiligten als Verkäufer auftreten; ein Teil dieser Märkte sind Standardmärkte. Die sogenannte Arbeitsmarktsoziologie ist ein weites Feld. Angesichts der relativ großen Bedeutung des Feldes und einiger bahnbrechender Untersuchung, wie etwa Whites (1970) Studie über Vakanzketten und Granovetters (1974) Arbeit darüber, wie man Arbeitsplätze findet, ist jedoch im Hinblick auf Arbeitsmärkte vergleichsweise wenig Fortschritt zu verzeichnen. Das soll nicht andere Befunde und Erörterungen der Bedeutung von Gewerkschaften (Streeck 2005) und der Verhandlungsmacht der beiden Marktseiten, Arbeitgeber und Arbeitnehmer, abtun, deren Macht für die Gestaltung vieler westlicher Gesellschaften entscheidend war (Korpi 1983). Wir behaupten aber, dass die in theoretischer Hinsicht relativ unbefriedigende Lage der Arbeitsmarktsoziologie darauf zurückzuführen ist, dass die Soziologen auf diesem Feld im Großen und Ganzen Ideen der Ökonomen übernommen und keine soziologischen Alternativen entwickelt haben.

Aus der Literatur über Märkte ragen die Arbeitsmärkte als etwas ›Eigentümliches‹ oder ›Spezielles‹ heraus (Swedberg 2003: 155). Wenngleich es – angesichts der für die meisten Arbeitnehmer emotional, persönlich, sozial und wirtschaftlich zentralen Bedeutung dieses Marktes – existentiell belastend sein kann, sich als Arbeitskraft zu verkaufen, heißt das nicht, dass für den Arbeitsmarkt eine spezielle Markttheorie erforderlich ist.

Wir meinen, dass Arbeitskraft ein Gut ist, das mit den in diesem Buch entwickelten Instrumenten verstanden werden kann und verstanden werden sollte, die daher einen Großteil der auf den Arbeitsmärkten zu beobachtenden Variation erklären können. Das bedeutet, dass es legitim sein muss, die Arbeitskraft auf dem Markt zu handeln; als ein Beispiel von Legitimitätsänderung siehe nur das Verbot von Kinderarbeit in vielen Ländern. Einige Arbeitsmärkte sind, wie bereits verdeutlicht, interne Märkte. Wir müssen allerdings einräumen, dass das ›Gut‹ Arbeitskraft die Fähigkeit hat, sich zu verändern und zu verstellen, Widerstand zu leisten oder innovativ zu sein, und dass sich die Arbeitskraft durch diese Aspekte von den auf den Märkten für Kühe oder Autos gehandelten Gütern unterscheidet.

Die Arbeitskraft kann also auf manchen Märkten als Standardgut betrachtet werden. Das setzt voraus, dass es einen Standard gibt, anhand dessen Verkäufer und Käufer das Gut bewerten können: Wie viel bin ich auf dem Markt wert, oder wie viel sollen wir für diese Person bezahlen? Wir werden sehen, dass auf anderen Arbeitsmärkten die zu beobachtenden Phänomene besser mithilfe des Ordnungsprinzips Status erklärt werden können.

Der Zusammenhang zwischen Märkten mit Rollenwechsel und Standardmärkten

Märkte mit Rollenwechsel korrelieren empirisch stark mit Standardprodukten; oder, anders ausgedrückt: Es gibt nur wenige durch Status geordnete Märkte mit Rollenwechsel. Das liegt vermutlich daran, dass sie lediglich mit bereits existierenden Gütern umgehen können. Die von uns entwickelte soziologische Erklärung beginnt aber nicht mit dieser Vermutung; wir werden vielmehr die von uns ›Güter‹ genannten Angebote genauer betrachten und dabei sehen, dass Märkte größtenteils Märkte ohne Rollenwechsel sind. Wenn das Gut schon vor seiner Markteinführung existiert hat und in diesem Sinne als selbstverständlich betrachtet wird, ist es für den Verkäufer oder den Käufer nicht nötig, es zu verändern oder das Objekt zu revidieren. Das Objekt wird im Wesentlichen gelassen, wie es ist; es wird bloß auf dem Markt ›getauscht‹.

Wenn man dagegen in ein Konzert geht, um sich Madonna anzuhören, kann dieses Gut nicht von Madonna getrennt werden; es ist auch nicht das Gleiche, ob man Pink zu hören bekommt oder eine Aufnahme von Madonna. Die Eintrittskarte für das Konzert kann dagegen überall gekauft werden, solange sie nur gültig ist. Ferner ändert es an dem von einem Makler verkauften Haus nichts Wesentliches, dass es dieser und kein anderer Makler verkauft hat. Eine Immobilie in zweifelhafter Lage bleibt zweifelhaft, ob der Makler einen hohen Status hat oder nicht. Dieser ›Umkipp-Punkt‹ zwischen der Zentralität des Guts und des Akteurs hängt einfach davon ab, welche Bedeutung etablierter ist: die Bedeutung der Akteursidentitäten und ihrer Rollen (des soziale Status) oder der Objekte (der Standards).[29]

Dieser Umkipp-Punkt hängt mit der Konstitution der auf den Märkten gehandelten Objekte zusammen. Wir haben es hier mit zwei verschiedenen Wertproblemen zu tun, die in der empirischen Forschung oft verwechselt werden. Im einen Fall geht es darum, was gehandelt wird (Vorbedingung 1), im anderen um den wirtschaftlichen Wert des Objekts (Vorbedingung 2). Das zweite Problem des wirtschaftlichen Werts ist somit abhängig von bereits ›existierenden‹ und ›definierten‹ Objekten.

Wie können verschiedene Märkte diese Probleme lösen? Ein Markt mit Rollenwechsel kann wirtschaftliche Werte schaffen, aber nicht die Objekte konstituieren. Wie werden Objekte konstituiert? Die Güter, seien es materielle oder immaterielle Rechte, werden entweder durch eine Ordnungsinstanz geschaffen und sanktioniert oder für selbstverständlich gehalten (außerhalb des Marktes konstituiert). Die Konstitution von Objekten kann somit nur in ihrem Sinnzusammenhang verstanden werden. Die Konstitution eines Objekts ist also nur in Relation zu anderen Objekten zu verstehen. Diese Trennung zwischen den Gütern und den auf dem Markt Handel treibenden Akteuren ist ein zentraler Aspekt von Märkten mit Rollenwechsel. Ein Standardmarkt mit wechselnden Rollen trennt die Identität der Marktakteure von dem gehandelten Gut. Die grundlegende Konstitution des Objekts kann daher auf einem Markt mit Rollenwechsel nur durch Organisation (planvoll erzeugte Ordnung) erfolgen, da es auf dieser Art von

Markt keine Verbindungen zwischen den Gütern oder zwischen Gütern und Händlern oder zwischen den Händlern gibt. Diese Idee wird vom neoklassischen Modell stillschweigend unterstellt – die vielen Märkte, auf denen die angebotenen Güter durch ihre Beziehung zum Produzenten und oft auch zum Konsumenten konstituiert werden, kann das Modell aber nicht erklären.

Neoklassische Markttheorien

Die Märkte der neoklassischen Markttheorie sind Märkte mit Rollenwechsel. Die Theorie startet von einem positivistischen Standpunkt, der in einem ontologischen Realismus wurzelt (Blaug 1992; Hausman 1992; Rosenberg 1992). Das erklärt auch, warum diese Theorie die Welt, inklusive der auf Märkten gehandelten Objekte, für selbstverständlich hält. Der Ansatz ist deduktiv, und der Mangel an Daten wird zum Anlass genommen, aus Annahmen über den Menschen und über die Realität Schlüsse über die Realität zu ziehen (Varian 1996: 240).

Diese Markttheorie hat ihren Ursprung in den von klassischen Ökonomen, so vor allem von Léon Walras, entwickelten und später in den Werken von Knight und Samuelson ausgearbeiteten Theorien. Obwohl es oft heißt, Walras habe eine Auktionstheorie entwickelt, hat er tatsächlich fünf Arten von Märkten beschrieben (Walker 1996). Außerdem gebärden sich Soziologen und andere zwar manchmal so, als gebe es nur eine einzige wirtschaftswissenschaftliche Markttheorie, genannt ›die neoklassische Markttheorie‹, aber das ist – nicht zuletzt wegen der unterschiedlichen wirtschaftswissenschaftlichen Kulturen in verschiedenen Ländern (Fourcade 2009) – eindeutig nicht richtig.

Studenten der Ökonomik kommen heute mit den klassischen volkswirtschaftlichen Ideen kaum in Berührung und nur wenige von ihnen lesen Marshall und Walras. Backhouse stellt fest, dass »sich Ökonomen im Großen und Ganzen nicht ernsthaft für die Geschichte ihrer Disziplin interessieren« (1996: 7). Je mehr wir uns also den Studenten von heute nähern, desto ähnlicher sind ihre Lehrbücher; darum ist es nicht falsch, sich diese Lehrbücher anzusehen, um das theoretische ›Standardmodell‹ zu finden – ein Modell, das die meisten Ökonomen in ihrem professionellen Sozialisationsprozess internalisiert haben. Es ist, in den Begriffen von Thomas Kuhn (1962), eine paradigmatische Wissenschaft mit einem für mehr oder weniger selbstverständlich gehaltenen Set von Kernkonzepten – zu denen auch der Marktbegriff gehört.

Obwohl es hier nicht um eine eingehende Analyse dieser Theorie geht, ist es nützlich, einige ihrer geläufigen Grundannahmen zu verdeutlichen. In den meisten ökonomischen Lehrbüchern (z. B. Lipsey 1990) sind die Kernannahmen der Markttheorie leicht zu finden. Eine Liste mit diesen Annahmen findet sich zum Beispiel in dem wichtigen Buch von Frank Knight (1921: 76–81). Die folgende Liste stammt aus verschiedenen Quellen:

- Die Akteure verhalten sich rational und kennen dabei die Folgen ihres Handelns.
- Jeder Akteur ist ein Atom, das unabhängig von anderen agiert, und dem es gleichgültig ist, mit wem es interagiert.
- Jeder Akteur hat nur begrenzten Einfluss und besitzt daher nicht die Macht, den Markt zu beeinflussen.
- Die Transaktionskosten sind gleich Null, und es besteht freier Markteintritt und Marktaustritt. Dazu gehört auch, dass es keine Patente gibt.
- Die Produkte auf dem Markt sind homogen.
- Der Markt ist die einzige Möglichkeit in den Besitz von Gütern zu gelangen.
- Das System ist in Relation zu externen Schocks stabil.

Zur Konkretisierung dieser Prämissen wenden wir uns nun der Börse zu, die die Inspirationsquelle und der Bezugspunkt der Theorien von Walras und Marshall war.

Die Börse

Selbst wenn einige Markttheoretiker annehmen, dass der Markt sich auf natürliche Weise herausgebildet hat, ist die Theorie des Marktes nicht das Ergebnis eines Naturprozesses. Die Markttheorie ist keine mysteriöse und theoretische Konstruktion, mit der wir uns beschäftigen, sondern eine auf der Beobachtung des realen Marktes beruhende Abstraktion.

Walras entwickelte seine Markttheorie mit Blick auf tatsächlich existierende Märkte (Kregel 1998). Obwohl Walras' theoretisches und abstraktes Modell unrealistisch erscheinen mag, kann man, in den Worten von Schumpeter, »von Marshall lernen, wie man das Walras'sche Skelett mit Fleisch und Haut versieht« (Schumpeter 1981: 1015). Ein Grund für diese Notwendigkeit ist, dass Walras' Marktmodell, oder zumindest eine seiner Theorien, einen imaginären Auktionator annimmt (vgl. Schumpeter 1981: 1002). Walras hatte jedoch lange bevor er sich der Ökonomik zuwandte, die wirtschaftliche Realität analysiert – und vor allem Erfahrung in ihr gemacht. Diese Erfahrung beruht, Jaffés Vorwort zu Walras' ›Elements‹ zufolge, auf seinen vielfältigen Tätigkeiten als »Journalist, Angestellter in einem Eisenbahnbüro, geschäftsführender Direktor einer Genossenschaftsbank, Zeitungsherausgeber, Vortragsreisender und Bankangestellter« (Jaffé, in Walras [1926] 1954: 84).

Wie ging Walras bei der Entwicklung seiner Markttheorie vor? Walras ist sich darüber im Klaren, wo man Hinweise auf die Funktionsweise des Marktes finden kann: »Gehen wir in die Börse eines großen Börsenplatzes wie Paris oder London« (Walras [1926] 1954: 84). Wir haben oben gezeigt, dass die frühen Börsen Häuser für den geregelten Handel von Anteilen an verschiedenen Unternehmen waren: Die Marktakteure sind preisorientiert. Wir werden hier nicht wiederholen, was Weber und andere schon getan haben, und noch einmal die Börse und ihre Funktionsweise beschreiben.

Auch zeitgenössische Soziologen haben Börsen untersucht, und zwar oft in ethnografischen Arbeiten. Charles Smith (1981) zeigt in Anlehnung an einen auf Pareto zurückgehenden Gedanken, wie die Marktakteure in verschiedene Typen kategorisiert werden. Einige dieser Typen sind qualifizierter als andere, und einige besitzen sogar Informationen. Die Händler haben somit ›Kunden‹, das heißt Anleger, die dem Börsenmakler ›seinen Lebensunterhalt‹ sichern, die ihm aber auch – vor allem wenn sie gut vernetzt sind – als Informationsquelle dienen (C. Smith 1881: 36). Mitchel Abolafia hat Händler auf drei Finanzmärkten, darunter Händler auf einem Aktienmarkt, untersucht. Abolafia (1996) konzentriert sich auf die ›Marktmacher‹, das heißt jene Teilnehmer des Finanzmarktes, die Handel betreiben, um Geld zu machen, und die sicherstellen, dass es für die Vermögenswerte Verkaufs- und Kaufpreise gibt. Daniel Beunza und David Stark (2003) haben untersucht, welche Rolle die Organisation des Handelsraums für die Entscheidungsfindung und die kollektive Reaktion auf externe Schocks spielt. Brooke Harrington (2008) analysierte, wie kleine Investoren in sogenannten Investmentclubs gemeinsam Entscheidungen treffen und das Börsengeschehen interpretieren. Alex Preda hat die Geschichte von Anlegern erforscht (Preda 2005) und auch, allgemeiner, die Rolle von Finanzmärkten (Preda 2009). Wayne Baker (1984) hat gezeigt, dass sich auch in diesen ›rationalen Märkten‹ Netzwerkmuster herausbilden. Donald MacKenzie hat in zahllosen Publikationen Börsen und wie sie gemacht wurden untersucht (z. B. MacKenzie 2006, 2009; MacKenzie und Millo 2003; MacKenzie, Munesia und Siu 2007a, 2007b). Natürlich haben auch noch andere Autoren über Aspekte der Börse geschrieben; viele Soziologen halten aber, genau wie die Ökonomen, den Markt für selbstverständlich, und obwohl es vielleicht wichtig sein mag zu zeigen, dass die Wirtschaft auch sozial ist – aber was könnte sie denn sonst sein? – kann die soziologische ›Zugabe‹ zu dem, was die Ökonomen gemacht haben, keine soziologische Markttheorie fundieren.

Märkte in Märkten

Der Aktienmarkt kommt wohl dem neoklassischen Marktmodell so nahe, wie es einem realen Markt nur möglich ist. Er ist beispielsweise sehr schnell; in einem automatischen Handelssystem kann ein Handel innerhalb von 250 Mikrosekunden abgewickelt werden. In diesem Abschnitt wenden wir unsere theoretischen Instrumente auf einfache Fragen an: Ist der Aktienmarkt ein Markt oder steht jede individuelle Aktie für einen eigenen Markt? Sind die verschiedenen Börsen, die Aktien von Unternehmen notieren, besser als ein Markt oder als mehrere Märkte anzusehen?

Beginnen wir mit einer Beobachtung. Die Börse in Frankfurt, *Börse Frankfurt,* unterscheidet sich von der Börse in New York, der *New York Stock Exchange,* und diese von der *NASDAQ.* Diese verschiedenen Börsen konkurrieren miteinander darum, dass sich die Unternehmen bei ihnen notieren (handeln) lassen. Die Börsen operieren also auf einem einzigen Markt, dem Markt für Wertpapiere oder Markt für börsennotierte Unternehmen. Diese Börsen bieten einen Marktplatz und organisieren den Handel (als Verkäufer); die einzelnen Unternehmen sind Kunden (Käufer), die gelistet sind, um den Handel ihrer Aktien zu ermöglichen und um für weitere Investitionen Zugang zu Kapital zu gewinnen. Ein Unternehmen kann an mehreren Börsen gelistet sein. Die börsennotierten Gesellschaften konkurrieren auf dem Anlegermarkt mit andern Unternehmen um Kapital. Auf diesem Markt, der immer noch häufig ›Marktplatz‹ genannt wird, konkurrieren auch die Betreiberfirmen der Börsen miteinander um Kapital, weshalb sie auch unter Umständen an ihrer eigenen Börse gelistet sind. Die einzigen Marktpreise, die an der Börse vorkommen, sind die Preise der von verschiedenen Unternehmen begebenen Aktien. Während der Öffnungzeit der Börse wird der wirtschaftliche Wert der verschiedenen Unternehmen täglich oder sekündlich neu bestimmt, da ihre Aktien in den doppelten Auktionen, in denen die Investoren die Rollen von Käufern und Verkäufern spielen – und dabei häufig wechseln –, ständig neue Preise erzielen. Wie hängen nun diese verschiedenen Märkte zusammen?

Sehen wir uns kurz diese Märkte und ihren Zusammenhang an. Wenn der *Dow Jones Industrial Average* steigt, sagt man zwar, es gehe dem Markt gut, aber über eine bestimmte Aktie, wie etwa die von *DuPont* oder von irgend einer anderen der 30 großen Gesellschaften, aus deren Aktien dieser Index gebildet wird, besagt das wenig. Es ist zwar üblich zu sagen, der Markt sei ›positiv‹ oder sein Verhalten in den nächsten ein, zwei Monaten schwer vorauszusagen, aber das bezieht sich immer noch auf den Markttrend im Sinne eines Durchschnitts der notierten Unternehmen. Korrekter ist es zu sagen, dass jede einzelne Aktiengesellschaft, wie etwa *IBM*, *DuPont* und *Bank of America*, ein Markt eigenen Rechts ist, da die Aktien eines Unternehmens, wie schon Marshall feststellte, ein völlig homogenes Gut sind. Auf diesen verschiedenen Märkten einzelner Aktien herrscht überall die gleiche Kultur und wird auf genau dieselbe Weise verfahren. Der Unterschied zwischen ihnen besteht darin, dass auf ihnen unterschiedliche Dinge gehandelt werden, da sich die Aktie jedes einzelnen Unternehmens von der jedes anderen unterscheidet. Die Auffassung, dass es sich um verschiedene Märkte handelt, wird durch den Umstand bekräftigt, dass Händler, Investoren und Analysten sich in der Regel auf einige wenige Aktien oder einen eng definierten Wirtschaftszweig oder eine seiner Branchen konzentrieren. Aus Sicht der Anleger reduziert das den Unterschied zwischen den verschiedenen Marktplätzen auf die Frage der effizienten Auftragsausführung und die damit zusammenhängende Frage des Auftragsvolumens (Liquidität der Aktien).

Die Aktien werden von Börsenmaklern gehandelt, die zum Handel an einer Börse berechtigt sind. Nur ›Mitglieder‹, das heißt Inhaber der richtigen, von der Börse vergebenen, Lizenz, dürfen auf dem Markt als derartige ›Broker‹ arbeiten. Zu einer Transaktion gehören typischerweise ein Anleger, der verkauft, und einer, der kauft, wobei jeder durch einen als Händler agierenden Makler vertreten wird. Die Börsenmakler treten also ihren Kunden als Verkäufer von Dienstleistungen in einem Markt ohne Rollenwechsel für Händlerdienstleistungen gegenüber. Sie können ihren Kunden jedoch auch

Online-Dienste anbieten und im Kundenauftrag an einer elektronischen Börse handeln. Ein Börsenmakler wechselt, wie gesagt, die Rollen, indem er im Auftrag seiner Kunden an der Börse abwechselnd ›kauft‹ und ›verkauft‹, und profitiert dabei, unabhängig vom Steigen oder Fallen der Aktien, vom Handelsvolumen.

Nicht nur Aktien, sondern auch Antiquitäten kann man am besten verstehen, wenn man sie als Güter betrachtet, die zwar an einem Platz (oder auf einer Internetseite), aber auf unterschiedlichen Märkten gehandelt werden. Verschiedene Auktionshäuser konkurrieren miteinander, um im Wesentlichen die gleichen Objekte zu verkaufen. Die Marktkategorien bei eBay oder einem beliebigen anderen elektronischen Marktplatz, deuten darauf hin, dass wir es hier mit unterschiedlichen Märkten – auf einem einzigen Marktplatz – zu tun haben. Man beachte allerdings den Unterschied zwischen Aktien, die im Sekundentakt an der Börse gehandelt werden und Antiquitäten, vor allem einzigartigen Objekten, die extrem selten, wenn überhaupt, wieder auf dem Markt erscheinen. Dieser diskontinuierliche Handel und die Tatsache, dass die Objekte – neben anderen Eigentümlichkeiten – mehr oder weniger einzigartig sind, bedeutet, dass es nur wenige Preisangebote für Vergleichszwecke gibt und macht es viel schwieriger, schon vor der Auktion den Wert der Objekte zu kennen. Man muss also zwischen One-Shot-Auktionen und wiederholten Auktionen (Krishna 2009) unterscheiden. Diese Differenz berührt die Berechenbarkeit des Marktes.

Wir können hier beobachten, was wir schon in Kapitel 2 erläutert haben – dass Märkte ineinander eingebettet sind. Obwohl jeder Finanzmarkt in einen weiteren institutionellen und lebensweltlichen Kontext eingebettet ist, dürfte es für unser Verständnis der Märkte wichtiger sein zu wissen, wie Finanzmärkte ineinander eingebettet sind (White 2002b). Wir haben nun die bekannteste Form von Markt, die Auktionen an der Börse, betrachtet. Als nächstes wenden wir uns Märkten zu, in denen der Wettbewerb nicht so ›vollkommen‹ ist, wie im neoklassischen Marktmodell.

Differenzierung und fixierte Rollen – Monopolistische Konkurrenz

Das Konzept der monopolistischen Konkurrenz geht auf Marshalls Erörterung der unvollkommenen Konkurrenz und auf Chamberlins Ausführungen über die monopolistische Konkurrenz zurück, die sich beide auf Märkte beziehen, auf denen die Produzenten ihre Angebote differenzieren. Hinzufügen können wir noch die Erörterung der oligopolistische Konkurrenz; diese Form der Konkurrenz bezieht sich auf Märkte mit einer kleinen Anzahl von Verkäufern, die feste Rollen innehaben, aber gleiche oder fast gleiche Produkte verkaufen wollen. Ökonomen wissen, dass das neoklassische Modell nur auf wenige Märkte passt. Paul Samuelson ist sich darüber völlig im Klaren: »unsere Kurven für Angebot und Nachfrage [d. h. der Kern des Modells des vollkommenen Marktes] gelten streng genommen nur für einen Markt mit vollständiger Konkurrenz, auf dem eine standardisierte Ware, wie etwa Weizen, in einem organisierten Austausch versteigert wird« (Samuelson 1969: 69). Als Beispiel dafür führt Samuelson die Börse in Chicago an. Andere Ökonomen haben sich deutlicher über die seltenen Fälle ›reiner‹ oder ›vollständiger‹ Konkurrenz geäußert. So sagt etwa Frank Knight: »angesichts der Tatsache, dass praktisch jedes Geschäft ein partielles Monopol ist, ist es bemerkenswert, dass sich die ökonomische Theorie so ausschließlich auf das vollständige Monopol und die vollständige Konkurrenz bezieht« (Knight 1921: 193). In der Realität sind indifferente Wirtschaftsakteure und homogene Produkte selten zu beobachten. Unterschiede zwischen den Gütern, und auch zwischen den Geschäftsleuten, gibt es fast immer: »sei es Persönlichkeit, die Reputation, eine angenehme Örtlichkeit oder der in seinem Betrieb herrschende Ton, all das differenziert das gekaufte Ding in dem Grad, denn gekauft wird tatsächlich ein Nutzenbündel, dessen Teil diese Dinge sind« (Chamberlin 1948: 8). Chamberlin legt dar, dass es Grade der Konkurrenz gib; zwischen »Sportwagen und Zehn-Tonnen-Lastern« (Chamberlin 1948: 9) ist die Konkurrenz praktisch gleich Null, aber man kann leicht sehen, dass es zwischen unterschiedlichen Sportwagen, wie etwa einem Lamborghini und einem Ferrari, Konkurrenz gibt.

Produktdifferenzierung und Markenbildung führen dazu, dass die Konsumenten die Güter als unterschiedlich wahrnehmen. Obwohl die Produkte hinreichend ähnlich sind, damit die Konsumenten sie als Alternativen ansehen – und die Produzenten einander als Konkurrenten –, sind sie verschieden genug, um in der Wirtschaft einen ›Krieg‹ zu vermeiden, in dem alle Produzenten miteinander konkurrieren. Wettbewerb besteht nur zwischen Produzenten, die relativ ähnliche Produkte oder Dienstleistungen anbieten.

Mit der Einführung des Konzepts der monopolistischen Konkurrenz in die Ökonomik, werden einige zentrale Prämissen des neoklassischen Modells revidiert. Die Wirtschaftsakteure sind hier keine Atome, da sich die Produzenten aneinander orientieren (Chamberlin 1948: 51–539). Die zweite wesentliche Revision ist, dass die Produkte nicht mehr als homogen betrachtet werden. Es gibt für einen Produzenten verschiedene Methoden, eine Marktnische zu schaffen, so etwa Patente, Differenzierung der Produkte sowie Differenzierung des Verkaufskontexts und der Verkaufskonditionen. Die Differenzierung basiert auf »Eigentümlichkeiten des Produkts, wie etwa den exklusiv patentierten Merkmalen, Marken, besonderen Verpackungen oder Behältern – oder dem Verzicht auf beides; oder der Singularität von Qualität, Designqualität oder Stil. Differenziert werden kann auch im Hinblick auf die Verkaufskonditionen« (Chamberlin 1948: 56). Bei Konsumgütermärkten ist es nicht schwer, Märkte zu finden, auf denen die Unternehmen Produktdifferenzierung durch ›Markenbildung‹ (Lury 2004) betreiben – das hat schon Marshall (1920: 300–302) festgestellt. Die Schaffung von Marktnischen (vgl. Coase 1988; Kirzner 1973: 137–138) erfolgt durch rivalisierende Firmen, die miteinander durch Konkurrenzbeziehungen auf dem Markt verbunden sind (Burt 1992).

Die Unternehmen erzeugen auf diese Weise keine absoluten Monopole, selbst wenn sie im Besitz von Patenten sind; sie betrachten einander als Wettbewerber und werden auch von den Konsumenten als solche gesehen. Gleichwohl ist klar, dass Produktdifferenzierung in gewisser Hinsicht den Konkurrenzdruck verringert und dass Markenbildung die Unternehmen schützt, da sie die Ungewissheit sowohl für die Firmen als auch für ihre Kunden reduziert. Für die Produzenten ist sie verglichen mit der Preiskonkurrenz eine effiziente Methode, ganz »wie ein Bombardement verglichen mit einer Türsprengung« (Schumpeter 1975: 84). Die Produzenten müssen nicht nur die Preise senken um im Wettbewerb zu bestehen; sie können vielmehr auch die Preise erhöhen, wenn die Kunden bereit sind, für Premium-Güter zu bezahlen (vgl. Veblen 1953). Viele Güter, die üblicherweise ›homogen‹ oder zumindest keine Markenprodukte waren, wie Butter, Milch, Brot und vieles andere mehr, wurden mit der Zeit zu Markenprodukten gemacht. Den Konsumenten erlaubt die monopolistische Konkurrenz somit, sich voneinander abzuheben; für die Produzenten bedeutet sie weniger Risiko und mehr Berechenbarkeit, da sie zumindest in der Lage sind, eine Marke zu schützen oder, wie wir weiter unten sagen werden, ihre Identität zu kontrollieren. Vor diesem Hintergrund können wir nun fragen, ob es für ein Unternehmen erstrebenswert sein kann, ein absolutes Monopol zu besitzen.

Raus aus dem Markt – Monopol – Zurück auf den Markt

Monopol, oligopolistische Konkurrenz und Monopson sind Abweichungen vom Idealmodell. Ökonomen sprechen normalerweise von Monopolmärkten (z. B. Stigler und Sherwin 1985: 557), aber alle, die einmal Monopoly gespielt haben, wissen, wann der Gewinner feststeht, nämlich dann, wenn eine bestimmte Person die Stadt kontrolliert und alle anderen Konkurrenten um die Grundstücke aus dem Feld geschlagen hat. Der Gewinner ist dann in der Position, sein Einkommen auf Kosten derer zu maximieren, die diese Grundstücke nutzen wollen. Tatsächlich weiß wohl selbst das kleinste mit dem Spiel vertraute Kind mehr als die professionellen Ökonomen, da die Letzteren auch dann noch von einem Markt sprechen, wenn die wesentlichen Elemente der Konkurrenz beseitigt sind. Ein Wirtschaftsakteur auf einem Produzentenmarkt hat außerdem nicht das Interesse, die Märkte zu kultivieren, sondern den Wettbewerb zu unterbinden. Obwohl die Ideologie des Marktes von den Marktteilnehmern ›rhetorische‹ Bekundungen wie ›Wettbewerb ist gut für uns‹ verlangt, wäre das Leben leichter und der Profit höher, wenn das Unternehmen ein Monopol hätte. In der Realität, weinen wenige Akteure ihren Konkurrenten nach, die wegen der staatlichen Regulierung oder des Wettbewerbsdrucks aus dem Markt ausscheiden müssen. Auf Märkten werden ferner außer dem reinen Wettbewerb auch Spionage und andere nicht marktadäquate Wettbewerbsmethoden betrieben, um die Wettbewerber auszustechen.

Eine andere Möglichkeit für Wirtschaftsakteure, den Konkurrenzdruck zu überwinden und wirtschaftlich zu überleben, ist Kollaboration (Fligstein 2011: 83). Kollaboration in Form von Vernetzung, wie etwa in Informationsnetzwerken unter Hotelbesitzern (Ingram und Roberts 2000), oder gar in Gestalt formaler Organisationen auf einem Markt, fällt natürlich leichter, wenn nur wenige Akteure beteiligt sind. Schließlich kann auch Korruption (Granovetter 2007) die Folge sein, wenn Akteure Monopole zu errichten und zu bewahren versuchen.

Wenn es nur einen Verkäufer und keine Konkurrenz gibt, besteht ein Monopol. Wir haben auch festgestellt, dass es auf einem Markt um etwas Bestimmtes (und nicht um alles) gehen muss. In diesem Sinne bedeutet ein Monopol, dass es nur einen Verkäufer der fraglichen Güter gibt. Wenn der Verkäufer nicht den Preis erhöht und kein Mangel an dem angebotenen Gut besteht, findet ein Austausch mit mehreren Käufern statt – alle Käufer können zu einem bestimmten Preis kaufen, soviel sie wollen. In diesem Fall besteht ein Monopol, aber kein Markt, da es keine Konkurrenz gibt.

Wenn wir aber zu unserer Marktdefinition und zu dem zurückkehren, was wir oben gesagt haben, kann es auch bei nur einem einzigen Verkäufer Wettbewerb geben, solange die Käufer *auf dem Markt* um die Güter konkurrieren. Wenn Brot für einen Festpreis zum Verkauf steht, aber die Zahl der Brotlaibe begrenzt ist – eine in den Kommandowirtschaften der vormals kommunistischen Länder im Osten nicht seltene Situation –, konkurrieren die Käufer möglicherweise um eine Position in der Schlange vor der Bäckerei. Hier besteht durchaus Konkurrenz um das Brot, aber dieser Kampf wird sozusagen unter den Käufern und nicht über den Markt ausgetragen. Wenn die Bäckerei als Bürokratie operiert, können die Käufer nichts tun, um sie dazu zu bewegen, ihnen mehr zu verkaufen oder sie zu bedienen, bevor andere Kunden kaufen dürfen. Wir haben es daher hier nicht mit Marktwettbewerb zu tun.

Zur Erinnerung: Marktwettbewerb besteht, wenn die Bäckerei stattdessen ihr begrenztes Angebot an Brotlaiben durch eine organisierte Auktion verkauft. Auf diese Weise benutzt der Bäcker seine Marktmacht zur Steigerung seines Einkommens. Die Käufer kämpfen miteinander, aber nicht mit Fäusten um gute Plätze in der Schlange (da das die Bedingung verletzten würde, dass Marktinteraktion friedlich ist), sondern mit ihrem Geld um Geschäftsabschlüsse. Auf diese Weise benutzt der Verkäufer seine Monopolmacht, um die Konsumenten zum Wettbewerb anzustacheln. In dieser Situation kann man von einem Monopolmarkt sprechen, da die Minimalbedingung für einen Markt, Konkurrenz auf einer der beiden Seiten, erfüllt ist.

Zusammenfassung

In diesem Kapitel haben wir uns eingehend mit Standardmärkten befasst. Wegen der weiten Verbreitung des neoklassischen Marktmodells haben wir es relativ ausführlich beschrieben und analysiert. Das Modell bezieht sich auf einen Standardmarkt mit Rollenwechsel. Es erfasst also nicht die vielen Märkte, auf denen die Akteure mit einer einzigen Marktseite identifiziert werden. Wir kommen daher in Kapitel 6 auf die Erörterung von Produzenten und Konsumenten zurück.

Die neoklassische Theorie ist ein nützliches Instrument zum Verständnis einiger, aber nicht aller Märkte. Wer dieses Marktmodell als Universallösung für alle wirtschaft-

lichen Koordinationsprobleme propagiert, tut das folglich entweder aus ideologischen
oder aus wissenschaftsparadigmatischen Gründen (Kuhn 1962) und nicht mit der Am-
bition, zu überdenken, was wir ›wissen‹. Die Perspektive der Wissenschaftssoziologie,
in der nicht nur die Wirtschaft, sondern auch die Art und Weise untersucht wurde, wie
Wissen produziert, sedimentiert und angewandt wird, ist äußerst wichtig (z. B. Callon
1998b; Callon, Millo und Munesia 2007; MacKenzie und Millo 2003). Diese Art der analytischen Reflexion, zu der es gehört, Theorien auseinanderzunehmen, die aber auch die
Folgen der Produktion von wissenschaftlichem Wissen reflektiert, ist ganz entscheidend,
wenn es gilt, die Rolle und Wirkung des ökonomischen Denkens im gesellschaftlichen
Lebenszusammenhang zu beleuchten.

Die Theorie der monopolistischen Konkurrenz ist eindeutig ein großer Fortschritt
auf dem Weg zu einem besseren Verständnis der wirtschaftlichen Realität. Sie war, wie
wir im nächsten Kapitel sehen werden, für White zentral; alle ihre Modelle zeigen, dass
die Marktakteure Macht haben und dass jeder Akteur den Markt beeinflussen kann.
Das ist auf Monopolmärkten ganz offensichtlich der Fall. Macht ist somit ein wesentlicher Bestandteil der meisten realen Märkte. Es gibt außerdem einen Punkt, auf die wir
in Kapitel 6 zurückkommen müssen, nämlich auf die zugrundeliegende Qualitätsidee
als Teil der Differenzierung zwischen Produzenten. Wie sollen wir Differenzierung erklären, wenn es keine Möglichkeit gibt, Qualitätsunterschiede zu beurteilen?

Ordnung durch Status

Im letzten Kapitel haben wir Märkte untersucht, die durch das Standardprinzip geordnet werden. Wir haben auch gesehen, inwiefern die im neoklassischen Marktmodell unterstellte Annahme eines homogenen Gutes in der Idee des Standardmarktes enthalten ist. Die Annahme homogener Güter bedeutet, dass die Akteure ihre Handlungen berechnen und voraussagen können, ohne sich auf die Güter, die ja gegeben sind, zu konzentrieren, und ist eine Voraussetzung für die Theorie des reinen Wettbewerbs, die den Akteuren erlaubt, sich auf den Preis zu konzentrieren. Das Ziel dieses Kapitels ist, Standardmärkte und Statusmärkte aufeinander zu beziehen und dabei die Letzteren in den Mittelpunkt zu stellen.

Wer auf wirklichen Märkten operiert, weiß, dass Wirtschaftsakteure, seien es Unternehmen oder Menschen, selten mit identischen Produkten und bloß über den Preis miteinander im Wettbewerb stehen. Investitionsbanken, Schreiner, Soziologen und Modemarken bieten auf ihren jeweiligen Märkten differenzierte Güter an. Wenn die unterschiedlichen Güter aber anhand eines Marktstandards evaluiert werden könnten, wäre die Produktdifferenzierung aber auch, wie oben gezeigt, im Begriff des Standardmarktes enthalten. Solange ein solcher Vergleich möglich ist, konkurrieren die Produkte entlang verschiedener Dimensionen und ist der Preis nur eine von mehreren Dimensionen.

Wir betrachten in diesem Kapitel Märkte, auf denen die Marktakteure bei der Bewertung ihrer Güter auf keinen Vergleichsstandard zurückgreifen können. Wie wird in solchen Fällen Ordnung gewährleistet? In diesem Kapitel werden Märkte untersucht, auf denen die soziale Statusordnung das etablierteste soziale Konstrukt ist. Das bedeutet, dass sich die Ordnung auf diesem Markt nicht von den Gütern, sondern von den Akteuren ableitet, die auf dem Markt operieren. Im Folgenden erörtern wir auch Grenzfälle. Wir haben uns bewusst dafür entschieden, an dieser Stelle Whites Theorie des

Produzentenmarktes zu präsentieren, um seinen Beitrag leichter erkennbar zu machen. Whites Theorie bildet darüber hinaus den Hintergrund, vor dem wir uns eingehender mit Statusmärkten befassen.

Differenzierung von Gütern und Identitäten

Während sich die Ökonomen auf Märkte mit homogenen Produkten und wechselnden Rollen konzentrieren, haben Soziologen ihre Sicht des Marktes auf der Basis von Harrison Whites Arbeiten gebildet. Sein Modell sollte als soziologische Manifestation von Ideen der Produktdifferenzierung angesehen werden, die wir in den Werken von Marshall und Chamberlin aufgezeigt haben. White verschiebt, so könnte man sagen, den Fokus von den Produkten zu den Produzenten. Seine Theorie behandelt, mit den Konzepten dieses Buches interpretiert, Standardmärkte, auf denen die Akteure feste Rollen innehaben. Whites Markttheorie ist ein Anwendungsfall seiner allgemeinen Theorie, die kurz gesagt beinhaltet, dass Akteure mit bestimmten Identitäten ihr Umfeld zu kontrollieren versuchen. Das Umfeld besteht weitgehend aus Akteuren mit anderen Identitäten (vgl. Azarian 2003; White 1992, 2008). Der Produzentenmarkt ist ein Spezialfall der sozialen Formation, die White Schnittstelle nennt (White 1993). Dieser Markt ist durch die Abstimmung zwischen Produzenten und Konsumenten über die Schnittstelle (den Markt) charakterisiert und wird durch Qualität diszipliniert.

Harrison Whites Markttheorie will die Märkte erklären, die die Mehrheit ausmachen – Märkte, die er Produktionsmärkte nennt (White 2002b). White sagt, dass die neoklassische Markttheorie zwei entscheidende Elemente von Produktionsmärkten nicht erklären kann: die Art und Weise, wie Unternehmen auf einem bestimmten Markt Marktanteile erobern und bewahren (White 1981: 517–518, vgl. 541), und die Tatsache, dass es auf einem Markt selten mehr als »etwa ein Dutzend« Firmen gibt. White definiert Märkte als »sich selbst reproduzierende soziale Strukturen zwischen bestimmten Gruppen von Unternehmen und anderen Akteuren, die einander beim Handeln beobachten und dadurch Rollen hervorbringen« (White 1981: 518). Seine Theorie konzentriert sich auf den Produktionsfluss, in dem Ketten von Märkten Produkte stromabwärts pumpen, bis die transformierten Produkte die Endverbraucher erreichen. Ein wichtiger Aspekte ist dabei, dass jeder Produzentenmarkt eine dreigliedrige Differenz von Lieferanten (Vertrieb), Produzenten (Transformation) und Käufern (Beschaffung) ist und daher »genau zwei Möglichkeiten für eine Marktschnittstelle hat. Eine ist die Orientierung stromaufwärts zu den Lieferanten, die andere stromabwärts zu den Konsumenten« (White 2002b: 11, vgl. 213). White betrachtet den Markt als eine Schnittstelle, an der die Produzenten »um Positionen rangeln«, was bedeutet, dass der Markt aus Produzenten besteht, die Positionen relativ zueinander innehaben (White 1993: 166). In Whites Theorie orientieren sich die im Wesentlichen als rationale Akteure betrachteten Produzenten aneinander und ist eben dies der entscheidende Punkt zum Verständnis der

Konkurrenz, der Marktgrenzen und der Rolle der Konsumenten. White hat ein mathematisches Modell entwickelt, das aber in der Phänomenologie der Erfahrung verwurzelt ist, die die Akteure täglich auf dem Markt machen.

White unterscheidet die beiden Seiten oder Rollen, die wir auf jedem Markt beobachten: Produzenten und Konsumenten. Die Produzenten spielen auf diesem Markt ständig die Verkäuferrolle und gewinnen dadurch ihre Identitäten. Zentral dabei ist, dass die Produzenten sich absichtsvoll voneinander unterscheiden, was White zufolge die Herausbildung von Märkten antreibt. Produktdifferenzierung und damit die Ausdifferenzierung von Produzentenidentitäten konstituieren sich daher wechselseitig (White und Eccles 1987: 985). White sagt: »auf einem bestimmten Markt werden alle einzelnen Produktionsunternehmen in den Augen all derer, die sie miteinander beliefern, eine Position haben, die ganz und gar relativ zur Position anderer auf diesem Markt agierender Produzenten ist« (White und Eccles 1987: 984).

Unternehmen verschanzen sich in Nischen und gewinnen damit Identitäten (White 2002a). Sie versuchen ihre Identitäten zu kontrollieren, aber das können sie nur in Relation zu ihrem Umfeld, vor allem anderen Produzenten, die ebenfalls ihre Nischen und Identitäten zu kontrollieren versuchen. Durch diesen Prozess wird White zufolge die soziale Rollenstruktur der Produzenten konstruiert. Die kollektiven Identitäten von Produzentenmärkten, die als aus Atomen (Unternehmen) bestehende Moleküle zu verstehen sind, bedeuten, dass sie in ein Umfeld aus anderen Märkten eingebettet sind. Auf dem Markt »schützen sich Unternehmen im Konkurrenzkampf eines Produktionsmarktes« (White 2002b: 13) vor allem dadurch, dass sie sich mithilfe von Markenbildung Nischen erkämpfen. Die Herstellung eines Marktes, bemerkt White, ist eine nicht-intendierte Folge dieser »Binnenorientierung« der Produzenten (White 1993: 168). Wir können insofern schlussfolgern, dass die Produzenten voneinander besessen sind – spielen die Konsumenten keine Rolle?

Es ist zwar richtig zu sagen, dass sich Whites Theorie in erster Linie mit der Produzentenseite beschäftigt, aber es sei betont, dass die Konsumentenseite maßgeblich beeinflusst, was die Produzenten tun; in diesem Sinne spielen die Konsumenten in Whites Theorie eine zentrale Rolle (z. B. White 1988). White zufolge kennen weder die Konsumenten einander, noch kennen die Produzenten die Konsumenten. Die Konsumenten unterscheiden zwischen den verschiedenen Produzenten auf dem Markt »letztlich nach Qualität, aber niemand kann diese im Voraus oder unabhängig von den gelieferten Mengen quantifizieren« (White und Eccles 1987: 984). Die Konsumenten können zu dem, was die Produzenten anbieten, das heißt zu den *terms of trade* der Produzenten, ›ja‹ oder ›nein‹ sagen. White erblickt in der Marktfunktion einen Trade-off, der folgendermaßen zum Ausdruck kommt: Erlös (W) als Funktion der gelieferten Menge (y). Die *terms of trade* sind aus Sicht der Produzenten die Erlöse für die unterschiedlichen Mengen, die die auf diesem besonderen Markt operierenden Firmen ausgeliefert haben (White und Eccles 1987: 984). Eben diese Unterscheidung von Produkten nach ihrer Qualität erzeugt die Kurve der Hackordnung unter den Produzenten.

Einige Produzenten bieten hochwertige Objekte an und verkaufen sie für mehr Geld und normalerweise in geringeren Mengen als diejenigen, welche geringere Qualität in größeren Mengen verkaufen. Die Unternehmen können sich, aufgrund ihrer Fähigkeiten, auch auf der Inputseite voneinander unterscheiden und werden dabei beispielsweise von den Produktionskosten beeinflusst (White 1992: 43). Außerdem kann die Kostenstruktur von Firmen unterschiedlich sein, etwa aufgrund der besonderen Beschaffenheit und Lage ihrer Fabriken. Die Konsumenten reagieren auf das Tun der Produzenten auf passive Weise. Sie reagieren auf das, was White die Qualität der Produkte nennt, da sie die Waren mit den Waren anderer Produzenten vergleichen können. Es ist dieser Prozess, der White zufolge die soziale Struktur des Marktes konstruiert.

Qualität liegt »im Auge des Betrachters« (White 1981: 522). Der Begriff Qualität in Whites Modell »beruht auf Rangfolgen, die sich … aus Interaktionen der Einschätzungen sowohl von Produzenten als auch von Konsumenten ergeben«, was die Situation »[i]m tatsächlichen Geschäftsleben« widerspiegelt, wo, so White weiter, »den zu einem ›Produkt‹ zusammengebundenen Eigenschaften Qualitätsbedeutungen zugeschrieben werden, wenngleich es scheinen könnte, als hätten diese Eigenschaften einen disparaten und ziemlich willkürlichen Beobachter« (White 2002b: 10). Hervorzuheben ist, dass White von einer zweifachen Qualitätsdifferenzierung spricht, die sich sowohl auf das Produkt als auch auf den Produzenten bezieht, dass diese aber gleichwohl in einem ›Qualitätsindex‹ zusammengefasst wird (White 2002b: 10). Dieser wird möglicherweise »während der Entwicklung einer Branche reifiziert«. Ein solcher Index kann auch »durch einen Fachverband« planvoll gestaltet werden und »kann sich zu einer Selbstverständlichkeit entwickeln, sodass er, wie der IQ-Index, als eine besondere, von den Beteiligten ebenso wie von den Beobachtern, weithin akzeptierte numerische Skala fungiert« (White 2002b: 78). Qualität sollte also nicht als etwas den Produkten Inhärentes verstanden werden. Trotzdem ist die Qualität, oder, wie wir sagen würden, der Standard, die Art und Weise, wie White die erste Vorbedingung – was auf einem Markt gehandelt wird – erfüllt.

Wie erlangen Produzenten Wissen? Ein Grund dafür, dass sich das Unternehmen mit den ›konkurrierenden‹ Firmen beschäftigt, besteht darin, dass deren Verhalten und was man daraus lernen kann, eine wichtige Wissensquelle ist. Die Produzenten sehen im ›Spiegel‹ des Marktes, der die Produzentenentscheidungen und deren Folgen reflektiert, sich selbst und ihre Wettbewerber; sie können aber nicht durch den Spiegel hindurch auf die Kunden blicken (White 1981: 543–544). Der Markt ist, wie White sagt, deshalb ein ›Spiegel‹, weil das Ergebnis der Interaktion mit den Kunden erst gesehen wird, nachdem das Unternehmen den Kunden seine eigenen *terms of trade* präsentiert hat. In dieser Perspektive sind Angebot und Nachfrage bloß Nebenprodukte des Prozesses, durch den auf dem Markt Identitäten gefunden und reproduziert werden.

Die für die Entscheidungen eines Unternehmens nötigen Informationen, etwa über die Situation auf dem Markt, die Positionen der anderen Firmen auf dem Markt und so weiter, stammen nicht nur aus Beobachtungen auf dem Markt selbst, sondern auch »aus

Mittagessen mit anderen Leuten aus dem Gewerbe, von Fachverbänden, von den eigenen Kunden und so weiter« (White 1981: 519). White hat das später ›Klatsch‹ genannt (White 1993: 167). Er nimmt also an, dass die Produzenten wohlinformiert sind und ihre Wettbewerber kennen. Das Wissen ist entscheidend für die Definition der Marktgrenzen: Die Produzenten kennen den Markt und können daher sagen, wer auf dem Markt ist und wer nicht (White und Eccles 1987: 985). Diese Einbeziehung von Klatsch und etablierten Spielregeln zeigt, dass Whites Ansatz der zweiten Vorbedingung Rechnung trägt.

Preisfixierung ist eine zentrale Aktivität auf Märkten und die dritte Vorbedingung, die erfüllt sein muss, damit ein Markt geordnet ist. Preise werden White zufolge in Relation zu der relativen Konkurrenzposition der auf einem Markt agierenden Produzenten fixiert. Auf einigen Märkten mag der Profit höher sein als auf anderen, das heißt, das absolute Preisniveau kann durch die auf dem Markt operierenden Akteure selbst nicht beeinflusst werden; nur die relativen Preise sind Teil der Verhandlungsmasse. Auch Dienstleistungen und Transaktionskosten sind unter Umständen Ergebnis historischer Traditionen. In der Formulierung von White und Eccles: »Preise tauchen nicht auf mysteriöse Weise aus ›dem Markt‹ auf. Sie sind Teil der *terms of trade* und werden von den am Austausch beteiligten Akteuren sozial konstruiert« (White und Eccles 1987: 985).

White zufolge ist der Markt eine nicht-intendierte und sich selbstreproduzierende soziale Konstruktion; die Produzenten reproduzieren die von ihnen geschaffenen Nischen. Alle Beteiligten nehmen den Markt, auf dem sie agieren, auf die gleiche Weise wahr. Wenn die Akteure sich auf diese Weise orientieren, reproduzieren sie auch die ›soziale Tatsache‹ Markt (White 1988: 227–229). In Anbetracht dessen, was die Akteure wissen, benutzen sie üblicherweise das Wissen aus der letzten Periode und wiederholen im Wesentlichen ihre Aktivitäten, die natürlich die derzeitige Ordnung nochmals bestätigen. White hebt also die Ordnung auf dem Markt und die Reproduktion solcher Aktivitäten hervor, und nicht Dynamik, Innovation und radikalen Wandel, und erklärt, dass »Markttransaktionen es mit einer sich wiederholenden, und nicht mit einer einmaligen Produktion zu tun haben« (White 2002b: 9–10). Allerdings reproduziert sich nicht nur der Markt; auch die Akteure reproduzieren sich in dem Interaktionsnetzwerk, das den Markt ausmacht (White 1995: 67–71). Auf einer allgemeineren Ebene spricht White von einer sozialen Ordnung, die vom Wunsch nach der Kontrolle von Identitäten gesteuert wird, und dies erzeugt eine Hackordnung (White 1992). Die Marktphänomenologie, in der die Unternehmen Differenzen signalisieren, die von Konsumenten mit beschränkter kognitiver Kapazität wahrgenommen werden können, und die Idee, dass der Markt eine Hackordnung ist, begründen, warum die Zahl der Akteure in Produzentenmärkten auf eine »Handvoll oder ein dutzend Teilnehmer« (White 2002b: 10) beschränkt ist. White hebt hervor, dass Märkte ineinander eingebettet sind (White 2002a), und es ist klar, dass seine Theorie der Produktionsmärkte ein Ausgangspunkt für Soziologen war, die Märkte analysieren; einigen von diesen wenden wir uns nun zu.

Soziologische Untersuchungen von Produktionsmärkten

Beim Blick auf die Literatur erkennt man leicht die Bedeutung von White für andere Soziologen, die den Markt analysieren. Das gilt besonders für die Vereinigten Staaten. White hat auf zwei Wegen Einfluss ausgeübt, nämlich als Vater der modernen Netzwerktheorie und durch seine Markttheorie, die natürlich netzwerktheoretisch untermauert ist. Im Folgenden befassen wir uns – zusätzlich zu den in diesem Buch schon durchgehend behandelten Untersuchungen – mit einigen ausgewählten Studien, die Whites Idee der Produktionsmärkte angewandt haben.

Neil Fligstein bedient sich bei Whites Theorie für seine Arbeit über die Schaffung von Märkten, verbindet sie aber mit Bourdieu und seinem eigenen Werk über Organisation zu einem eigenen Ansatz, genannt ›Markt als Politik‹. Dieses Konzept hat die Wirtschaftssoziologie stark beeinflusst. Für Fligstein sind die institutionellen und kulturellen Bedingungen von Märkten zentral. Um diese zu verstehen, müssen wir, so Fligstein, den Zusammenhang zwischen dem Staat und der Schaffung von Märkten verstehen. Fligstein räumt allerdings ein, dass man Märkte auch ohne Bezugnahme auf den Staat untersuchen kann (Fligstein 2011: 24), aber sein größter theoretischer Beitrag bezieht sich auf die Schaffung von Märkten. Fligstein betont, dass bei der Marktkonstruktion der Staat hauptsächlich mit Organisationen auf dem, was er ›Felder‹ nennt, zusammenwirken (Fligstein 2011, 2008; Fligstein und Mara-Drita 1996; Hellman 2007). Fligstein zufolge sind neue Märkte durch eine ›sozialen Bewegungen‹ ähnelnde Form von Unternehmenspolitiken charakterisiert; die beteiligten Unternehmen versuchen alle, ihr ›Kontrollkonzept‹ durchzusetzen, bilden aber unter Umständen auch Koalitionen (Fligstein 2011: 88). Irgendwann einmal ist ein Markt geordnet (oder stabil, wie Fliegstein sich ausdrückt). Fligstein hat mit diesem Ansatz europäische Märkte (Fligstein 2008), aber beispielsweise auch Beschäftigungssysteme und den Shareholder Value, untersucht (Fligstein 2011). Natürlich gibt es auch andere Studien, die von Whites Ansatz geprägt sind – über Minivans (Rosa, Porac, Runser-Spanjol und Saxon 1999) oder, so Whites (1993) eigenes Beispiel, Tiefkühlpizzas.

Ökonomisches Denken

Wir haben gesehen, dass das frühe ökonomische Denken das Produkt in den Mittelpunkt stellte. Die Börse bot das empirische Material für die Entwicklung einer ökonomischen Markttheorie mit einem wohlgeschützen Kern (Lakatos 1970), der seit seiner Entwicklung durch Walras im Grunde unverändert geblieben ist.

Allerdings machten Marshall und Chamberlin mit ihrer Idee der Produktdifferenzierung einen enormen Fortschritt gegenüber der neoklassischen Markttheorie, und auch die Idee der Spieltheorie stellt eine Verbesserung dar, da zur Phänomenologie der meisten realen Produzentenmärkte eine begrenzte Anzahl von Akteuren gehört, die sich aneinander orientieren (Aspers, Kohl, Roine und Wichard 2008). White bezieht sich bei seiner Erklärung von Märkten auf einen Gedanken über Signale und deren Interpretation: Weder die Produzenten noch die Konsumenten können allzu viele Akteure im Auge behalten, weil dann die Unterschiede nicht mehr wahrnehmbar sind. Die Orientierung der Produzenten aneinander wird in ökonomischen Modellen normalerweise nicht berücksichtigt, da die Ökonomen immer noch jeden dieser ›Monopolisten‹ relativ zum Markt als klein betrachten, und der Markt hier ›die Wirtschaft‹ ist. Die Einführung des Produzenten verschiebt den Fokus von einer abstrakten Wettbewerbsidee hin zu der Art und Weise, wie Wettbewerber definiert werden (Porac und Thomas 1990).

Die bisher erörterte Literatur kann unter den Oberbegriff Standardmarkt subsumiert werden. Was aber, wenn es keine ›Qualitäts‹-Skala gibt? Wie kommen wir also zurecht, wenn es keine Möglichkeit gibt, über Produkte zu reden, bevor wir sie auf den Markt bringen? Wie können wir außerdem Märkte konzeptualisieren, auf denen das, was bewertet wird, von der Interaktion beider Typen von Marktakteuren, das heißt von den Produzenten und Konsumenten abhängt? Wir werden sehen, dass wir uns von der Knight'schen Ungewissheit, die mit Problemen des ökonomischen Wertes zu tun hat (Vorbedingung 3), zu dem fundamentaleren Problem der Ambiguität bewegen, was bedeutet, dass nunmehr das, was gehandelt wird, in Frage gestellt wird (Vorbedingung 1).

Die Konsumenten haben bisher eine eher bescheidene Rolle gespielt, wenn sie denn überhaupt beachtet wurden. Im Folgenden spielen die Konsumenten eine zentrale Rolle, und wir befassen uns mit einer anderen Marktform, den Statusmärkten. Es sei allerdings betont, dass nicht alle Märkte Statusmärkte sind. Das neoklassische Modell beispielsweise ist die genaueste Theorie zum Verständnis von Austauschprozessen auf Standardmärkten, nicht aber auf anderen Märkten.

Die Rolle von Status und Identität auf Märken

Wir betrachten nun Märkte, auf denen der ›Status‹ zentral ist. Viele der in diesem Abschnitt erörterten Studien bedienen sich des White'schen Bezugsrahmens. Die meisten dieser Untersuchungen befassen sich mit Arbeitsmärkten und viele davon beschreiben den Schnittpunkt von Identität, Markt und Bewertung. Es überrascht nicht, dass viele dieser Studien mit Ästhetik verbundene und kreative Tätigkeiten heranzoomen, da auf diesem Feld ganz klar wird, was auch in anderen Teilen der Wirtschaft beobachtbar ist: Im Fokus steht nicht, was getan wird, sondern wer was macht. Am Ende dieses Kapitels präsentieren wir die Idee des Statusmarktes.

Faulkner und Anderson (1987) zeigen in einer Untersuchung der Märkte für Filmprojekte in Hollywood, dass Markt, Mobilität und Karriere miteinander verknüpft sind. Karrieren beinhalten eine Serie von Ereignissen, die mit der Zeit an eine Identität geheftet werden. Die Akteure gewinnen in diesem Prozess auf dem Markt Reputation, weshalb man von einer »ausgeprägten Branchenidentität« (Faulkner und Anderson

1987: 906) reden kann. In diesem Fall überschneiden sich Märkte und Karrieren oder ist, anders ausgedrückt, der Markt für die Akteure die Arena, in denen sie Identitäten erwerben, die bewertet werden und ihnen auf diese Weise Karrieren bescheren, und in der durch die Interaktion von Akteuren beider Marktseiten Reputation geschaffen wird. Faulkner und Anderson zeigen, dass Verkäufer mit hohem Ansehen gut angesehene Käufer suchen und dass gut angesehene Regisseure Kameraleute mit gutem Ansehen suchen (1987: 901). Ezra Zuckerman et al. (2003) haben gezeigt, dass die Arbeitnehmer in Kreativbranchen, etwa Filmschauspieler, wegen der Art und Weise, wie sie von der anderen Marktseite wahrgenommen werden, in der Regel auf bestimmte Rollen festgelegt werden. Infolge dieser Spezialisierung machen sie ähnliche Dinge, was wiederum ihre Identitäten verfestigt – und was Faulkners (1983) frühere Arbeit über Filmkomponisten auf Märkten bekräftigt.

In einer weniger bekannten Studie beschreibt Faulkner die Beziehung zwischen Musikproduzenten und Musikkonsumenten, bei der die Bedeutung des Konsumenten für die Produktqualität hervorzuheben ist (Faulkner 1971: 108). Faulkner betont somit die assoziativen Beziehungen auf dem gesamten Markt, auf dem sowohl die Verkäufer als auch die Käufer in die Produktion einbezogen werden (Aspers 2006: 12). Die Produktion auf diesem ›Markt‹ erfolgt, so sagt er, kollektiv; ein Team tut sich zusammen, um gemeinsam mit einem Dirigenten Musik zu machen. Zum Studiomusiker hat Faulkner folgendes zu sagen: »Wie andere Freiberufler (Literaten, Fotografen, Detektive) konkurriert er auf einem Markt um Aufträge, auf dem sein Können, seine Reputation, sein Taktgefühl und seine sozialen Kontakte die Art und das Volumen seiner Arbeit bestimmen. Er ist ein Musikunternehmer – ein vermietbarer Musiker« (Faulkner 1971: 44). Faulkner untersucht also einen Arbeitsmarkt, allerdings einen, der aus Freiberuflern besteht.

Aspers (2006) hat in einer Untersuchung von Modefotografen gezeigt, wie deren Status auf dem Markt für redaktionelle Modefotografie geschaffen wird und der Status sie auf diesem Markt in eine Rangordnung einreiht, die klärt, wer ›gut‹ und wer weniger ›gut‹ ist. Je mehr Status, umso mehr Geld kann der Fotograf auf dem Markt für Werbefotos verdienen. Auf diese Weise wird der Status auf einem Markt in Geld auf einem anderen Markt übersetzt. Das ist für viele Ästhetikmärkte typisch (Aspers 2001: 1) und spiegelt ihren ›bipolaren‹ Charakter zwischen ›Kunst‹ und ›Wirtschaft‹ wider (Bourdieu 1996; Plattner 1996). Wie Faulkner studiert Aspers Freiberufler. Joanne Entwistle (2002) hat Models untersucht, und auch auf diesem Markt werden die Personen nach ästhetischen Kriterien bewertet. Die Beurteilung der Models erfolgt durch Modelagenten, aber das letzte Wort haben immer die Märkte. Die Models müssen in gewissem Sinn ›gemacht‹ werden und erlangen dadurch eine Identität und eine Position, die eventuell später auf den Märkten, auf denen Models Geld angeboten wird, in Geld verwandelt werden. Olav Velthuis (2005) hat die Preisbildung auf dem Kunstmarkt untersucht. Auf diesem Markt gibt es keine objektiven Standards, und obwohl Velthuis kulturelle Skripte für die Preisbestimmung erörtert, müssen diese Skripte mit Blick auf die Positionen der Akteure in der sozialen Struktur betrachtet werden. In Velthuis' Fall werden Kunstobjekte zuerst in ihrem Zusammenspiel mit Galerien und anderen Institutionen, die ihnen Wert verleihen, ›gemacht‹, und können erst dann verkauft werden.

Joel Podolnys Werk ist ganz offensichtlich von Whites Markttheorie beeinflusst worden. Der Hauptunterschied ist, dass er Status als einen Stellvertreter für Qualität versteht und sagt: »Wie White konzeptualisiere ich den Markt als eine Struktur, die sozial konstruiert und durch die Wahrnehmungen von Marktteilnehmern bestimmt ist, aber mein Fokus liegt weniger auf Rollen als auf Statuspositionen« (Podolny 1993: 830). Podolny legt dar, dass Status eine Hierarchie unter den Produzenten schafft, und dass ihre Positionen ihre Gelegenheiten auf dem Markt beeinflussen. Erwähnenswert ist, dass er sich in Anlehnung an White auf die Produzentenseite konzentriert und die Differenzierung der Produkte in den (Status)Positionen reflektiert sieht. Er definiert Status als »die wahrgenommene Qualität des Produkts dieses Produzenten in Relation zur wahrgenommenen Qualität der Produkte seiner Konkurrenten« (Podolny 1993: 830). Die Hauptfunktion von Status besteht darin, die Qualität der von einem Unternehmen hergestellten Produkte zu signalisieren (Podolny 2005). Der Status wird davon beeinflusst, was die Produzenten tun, das heißt die Signalwirkung wird durch die Art und Weise manipuliert, wie der Produzent das Produkt produziert und verkauft. Qualität, so Podolny, ist unbeobachtbar »bevor eine Transaktion zum Abschluss kommt« (Podolny 1993: 830). Podolny macht die Trennung zwischen tatsächlicher und wahrgenommener Qualität nicht ganz deutlich, obwohl er in gewissem Maß auf diese Unterscheidung eingeht. Hier und in späteren Texten von Podolny (Lynn, Podolny und Tao 2009; Podolny und Hsu 2003) ist offensichtlich, dass er Status als einen Stellvertreter für objektive Qualität versteht.

Podolny (1994) zeigt, wie Qualität mit dem Status auf Märkten zusammenhängen kann. Er führt aus, dass auf Märkten, bei denen es nicht einfach ist, die Qualität der Produkte objektiv zu bestimmen, die Akteure es mit Knight'scher Ungewissheit zu tun haben (Podolny und Hsu 2003). Zur Bewältigung von Ungewissheit suchen sich die Akteure diejenigen, mit welchen sie schon in der Vergangenheit interagiert haben, und interagieren außerdem eher mit Unternehmen, die den gleichen Status haben wie sie selbst (Podolny 1994: 459–461). Podolny stellt einen Zusammenhang her zwischen dem Status eines Produzenten und dem, was er produziert, sowie »den Austauschbeziehungen mit den Konsumenten, den Verbindungen zu Dritten, die dem Markt assoziiert sind und den Beziehungen zu anderen Produzenten« (Podolny 1993: 833). Für die Art und Weise, wie die Konsumenten die Ware oder Dienstleistung eines Produzenten in Relation zu den Waren oder Dienstleistungen anderer Produzenten wahrnehmen, ist somit das soziale Interaktionsnetz mit anderen Produzenten und mit Konsumenten wichtig (Podolny 1994: 460).

Podolny legt dar, dass die Produzenten eine Statusordnung bilden, in der einige Produzenten einen höheren Status haben als andere. Die Preise ergeben sich aus dem Status: je höher der Status, desto höher der Preis. Status, so Podolny (1993), kann für die

Produzenten auf mehreren Wegen die Kosten senken. Dem statushohen Produzenten wird eher Aufmerksamkeit zuteil, ohne dass er dafür zahlen muss, da die Leute eventuell über seine Produkte reden und schreiben. Produzenten mit hohem Status müssen die Konsumenten nicht von ihren Behauptungen überzeugen und haben daher geringere Transaktionskosten. Sie brauchen möglicherweise auch für Kapital von den Banken weniger zu bezahlen. Schließlich bekommen sie unter Umständen auch gute Arbeitskräfte für weniger Geld, da sie einen beliebteren Arbeitsplatz bieten oder als ein Ort angesehen werden, an dem man etwas lernen kann. Das Modell von Podolny basiert darüber hinaus auf drei Annahmen: (1) dass Qualität unbeobachtbar ist; (2) dass Status als Signal für Qualität angesehen wird; und (3) dass der Status eines Produzenten in Abhängigkeit von der Identität derer wahrgenommen wird, mit denen er Verbindungen unterhält.

Bourdieu zeigt uns an einem empirischen Fall, inwiefern es darauf ankommt, wer man auf einem Markt ist, fasst das allerdings als eine Frage des symbolischen Kapitals auf. Er sagt: »Symbolisches Kapital ist sogar auf dem Markt gültig. Jemand steigert möglicherweise sein Prestige, wenn er etwas zu einem exorbitanten Preis kauft, rein als Ehrensache und bloß um zu ›zeigen, dass er es konnte‹« (Bourdieu 1990: 119). Symbolisches Kapital kann daher sogar als Kredit benutzt werden, der natürlich nur denen gewährt werden kann, die die richtigen Referenzen haben oder im Netzwerk oder auf dem Markt bekannt sind und ausschließlich von denen, die diese Art von sozialem Kapital anerkennen.

Wir haben nun anhand einiger unterschiedlicher Märkte gezeigt, dass Qualität und Status offensichtlich miteinander zusammenhängen. Kunstmärkte (vgl. Beckert und Rössel 2004) und Modemärkte sind typische Fälle von Märkten, auf denen der Status von Bedeutung ist. Status spielt sowohl auf Produzentenmärkten als auch auf Arbeitsmärkten eine Rolle. In theoretischer Hinsicht mangelt es uns aber an Instrumenten, um die Vielfalt dessen, was Studien zeigen, einzufangen. Wir wenden uns nun einem Versuch zu, dieses Statusmärkte genannte Problem anzugehen.

Statusmärkte

Das Modell des Statusmarktes zielt auf die Erfassung der oben erörterten Märkte ab. Die Ordnung auf einem Statusmarkt folgt aus der Ordnung der sozialen Struktur des Marktes, das heißt der Struktur der Identitäten auf beiden Marktseiten: Käufer und Verkäufer. Diese beiden Sets von Identitäten sind relativ stabile soziale Konstrukte. Sie sind zumindest stabiler als das auf dem Markt gehandelte Gut, modische Bekleidung. Einer Statusordnung fehlt ein unabhängiges Bewertungsprinzip. Man kann also den Wert einer Ware außerhalb des sozialen Interaktionskontextes nicht einschätzen. Bei Statusmärkten lassen sich, wie schon bei Standardmärkten, Märkte mit und ohne Rollenwechsel unterscheiden. Wir beginnen mit den Märkten ohne Rollenwechsel, auf denen die Produzenten Identitäten als Verkäufer erlangen und die Konsumenten als Käufer.

Statusmärkte konstituieren ihre Handelsobjekte zum Teil dadurch, dass sie deren Bedeutung in den beobachtbaren Interaktionsmustern zwischen Käufern und Verkäufern generieren. Auf Statusmärkten sind Käufer und Verkäufer, zumindest als Idealtypen, bekannt. Whites Modell unterstellt, wie wir gesehen haben, dass die Käufer eine anonyme Masse sind; auf einem Statusmarkt ist es aber erforderlich, die Akteure auf jeder der beiden Marktseiten voneinander zu unterscheiden. Das bedeutet, dass der Handel weitgehend öffentlich oder zumindest den Marktteilnehmern bekannt ist. Was bedeutet hier ›bekannt‹? Wir sprechen über Identitäten und das ist, zur Erinnerung, etwas anderes als Personen. Wir haben gesehen, dass White, Podolny und anderen Autoren zufolge, die Produzenten Unterschiede unter einander erzeugen können, so dass jeder von ihnen eine eigene Marktnische findet. Die Rangordnung der Statuspositionen auf Seiten der Produzenten kann nicht mehr Identitäten enthalten als die Konsumenten auseinanderhalten können. Das ist der oben erwähnte kognitive Aspekt von Produzentenmärkten.

Die Konsumenten müssen nicht als Personen in Erscheinung treten, sondern können als idealtypisch betrachtet werden. Im gleichen Sinne, wie die Produzenten unterschiedlich sind, können auch idealtypische Konsumenten sich voneinander unterscheiden. Die soziologische Forschung über Konsumenten auf Märkten ist nicht systematisch in Markttheorien integriert worden, obwohl es eine umfangreiche Literatur gibt (z.B. Birtwistle und Shearer 2001; Fine und Leopold 1993; McCracken 1988; Miller 1987; Slater 1997; Southerton 2001; Zelitzer 2005b). Pierre Bourdieu (1984) hat eine große Untersuchung über Konsumenten durchgeführt und gezeigt, dass die Konsumenten in einem relationalen Raum positioniert sind. Verschiedene Aktivitäten, wie Urlaubsgewohnheiten, Essverhalten oder Kunstliebhaberei sind mit bestimmten Positionen verbunden, sodass die Positionen verschiedene Lebensstile reflektieren. Erwähnt werden sollte außerdem Bourdieus Arbeit über Wohnungsmärkte (Bourdieu 2005), die die Rolle des Staates betont und auch hervorhebt, wie die Anbieter sich in Relation zueinander und zu den potentiellen Käufern positionieren. Wenn wir Bourdieus Ansatz auf einen einzelnen Markt anwenden, können wir sehen, dass jeder Akteur, der aufgrund seines besonderen Beziehungsnetzes mit einer idealtypischen Identität versehen ist, für gewöhnlich bestimmte Güter konsumiert und andere ablehnt. Von den Konsumenten wird angenommen, dass sie sich mit ihrem Tun, inklusive dem Einkaufen, identifizieren, und dass sie als Ergebnis dieses Tuns sich selbst hervorbringen (Warde 1994).

Das Ranking von Statusordnungen

Wir haben bisher, wenn auch kurz, die beiden Seiten von Märkten ohne Rollenwechsel erörtert. Wie entstehen diese Rangordnungen? Eine wichtige Idee ist, dass die Statusordnungen einer oder beider Marktseiten unter Umständen auf anderen Märkten oder in anderen sozialen Formationen konstruiert werden. So hängen möglicherweise die Ordnungen in verschiedenen ökonomischen und nicht-ökonomischen Bewertungen miteinander zusammen. Auf diese Weise können Märkte nicht nur in andere Märkte eingebettet sein, sondern auch in nicht-ökokomische Bewertungsordnungen. Lucien Karpik (2010) hat eingehend die verschiedenen Bewertungshilfen untersucht, die zur Ordnung auf einen Statusmarkt beitragen, so etwa Marken, Reiseführer (wie *Lonely Planet*) und etablierte Kritiker. Auf Statusmärkten kann die Rolle von Kritikern entscheidend werden, da sie »Wegweiser in Fragen des aktuellen und künftigen Geschmacks« (Zuckerman 1999: 1046) sind. Diese Kritiker und andere Akteure mit der gleichen Funktion brauchen nicht Teil des Marktes zu sein.

Außerdem dürfte ein Markt für die Konsumenten, die zum Teil nur selten am Marktgeschehen teilnehmen, nicht so viel bedeuten wie für die Produzenten, deren Identitäten im Wesentlichen auf ›ihrem‹ Produzentenmarkt gebildet werden, wie es zum Beispiel bei Bekleidungsmarken der Fall ist, die ihre Identität im Konfektionsbereich erwerben. Die Konsumenten können Mode-Enthusiasten sein und sich voll und ganz bestimmten Lebensstilen verschreiben. Ein Lebensstil ist aber oft durch die Kombination von Dingen definiert, die auf verschiedenen Märkten gekauft werden. Im Großen und Ganzen sind die Konsumenten existentiell nicht so stark an einen bestimmten Markt gebunden wie die Produzenten.

Die Statusordnung, das heißt die Rangordnung der verschiedenen Identitäten, die Teil des aus Produzenten und Konsumenten bestehenden Marktes sind, kann aus der Interaktion auf einem besonderen Markt resultieren. Wenn Käufer mit hohem Status und ebensolche Verkäufer zusammenkommen, werden statushohe Angebote gemacht. Die Interaktion definiert hier sozusagen den Wert des auf dem Markt gehandelten Gutes. Wenn bekannte Schauspielerinnen anlässlich der Oscar-Verleihung auf dem roten Teppich Designerroben zur Schau stellen, bekräftigt das den hohen Status sowohl der Designer als auch der Schauspielerinnen. Status, so Podolny (2005), strahlt aus, sodass eine Starschauspielerin, die das Kleid eines weniger bekannten Designers trägt, diesem Designer Status verleiht und umgekehrt.

Auf Statusmärkten reflektieren die in ›Geld als Recheneinheiten‹ ausgedrückten Preise nicht nur die Bewertung der Güter, da es keine unabhängige Wertskala gibt. Auf diesen Märkten werden die Preise zu Epiphänomenen des Status. Je ungewisser die Situation aber ist, etwa bei unklarer Statusordnung und bei einem neuentstehenden Markt, desto wahrscheinlicher ist es, dass auch der Preis zum Signal dessen wird, was gehandelt wird; der Preis verleiht dem Gut Bedeutung, so dass beispielsweise ein teurer Wein ein ›guter‹ Wein ist. Der springende Punkt dabei ist, dass in Geld als Recheneinheiten ausgedrückte Preise das angebotene Gut und den Status derer, die es handeln, ko-konstruieren.

Es gibt auch Statusmärkte, wenngleich wohl nicht so oft, auf denen die Akteure die Rollen wechseln. Auf solchen Märkten können somit statushohe Akteure zu einem bestimmten Zeitpunkt entweder als Käufer oder Verkäufer auftreten. Durch ihr Erscheinen auf dem Markt beeinflussen sie unter Umständen die gehandelten Objekte. In gewisser Weise ist die Transaktion im Kula-Ring ein Beispiel für einen Statusaustausch (aber nicht einen Statusmarkt): Halsketten, die einst im Besitz eines Königs oder einer anderen statushohen Person waren, besitzen mehr Wert, und das hat nichts mit der ›intrinsischen‹ Qualität der materiellen Objekte zu tun.

Das hier vorgestellte Modell des Statusmarktes (Aspers 2009) weist darauf hin, dass sowohl Produzenten als auch Konsumenten für die Konstitution dessen, was auf dem Markt angeboten wird, wichtig sind, oder besser, dass die Käufer im Vollzug der Transaktion und, später, wenn diese Güter oder Dienstleistungen so benutzt werden, dass die Transaktion auf dem Markt öffentlich bekannt wird, den Herstellern Status verleihen. In diesem Fall müssen beide Seiten ›bekannt‹ sein, da Status nicht anonym verteilt werden kann. Die Bewertung ist zentral, und man kann auch auf anderen Feldern, wie beispielsweise Finanzmärkten (Podolny 1993), Märkten für Filmarbeiter (Zuckerman, Kim, Ukanwa und von Tittman 2003) und Modemärkten (Aspers 2010) sehen, wie Bewertung und Transaktionen auf dem Markt Identitäten erzeugen.

Zusammenfassung

Mit diesem Kapitel kommen wir ans Ende unserer Reise. Wir haben Instrumente zum Verständnis von Märkten entwickelt. Dabei haben wir Märkte im Wesentlichen mit Ordnungsbegriffen, entweder in der Form von Standard oder von Status, und der Idee von Identifikation und Rollen, und in der Form von wechselnden und festen Rollen analysiert. Die Varianten von Alltagsbegriffen wie Produkt, Konsumentenmarkt, Arbeitsmarkt und Monopolmärkte – die alle dazu dienen, Märkte voneinander zu unterscheiden – sind deskriptiv, aber nicht unbedingt logisch, und wurden mithilfe eines abstrakteren, aber trotzdem effizienteren, theoretischen Apparates angepasst. Eine zentrale Idee ist dabei die Differenz zwischen Marktformen.

Wir haben schließlich in diesem Kapitel mit der Einführung und ausführlichen Vorstellung des Konzeptes Statusmarkt den letzten Schritt getan. In Kapitel drei wurde die historische Literatur über Märkte behandelt, allerdings ohne wirklich der Frage nachzugehen, wie man die Schaffung von Märkten theoretisch erklären kann. Logisch gesehen, kann man diese Frage erst stellen, wenn man weiß, was ein Markt ist und von welchem Markt die Rede ist. Dieser zentralen Frage nach der Schaffung von Märkten wenden wir uns nun zu.

Schaffung und Kontrolle von Märkten **7**

Erst nachdem wir geklärt haben, was ein Markt ist und wie sich Märkte historisch entwickelt haben, können wir nun auch die Prinzipien der Schaffung von Märkten erläutern. Märkte werden gemacht, was aber nicht besagt, dass das immer absichtlich geschieht. Reale Märkte werden in sozialen Prozessen eingerichtet, indem Elemente kombiniert und geschaffen und die drei erörterten Vorbedingungen – was auf dem Markt gehandelt wird, wie man auf ihm agiert und wie die Preise gebildet werden – erfüllt werden. Die Aufgabe der Sozialwissenschaft besteht in erster Linie darin, idealtypische Erklärungen anzubieten, die helfen, die beobachteten Varianten zu verstehen und die Komplexität der Wirklichkeit zu reduzieren.

Ziel dieses Kapitels ist es, zu analysieren, wie Märkte geschaffen werden. Dazu stellen wir die grundlegenden Unterschiede zwischen verschiedenen Verfahren der Marktschaffung vor und erörtern die unterschiedlichen Prozesse, die zu Märkten führen. Zentral ist dabei die Frage, wie die oben untersuchten Formen von Märkten geschaffen werden. Gibt es bloß einen oder viele unterschiedliche Marktschaffungsprozesse? In den letzten zehn Jahren war die Rolle der Performativität ein populäres und vieldiskutiertes Thema. Die Kernidee dabei ist, dass die ökonomische Theorie das Skript dafür liefert, wie ein Markt operieren sollte, und dass reale Märkte in Anlehnung an dieses Skript geschaffen werden; dem werden wir in diesem Kapitel nachgehen.

Wir haben bereits ausgeführt, dass die Schaffung von Märkten ein seiner Natur nach sozialer Prozess ist, der aus anderen sozialen Beziehungen, insbesondere Netzwerken, erwuchs. Der Markt ist nicht die früheste Form sozialer Interaktion oder wirtschaftlicher Koordination. Der Begriff Marktschaffung ist allgemeiner als die Begriffe der Organisation von Märkten oder der Gestaltung von Märkten. Wir verwenden das Wort Schaffung (*making*) in einem ziemlich weiten Sinn, um die offenkundige Tatsache auszudrücken, dass Märkte Menschenwerk sind, schließen uns also der Aussage von Berger und Luckmann an, dass »die gesellschaftliche Welt […] von Menschen gemacht ist –

und deshalb neu von ihnen gemacht werden kann« (Berger und Luckmann 1991: 95).[30]
›Schaffung‹ bezieht sich außerdem auf menschliche Tätigkeit, im Gegensatz zum Begriff
Emergenz, der evolutionstheoretisch beladen ist (Sawyer 2001) und mit der Vorstellung
verknüpft ist, dass es Naturgesetze gibt, die den Prozess steuern.

Das Kapitel beginnt mit einem kurzen Überblick über die Literatur zur Schaffung
von Märkten. Danach befassen wir uns mit der im Hinblick auf Marktschaffung wohl
wesentlichen Unterscheidung zwischen Märkten, die das Ergebnis planvoller Organisation sind und Märkten, die auf wechselseitige Anpassungsprozesse von Akteuren zurückgehen. Im Anschluss daran kommen wir noch einmal auf die Vorbedingungen eines geordneten Marktes zurück, um im darauf folgenden Schritt zu analysieren, auf
welche Weise verschiedenartige Märkten eingerichtet werden. Die Schaffung von Märkten steht in engem Zusammenhang mit ihrem Wandel. Daher wird anschließend der
Marktwandel erörtert. Zum Schluss wenden wir uns der Frage zu, wie Märkte kontrolliert und aufrechterhalten werden.

Marktschaffung als Gegenstand der Forschung

Ökonomen betrachten Märkte, wie schon ausgeführt, als etwas Natürliches, das heißt
als selbstverständlich und nicht wirklich erklärungsbedürftig. Die Schaffung von Märkten ist in ihrer Sicht ein natürlicher Prozess, der erst zum Problem wird, wenn Politiker
oder andere Leute an den Akteuren und ihren Interessen herumzupfuschen versuchen.

Bei den Ökonomen gibt es zwei vorherrschende Ideen zur Erklärung der Marktschaffung; die eine besagt, dass Märkte auf natürliche Weise emergente soziale Formationen sind, die, sich selbst überlassen, zum Gleichgewicht führen. Dies nennen wir
wechselseitige Anpassung oder spontane Ordnung. Die andere Idee lautet, dass Märkte
das Ergebnis organisierter Anstrengungen von Akteuren zur absichtsvollen Schaffung
von Märkten sind. Wir betrachten beide Formen, versuchen dabei aber vor allem herauszufinden, wie sie miteinander zusammenhängen.

Wechselseitige Anpassung und soziale Ordnung

Die Herausbildung einer Marktordnung als Resultat wechselseitiger Anpassung, manchmal auch ›spontane Ordnung‹ genannt, wird als ein Prozess charakterisiert, in dem der
Markt eine nicht-intendierte Folge des Handelns von Akteuren ist. Die allgemeine Idee
einer solchen gewachsenen und nicht beschlossenen Ordnung wurde von Hayek ›Kos-
mos‹ genannt (Hayek 1973: 38, 1988: 45; Weber 1987: 82–85) und, angewandt auf den Markt,
›Katallaxie‹ (Hayek 1976: 108–109. Er bezeichnet mit diesem Begriff »die durch wechselseitige Anpassung vieler einzelner Wirtschaftseinheiten aneinander in einem Markt
hervorgebrachte Ordnung. Eine Katallaxie ist somit die besondere Art von spontaner

Ordnung, die durch den Markt von Leuten produziert wird, die im Rahmen der Regeln des Eigentumsrechts, Deliktrechts und Vertragsrechts agieren« (Hayek 1976: 108–109). Wie die Sicht von Hayek ist auch die von Adam Smith wohlbekannt: »[Jeder einzelne] strebt [.] lediglich nach eigenem Gewinn. Und er wird in diesem wie auch in vielen anderen Fällen von einer unsichtbaren Hand geleitet, um einen Zweck zu fördern, den zu erfüllen er in keiner Weise beabsichtigt hat« (Smith 2009 [1789]: 371).[31] Diese Arten von unsichtbare-Hand-Erklärungen der wirtschaftlichen Koordination »zeigen, wie eine Gesamtstruktur oder ein Gesamtsystem, von dem man glauben möchte, es könne nur durch die gezielten Bemühungen eines einzelnen oder einer Gruppe zustande kommen, vielmehr durch einen Vorgang geschaffen und aufrechterhalten wurde, bei dem keineswegs die Gesamtstruktur oder das Gesamtsystem ›vorschwebte‹« (Nozick o. J.: 32).[32]

Spontane Marktschaffung bedeutet, dass sich weder der Staat noch irgendeine andere Art von Organisation an der Schaffung des Marktes beteiligt. Das formale Konzept einer spontanen Schaffung und Ordnung kann bis zur schottischen Aufklärung und den Schriften von Adam Ferguson und Adam Smith zurückverfolgt werden, die sich auf Ideen von Bernard Mandeville und anderen stützen. Später favorisierten die Österreichische Schule und Evolutionsökonomen die Idee, dass der Markt das Ergebnis eines natürlichen Prozesses ist. Hayeks Ansatz, der unterstellt, dass Märkte aus Naturaltausch, geldvermitteltem Tausch und Handel erwuchsen (Hayek 1988: 42–43; Plattner 1989: 180) kann als Evolutionsökonomik bezeichnet werden (Hodgson 1996: 170–86). Der Markt ist das Ergebnis eines Prozesses, der mit einem geordneten Markt endet. Die beteiligten Akteure haben unter Umständen keinen Begriff vom Markt; er ist eine ›nicht-intendierte Folge‹. Evolutionsökonomen betrachten ferner Institutionen (Regeln) als den konzeptionellen Eckpfeiler ihrer Erklärungen der Marktentwicklung (Hodgson 1996: 34, 175–179) und stimmen darin überein, dass sich die Marktregeln aufgrund des menschlichen Überlebenstriebes herausbilden (Hodgson 1996: 170–171).

Neoklassische Ökonomen (Bal und Goyla 1994; Spence 1979) analysieren die Marktentwicklung auf ähnliche Weise wie die Evolutionsökonomen, allerdings radikaler und weniger historisch; sie folgen dabei der ursprünglich cartesianischen Vorstellung, dass Wirtschaftsakteure Atomen oder Monaden mit einem jeweils festen Präferenzenset gleichen, deren Handeln in einem natürlichen Prozess zu einem Markt führt.

Wie konnten Ökonomen zu dem Schluss kommen, dass Märkte etwas Natürliches sind? Ein Grund dafür ist ihre Neigung, sich als Lehnstuhl-Anthropologen zu betätigen und ›fiktive‹ Beispiele für Tauschinteraktionen zu präsentieren, die alle den ›ökonomischen Menschen‹ unterstellen, wie etwa »die Transaktionen des putativen Jägers, Fischers und Bootbauers, oder des Mannes mit der Plane und den zwei Brettern oder die zwei Männer mit einem Korb voller Äpfel und einem Korb voller Nüsse« (Veblen 1898: 382) was natürlich metaphorisch gemeint ist.

Wechselseitige Anpassung: Soziologische Schulen

Die Idee einer spontanen Ordnung wird allerdings auch von einigen Soziologen vertreten. Harrison Whites Ansatz zu Produzentenmärkten beruht auf der Vorstellung, dass
Ordnung das Ergebnis von Akteuren ist, die in sozialer Interaktion miteinander stehen und sich dabei irgendwie aneinander anpassen (White 1992, 2002b: 266–283, 2008).
Zur Erinnerung: Die treibende Kraft in Whites Handlungsmodell ist der Umstand, dass
durch das Bedürfnis nach Kontrolle Identitäten hervorgebracht werden. Das Resultat
des Marktbildungsprozesses, so White, ist eine nicht-intendierte Folge dieser unter den
Produzenten herrschenden ›Binnen‹-Orientierung (White 1993: 168). White erklärt, wie
sich der Produzentenmarkt, den wir in Kapitel 6 erörtert haben, herausbildet: »Jeder
wirkliche Markt hat sich einmal inmitten eines Netzwerks aus anderen Produktionsmärkten herausgebildet. Wenn es in diesem Kontext einem Set unterschiedlicher Produzenten gelingt, sich vis-à-vis einer ›anderen Seite‹ als ein Set zu etablieren, werden
ihre amalgamierten Outputs durch das Zusammenwirken kultureller und technologischer Rationalisierungsprozesse als ein Produkt etabliert« (White 1993: 161).

Die Produktdifferenzierung auf Seiten der Produzenten entspricht der Differenzierung ihrer Identitäten (White und Eccles 1987: 985; vgl. Zuckerman 2000). Luhmann
(1995) unterbreitet eine ähnliche Idee wie White und beschreibt Ordnung als das Resultat eines spontanen Prozesses, in dem Egos zusammenkommen.

Die Populationsökologie-Schule, auf die sich viele Ökonomen stützen, ›erklärt‹ Ordnung mithilfe biologischer Metaphern. Die Angehörigen dieser Schule sind der Auffassung, dass Märkte sich irgendwie auf natürlich Weise herausbilden. Um zu erklären,
warum ein Markt existiert, unterstellen Populationsökonomen, dass er effizienter ist als
andere Koordinationsformen. Firmen, die erfolgreich eine Nische errichten, stehen im
Wettbewerb und es gibt eine Umwelt (Ökologie), in der Firmen operieren. Das soziologische Denken wurde von dieser Tradition stark beeinflusst, und Harrison White hat
einige ihrer Vorstellungen in seine Markttheorie aufgenommen.

Der Populationsökologie-Ansatz operiert mit drei Einheiten: Der Population, deren Angehörigen und der Umwelt der Population (Boone, van Witteloostuijn und Carroll 2002; Carroll 1985; Carroll und Swaminathan 2000; Greve 1996). Vereinfacht gesagt,
besteht ein Markt aus den Exemplaren einer Art, die zusammen die Population bilden.
Als dynamische Komponente wirkt die Selektion, und es wird angenommen, dass das
System zu einem Gleichgewicht tendiert (Hannan und Freeman 1977). Das bedeutet,
dass die Idee des Gleichgewichts als solche, die etymologisch auf Naturzustände zurückverfolgt werden kann, auf die Selbststeuerung des Systems verweist. Die gleiche Logik
gilt für die Exemplare der Spezies, die einzelnen Firmen; einige haben sich an die Umwelt angepasst und sind daher überlebensfähig, andere halten dagegen der Konkurrenz
nicht stand. Der Ansatz betont die Konkurrenz (Park 1936) und hat Beiträge zur Wirtschaftssoziologie der Märkte geleistet, so zum Beispiel die Idee der Nische, verstanden
als »die Region eines Ressourcenraums, in dem eine Entität ohne Konkurrenz fortbeste-

hen kann« (Hannan, Carroll und Polos 2003: 309; vgl. White 1981). Die Anhänger dieser
Theorie stimmen auch der einfachen, aber wichtigen Idee zu, dass es viele unterschiedliche Märkte gibt (z. B. Greve 1996: 55). Allerdings betrachten einige Populationsökologen Märkte anscheinend als auf natürliche Weise entstehende spontane Ordnungen und
teilen diese Sicht mit anderen evolutionstheoretischen Denkern wie Hayek (1988: 45).
Sie konzentrieren sich außerdem oft nur auf eine Seite des Marktes, das heißt auf die
Population der ›Produzenten‹ (z. B. Carroll und Swaminathan 2000). Außerdem unterscheiden Populationsökologen Märkte gewöhnlich nach ihrer Dichte (Haveman 1993).

Die Populationsökologie hat also offensichtlich eine Reihe von Ideen entwickelt, die
in die Wirtschaftssoziologie integriert wurden. Als eigenständige Schule scheint sie allerdings nicht viel zu unserem Verständnis unterschiedlicher Märkte oder zu dem beizutragen, was auf einem Markt oder mit den Akteuren auf diesen Märkten geschieht.
Wir behaupten, dass man das beobachtete Verhalten der Marktakteure, so zum Beispiel,
warum sich Unternehmen unterscheiden (Carroll 1993) oder wie Firmen Positionen
auf Märkten einnehmen (Greve 1996) sowie Spezialisierung und Zentralisierung (z. B.
Boone, van Witteloostuijn und Carroll 1993), im Zusammenhang mit der besonderen
Form des Marktes betrachten muss (vgl. Simmel 1983; White 1992). Erst dann können
Forscher hochgradig verschiedene Prozesse und Wettbewerbsstrukturen auseinander-
halten.

Wechselseitige Anpassung führt zu Märkten

Wie ist der Prozess der wechselseitigen Anpassung zu verstehen und wie führt er zu
Märkten? Wir haben in diesem Buch bereits mehrfach festgestellt, dass Ökonomen die
Märkte als gegeben betrachten und sich darum relativ wenig dafür interessieren, wie
Märkte zustande kommen.

Da aber klar ist, dass Märkte nicht einfach auftauchen, müssen wir auch fragen,
warum wir uns überhaupt die Mühe machen sollten, einen Prozess zu beschreiben, der
»in Wirklichkeit nicht wirklich stattfindet«. Dafür gibt es zwei Gründe. Der erste ist
pädagogischer Natur. Nur wenn wir den Marktschaffungsprozess als Ergebnis wechselseitiger Anpassung ausführlich nachzeichnen, werden wir sehen, was einem Ansatz
fehlt, der die organisierte Schaffung von Märkten betont. Der zweite Grund ist, dass soziologische Forscher deren erste Phase, in der die Wirtschaftsakteure konstituiert werden, vernachlässigt haben. Um dieser Situation abzuhelfen, sollten wir den Prozess der
spontanen Marktschaffung näher betrachten.

Die spontane Formierung eines Marktes besteht aus drei Phasen: *Orientierung, Kontraktion* und *Kohäsion*. Diese Phasen werden in Abbildung 7.1 illustriert. Unser Überblick ist bewusst idealtypisch gehalten und erfasst den wirklichen Marktschaffungsprozess nicht in seiner ganzen Tiefe und Variationsbreite. Im Gegensatz zu der den ökonomischen Theorien zugrundeliegenden cartesianisch-atomistischen Idee haben wir in

Abbildung 7.1   Akteure in Phasen der Marktformierung. Die ausgefüllten Figuren repräsentieren Verkäufer, die unausgefüllten Käufer. Die mit einem Streifen versehenen Figuren stellen Akteure dar, die noch nicht entschieden haben, ob sie Käufer oder Verkäufer sind. Die verschiedenen Formen der Figuren stehen für die unterschiedlichen Handelsinteressen (verschiedene Güter) der Akteure. Illustriert werden dabei bloß drei weitgefasste Güter.

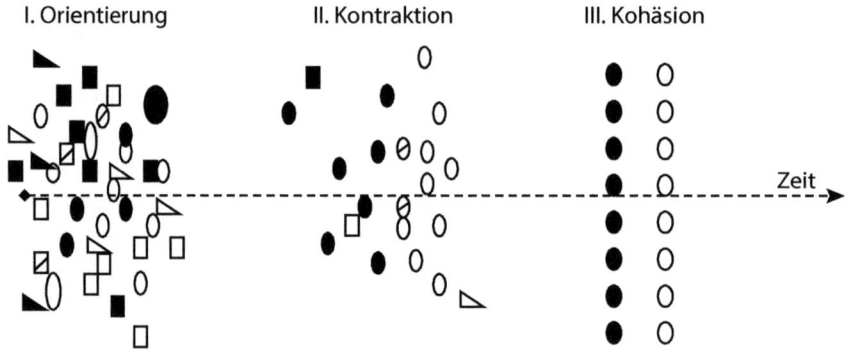

Kapitel 2 als Ausgangspunkt unseres Verständnisses der Wirtschaft ein essentiell soziales menschliches Wesen vorgestellt. Unsere Erörterung beginnt daher bei sozialen Wesen, deren Beziehungen und Identitäten allerdings noch unklar sind; sie endet – sofern sie vollständig ist – bei einem geordneten Markt mit stabilen Rollen, Werten, Identitäten, einem definierten Gut, einer spezifischen Marktkultur und einem Preisbildungsverfahren. Der hier dargestellte spontane Marktschaffungsprozess setzt somit Akteure als Ausgangspunkt voraus, die sich schon in der sozialen Welt befinden und ein gewisses kulturell bedingtes Wissen über die eine oder andere Form von Märkten haben.

Die erste Phase, die wir *Orientierung* nennen, setzt voraus, dass die Akteure ein ›Interesse‹ am Handel haben. Verschiedene Akteure überprüfen nach und nach die ›Güter‹ der jeweils anderen. Was später mit einem Wert versehen wird, ist in der ersten Marktphase typischerweise noch nicht festgelegt (vgl. Smith 2007); bei dieser Phase kann man von der ›Orientierung von Akteuren aneinander‹ sprechen, die sich noch keine Vorstellung von einem Markt als Endstadium ihrer Interaktion machen. Die Akteure haben verschiedene Interessen – im Hinblick darauf, womit sie handeln möchten und ob sie kaufen oder verkaufen wollen – aber in diesem Interaktionsprozess werden auch ihre Motive und Präferenzen beeinflusst; diese müssen sozial konstruiert werden und können nicht einfach vorausgesetzt werden. Die an dem Prozess Beteiligten orientieren sich stärker an denjenigen Akteuren, die für sie selbst relevante Handelsinteressen zu erkennen geben. Um zu sehen, wie diese relevanten Akteure sich verhalten, beobachtet ein ›Käufer‹ daher sowohl diejenigen, welche ›das gleiche Ding‹ verkaufen, als auch jene, die es kaufen wollen. Die Akteure merken mit der Zeit, dass es andere gibt, die am Kauf und Verkauf einigermaßen ähnlicher Güter interessiert sind. In dieser Phase wissen die Akteure nichts von den anderen Akteuren in ihren neuen Rollen oder davon, was sie wollen. Informationen sind weder kostenlos noch leicht zu haben, da es keinen zentralen Apparat gibt, der Informationen sammelt, übermittelt oder verkauft; es ist noch nicht einmal klar, was eine ›Marktinformation‹ überhaupt ist. Die Identitäten der Akteure sind im Formierungsprozess begriffen und die alten verändern sich beim Aushandeln der Beziehungen, was führt unter Umständen zu häufigen Missverständnissen führt. Der Werkzeugkasten (Swidler 1986) der Akteure und die verfügbare kognitive Infrastruktur bestehen weitgehend aus Vorstellungen darüber, wie andere Märkte funktionieren und wie man sich auf ihnen verhält. Einige Akteure bringen vielleicht ihre Identitäten aus anderen Märkten in diesen neuen Kontext mit. Ein Markt kann nicht einfach kopiert werden; er muss in dem neuen institutionellen Rahmen Wurzeln schlagen, auf dem möglicherweise andere Bedingungen der Marktschaffung herrschen.

In der nächsten Phase der Marktentwicklung, der *Kontraktion,* werden die Akteure und Dinge zusammengezogen. Damit ist gemeint, dass die Akteure zusammenkommen und allmählich erkennen, womit die anderen handeln wollen. Die mit dem ›Entstehungsprozess des Marktes‹ verbundene Unruhe manifestiert sich in den instabilen Identitäten der Akteure. Einige Wirtschaftsakteure gründen Geschäfte oder treten aus bereits existierenden Märkten in den Markt ein; eventuell geben aber auch viele das Geschäft sehr schnell wieder auf. Mit der Zeit stellt sich jedoch heraus, was genau die Akteure auf dem Markt machen können und was nicht. Wer ›abweichende‹ Interessen hat, muss entweder das Feld räumen oder wird aus der Interaktion ausgeschlossen. In diesem Prozess beobachten die Akteure einander (vgl. White 2002b); auf diese Weise bemerken einige Akteure unter Umständen, dass dieses Geschäft für sie ›nichts ist‹, da seine oder ihre andersartigen Güter oder Interessen nicht zu dieser speziellen Vorform von Marktstruktur passen. Das wird durch Branchenklatsch klar. In der sozialen Interaktion der Akteure bilden sich mehr und mehr Selbstverständlichkeiten heraus; man kann das als Ausdruck der Schaffung einer Marktkultur betrachten, zu der gehört, was von den Marktteilnehmern erwartet werden kann, worüber man wann sprechen darf und wie das zu geschehen hat. Die Akteure müssen sich langsam entscheiden, ob sie hier Handel treiben und damit Teil dessen werden wollen, was gerade aufgebaut wird, oder ob sie draußen bleiben möchten. Im Lauf der Zeit und während sich immer klarer herausstellt, was auf dem ›Markt‹ gehandelt wird, gewinnen die Marktrollen ›Käufer‹ und ›Verkäufer‹ und die mit diesen Rollen zusammenhängenden Identitäten eine stabilere Gestalt. Die Identitäten und die Beziehungen werden in Konturen sichtbar, aber obwohl es sich hier um dem den Auftakt zu einem Markt handelt, ist immer noch zu ungewiss, was die Akteure eigentlich ›sind‹, um von einem geordneten Markt sprechen zu können. Man kann vielleicht sagen, dass sich Spuren der »Einbettung in sich herausbildende kognitive Marktnetzwerke« (Kennedy 2008: 273) zeigen, wenn die Akteure wahrnehmen, dass sich auf dem Markt allmählich festere Beziehungen etablieren. Erst mit länger anhaltender Interaktion klären sich also die Verhältnisse. Im Prinzip ist es allerdings auch möglich, dass der Prozess nie über die Kontraktionsphase hinauskommt, sodass wir nur eine auf Dauer gestellte ›Einleitung‹ zu einem Markt haben; das kann bei Märkten der

Fall sein, auf denen weder die Akteure noch die Gegenstände stabilisiert werden, was manchmal bei Branchen mit raschem technischem Fortschritt zu beobachten ist.

Die letzte, *Kohäsion* genannte, Phase bezieht sich auf einen geordneten Markt. Erst in dieser Phase wird klar, was zuvor noch ›zur Diskussion‹ stand, nämlich welches Gut auf dem Markt verkauft wird; der Markt ist jetzt in der Lage, die auf ihm gehandelten Güter zu bewerten. Dieses kognitiv-praktische Wissen der Marktakteure spiegelt die Tatsache wider, dass jeder Markt durch einen »gemeinsamen Wahrnehmungsrahmen seiner Unternehmen« (White 2002b: 2; vgl. Fiss und Kennedy 2008) charakterisiert ist. Nur unter dieser Voraussetzung kann von Ordnung oder Stabilität auf dem Markt die Rede sein. Wenn ein ›Markt‹ die Kohäsionsphase erreicht, kann er etikettiert oder, in anderen Worten, mit einem richtigen Namen versehen werden. In dieser Phase sind alle drei Vorbedingungen für einen Markt erfüllt: Es steht, erstens, fest, was auf dem Markt gehandelt wird und zu welcher Kategorie von Markt er somit gehört, zweitens, ›wie die Dinge auf dem Markt gemacht werden‹ und, drittens, ›wie die Preise gebildet werden‹.

Zu diesen drei Phasen lässt sich eine vierte, die *Krise,* hinzufügen. In dieser Phase geraten die Märkte in Turbulenzen und findet ein radikaler Wandel statt, wobei die Ordnung nicht länger aufrechterhalten wird. Auf eine Krise folgt allerdings keine Orientierungsphase – da dieser Phase ja eine konkrete Marktgeschichte fehlt –, sondern eine Kontraktionsphase.

Die Unterscheidung dieser Phasen bezieht sich auf die bereits erörterte spontane Herausbildung von Ordnung. Es gibt empirische Beispiele für die spontane Schaffung und Gestaltung von Märkten wie auch für die Ausdifferenzierung von Märkten, das heißt dafür, dass sich aufgrund von Werbung, Innovation und vielen anderen sozialen Prozessen neue Marktsegmente, wie etwa der Markt für Mini-Vans, herausbilden (Rosa, Porac, Runser-Spanjol und Saxon 1999). Darr und Zer-Gutman (2007) haben gezeigt, wie ein Markt zwischen Anwälten und Vermittlern geschaffen wurde. Die Vermittler boten den Anwälten als Dienstleistung an, sie durch Informationsangebote an Journalisten bei der Markenbildung zu unterstützen. Eine Untersuchung von Augustsson (2005) beschreibt die Entwicklung von Internetmedien-Unternehmen von ihren anfangs chaotischen Bemühungen, herauszufinden, wer sie sind und wie sie sich kategorisieren sollen, bis zur Schaffung wohldefinierter Märkte. Er zeigt die mehrere Jahre dauernde Entwicklung von dem ziemlichen ›Dilettantismus‹ in der Orientierungsphase bis zur Ausdifferenzierung verschiedener Märkte. Es ist unmöglich, in diesem Prozess einen ›führenden Kopf‹ zu erkennen, der das Ergebnis bestimmt oder organisiert hätte.

Die hier unterschiedenen Phasen des spontanen Marktschaffungsprozesses sind auch zum Verständnis der organisierten Schaffung von Märkten hilfreich. Allerdings gibt es eine Ausnahme: Die Orientierungsphase findet nur bei der spontanen Marktschaffung statt. Die organisierte Marktschaffung beginnt also mit der Kontraktion.

Organisierte Marktschaffung

Die zweite idealtypische Weise, in der Märkte zustande kommen, ist die organisierte Schaffung und Aufrechterhaltung von Marktordnungen, die Hayek (1973) ›Taxis‹ nennt. Dieser Schaffungsprozess ist dann das Ergebnis von Organisation, wenn mindestens zwei Akteure zusammenkommen und die Marktordnung beschließen (vgl. Ahrne und Brunsson 2008). Darüber hinaus lassen sich zwei Arten der organisierten Marktschaffung unterscheiden, die ›staatliche gesteuerte Marktschaffung‹ und ›selbstgesteuerte Marktschaffung‹ genannt werden. Soziologen neigen eher der Ansicht zu, dass Märkte organisiert, eingebettet und von einem institutionellen Hintergrund konditioniert werden.

Die organisierte Schaffung von Märkten ist vermutlich häufiger als der Prozess der wechselseitigen Anpassung. Charakteristisch für sie sind Akteure, die als ›politische‹ Spieler agieren und die Konstruktion des Marktes aushandeln. Die Idee, dass die Schaffung ein organisierter Prozess ist (z. B. Bourdieu 2005; Fligstein 2011; Fligstein und Mara-Drita 2001), hat die soziologische Literatur über Schaffung und Wandel von Märkten beherrscht und diese Idee findet, wie in Kapitel 3 gezeigt, Unterstützung in der historischen Literatur. Diese idealtypische Form der Marktschaffung beinhaltet, dass unsere drei Vorbedingungen eines Marktes im Wesentlichen erfüllt sein müssen, bevor der Markt zu operieren beginnt. Das setzt auch Akteure voraus, die eine einigermaßen klare Vorstellung davon haben, wer sie sind und was sie wollen, was der Markt ist, und wie er funktionieren sollte. Es muss also zuerst das grundlegende Problem der Ambiguität gelöst werden.

Unter organisierter Marktschaffung ist, wie schon gesagt, der Prozess zu verstehen, in dem Akteure – direkt oder indirekt – zusammenkommen, um per Entscheidung einen Markt zu schaffen. Zu Beginn des Prozesses haben zumindest zwei Akteure zusätzlich zu der Idee, ›warum‹ es überhaupt einen Markt geben sollte, gewisse Vorstellungen von dem Markt, so etwa von dem gehandelten Gut und von der Funktionsweise des Marktes. Auf dieser Basis versuchen sie eventuell, einen Markt zu organisieren (Ahrne und Brunsson 2008: 49). Das bedeutet gewöhnlich, dass sie ein ähnliches ›Kontrollkonzept‹ haben (Fligstein 2011). An diesem Organisationsprozess sind normalerweise viele Akteure beteiligt, darunter der Staat und Akteure aus angrenzenden Märkten.

Es ist möglich, mit Blick auf die Beteiligung des Staates oder staatlicher Organisationen zwei idealtypische Weisen der Marktschaffung zu unterscheiden: ›staatlich gesteuerte Marktschaffung‹ und ›selbstgesteuerte Marktschaffung‹. In beiden Fällen kann man von organisierter Marktschaffung reden, aber im letzteren Fall tun sich die Akteure zusammen und richten ohne direkte Beteiligung des Staates einen Markt ein. Des Weiteren beteiligen sich möglicherweise an beiden Arten der Marktorganisation sowohl direkt betroffene Akteure als auch solche, die nur indirekt betroffen sind.

Märkte können somit durch verschiedene Arten von Akteuren geschaffen werden, darunter Interessengruppen (vgl. Kochan und Rubinstein 2000) innerhalb und außerhalb der fraglichen Märkte. Gesteuert wird der Prozess nicht nur mit politischen Mitteln, sondern auch durch andere Steuerungssysteme (Djelic und Quack 2007) und wirtschaftliches Kapital. Da die organisierte Schaffung und speziell die staatlich gesteuerte Marktschaffung wohlbekannt sind, erörtern wir sie im Folgenden nicht so eingehend wie die spontane Schaffung.

Staatlich gesteuerte Marktschaffung

Wir haben dargelegt, wie Staaten mithilfe von Regulierung, Patenten (Troy und Werle 2008) und Besteuerung einige Märkte blockieren und andere schaffen oder ermöglichen können und wie sie Märkte manchmal aus religiösen, ethischen oder verteilungspolitischen Gründen verbieten. In der soziologischen Literatur gibt es einige Beispiele dafür, was Staaten in liberalen Wirtschaftssystemen zur Regulierung von Märkten tun können. Der von Bourdieu (2005) untersuchte französische Wohnungsmarkt ist ein solches Beispiel, und die Regulierung des Marktes für menschliche Eizellen und Sperma in den Vereinigten Staaten (Almeling 2007) ein anderes. Staaten kontrollieren unter Umständen auch, wie im Fall der britischen Krone zu beobachten war, alternative Handelswege, die potentielle Akteure zur Vermeidung von Besteuerung, Zöllen oder Gebühren auf dem regulierten Markt benutzen könnten. Die staatliche Kontrolle von Märkten kann auch, wie beim Lotteriemarkt, eine Steigerung der Steuereinnahmen bezwecken (Beckert und Lutter 2009), aber staatliche Kontrolle oder Verbote führen unter Umständen auch zu neuen Märkten. Auch aus Organspenden und Organhandel können sich graue oder schwarze Märkten entwickeln (Healy 2006: 123–127). Heutzutage spielt der moderne Staat zwar immer eine wichtige Rolle, nicht zuletzt durch seine Ämter zur Bekämpfung von Wettbewerbsbeschränkungen und Korruption, aber das bedeutet nicht, dass alle Märkte reguliert sind. Welche Rolle spielt der Staat im Marktschaffungsprozess?

Nur die Kontrolle der ›Macht‹ des Staates befähigt Akteure, ihre Ziele zu verfolgen (vgl. Korpi 1985). Interessengruppen, wie zum Beispiel Grundstückseigentümer oder Gewerkschaften, versuchen manchmal, staatliche Instanzen dazu zu bewegen, Märkte unterschiedlich zu modellieren. Auf diese Weise verwandeln sie den Staat in eine Kampfarena. Regulationstheoretiker (Boyer 1990) und politische Ökonomen (Hall und Soskice 2001) haben herausgearbeitet, dass die Unterstützung durch den Staat oder eine andere Meta-Organisation – etwa einen Branchenverband – die Konstruktion von Märkten ermöglicht. Auf die Frage, wie Märkte tatsächlich geschaffen werden, bezieht sich diese Literatur allerdings nicht ausdrücklich.

Fligstein befasst sich mit den institutionellen und kulturellen Voraussetzungen von Märkten. Er teilt mit anderen Autoren die Vorstellung, dass ein enger Zusammenhang zwischen Staatsbildung und Marktbildung besteht. Fligsteins ›Markt-als-Politik‹-Ansatz betont das enge Zusammenspiel zwischen Staat und Organisationen bei der Konstruktion von Märkten; dabei handelt es sich vor allem Organisationen in solchen Bereichen, die er in Anlehnung an Bourdieu ›Felder‹ nennt (Fligstein 2011, 2008; Fligstein und Mara-Drita 1996; Hellman 2007). Fligstein zufolge ist für Märkte während ihres Formierungsprozesses eine Art von Politik charakteristisch, die ›sozialen Bewegungen‹ ähnelt; alle beteiligten Unternehmen versuchen, ihre ›Kontrollkonzepte‹ durchzusetzen, bilden gelegentlich aber auch Koalitionen (Fligstein 20011: 88). In dieser Phase, die wir Kontraktion genannt haben, versuchen ›Marktakteure‹ Institutionen zu bilden. Die meisten Institutionen werden allerdings aus angrenzenden Märkten importiert. Auch viele Wettbewerber kommen aus verwandten Märkten (Fligstein 2011: 90). Mit der Zeit stellt sich auf einem Markt Ordnung ein.

Selbstgesteuerte Marktschaffung

Ein Staat ist weder für die Existenz noch für die Schaffung eines Marktes eine notwendige Bedingung. Es gibt, wie gezeigt, viele empirische Hinweise darauf, dass Märkte sich ohne Unterstützung des Staates und trotz staatlicher Bemühungen um Marktkontrolle herausgebildet und Bestand gehabt haben. Viele Arten von illegalen Märkten veranschaulichen das (Ruggiero und South 1997). Darüber hinaus spielen Staaten gelegentlich sogar eine aktive Rolle auf illegalen Märkten, etwa wenn liberale Märkte für militärische Ausrüstung politisiert und Embargos verhängt werden (Karp 1994).

Auch die selbstgesteuerte organisierte Schaffung von Märkten beginnt mit einer Kontraktionsphase. In diesem Fall nimmt keine staatliche Instanz – oder keine staatsähnliche – Organisation – direkten Einfluss darauf, wie der Markt konstruiert wird. Es ist daher möglich, von ›selbstregulierten‹ Märkten zu sprechen (Gupta und Lad 1983; Moolgaard 1997), die möglicherweise eine Antwort auf die staatliche Androhung von Regulierung sind. Die selbstgesteuerte organisierte Marktschaffung hat vieles mit der Selbstregulierung gemeinsam, die definiert ist als »ein regulativer Prozess, durch welchen eine Organisation auf Branchenebene (etwa ein Branchen- oder Professionsverband), und nicht eine Organisation auf der Ebene des Staates oder des Unternehmens, Regeln und Standards für das Verhalten der Firmen in der Branche aufstellt und durchsetzt« (Gupta und Lad 1983: 417). Das ist bei einigen Märkten der Fall, so etwa beim Derivatemarkt in Chicago (MacKenzie 2006; MacKenzie und Millo 2003). In anderen Fällen wurden die Marktinstitutionen gestaltet, so etwa als die ›fünf großen Wirtschaftsprüfungsfirmen‹ sich aus dem Ausbildungsprogramm des Professionsverbandes zurückzogen und ihre eigene Handelsstruktur schufen (Garud, Hardy und Maguire 2007; Greenwood und Suddaby 2006).

Simmel (1955: 147, 155–156) schlägt vor, dass die Marktmitglieder zusammenarbeiten sollten, und zwar typischerweise mithilfe von Unternehmer- oder Branchenverbänden, die, wie Commons ausführte, als moderne Formen von Gilden angesehen werden können. Das kann bedeuten, dass Akteure, die einigen Interessen teilen, sich zusammentun,

›Spielregeln‹ – das heißt formale Marktinstitutionen – aufstellen und so die zweite Vorbedingung eines Marktes erfüllen (vgl. Ahrne und Brunsson 2008). Dabei kann es sein, dass gelegentlich nur die kollektiven Interessen der auf dem Markt operierenden Produzenten (gegenüber anderen Märkten oder der anderen Marktseite) vertreten werden. So entscheiden vielleicht die Akteure auf einer Marktseite gemeinsam über das Recht auf Marktzutritt und die Geschäftsbedingungen, was allerdings nicht ausschließt, dass sie im Hinblick auf Preis, Qualität, Marketing, Marktanteil und Service oder Produktentwicklung erbittert miteinander konkurrieren. Die zweite Vorbedingung wird somit zugleich mit der ersten – nämlich was auf dem Markt gehandelt wird – erfüllt.

Es gibt von Garcia-Parpet (2007) eine sehr bekannte Beschreibung der Konstruktion eines Marktes, die von Akteuren planvoll und ohne direkte staatliche Hilfe oder Behinderung herbeigeführt wurde. Dabei handelt es sich um die Geschichte französischer Erdbeerbauern, die sich zusammentaten, um mithilfe ihres Verbandes einen lokalen Erdbeermarkt einzurichten. Auch andere Märkte wurden ›außerhalb‹ des Staates geschaffen. Die Diamantenbranche in den Vereinigten Staaten ist einer davon, und es wurde gezeigt, dass die Händler in dieser Branche »von Seiten des Staates geschaffene Rechtsvorschriften abgelehnt haben« (Bernstein 1992: 115). Obwohl wir nicht wissen, wie der Diamantenmarkt geschaffen wurde, kann er nicht verstanden werden, wenn nicht seine tiefe Einbettung in die jüdische Gemeinschaft sowie die monopolistischen Tendenzen auf dem Markt für Diamantenexploration in die Analyse einbezogen werden. Dies ist eine vernünftige Interpretation, da ein Markt seine eigenen Mitglieder hat (Merill und Palyi 1938), die in die Geschäftskultur eingeführt werden und die Regeln und Vorschriften ihres Wirtschaftsverbandes einhalten müssen (Marshall 1920: 256–258). Charles Smith (2007) beschreibt zwei im Entstehen begriffene Märkte, »gesponserte Märkte für Wort/Satz-Internetsuchmaschinen« und »Märkte für Aktienoptionen«, die den Marktschaffungsprozess illustrieren. Er zeigt, dass diese Märkte mehr oder weniger stark in Anlehnung an verschiedene theoretische Auktionsmarktmodelle gestaltet wurden. Smith erklärt, dass die Handelsobjekte, insbesondere beim »Wort/Satz«-Markt, im Verlauf des Prozesses bestimmt werden mussten.

In der Realität werden wir natürlich viele gemischte Formen der Marktschaffung finden, bei denen staatliche und nichtstaatliche Regulatoren und die Marktakteure im Lauf der Zeit einen Markt schaffen. Yuval Millo (2007) hat das in einer Untersuchung von Indexderivaten eingehend beschrieben. Millo beschreibt, dass die Konstruktion von Indexderivaten, das heißt »Finanzverträgen, die Marktindizes als ihren Basis-›Wert‹ benutzen« (Millo 2007: 196), nicht nur üblich ist, sondern Marktschaffung diese auch von den ›Regulatoren‹ und ›Produzenten‹ dieser Instrumente ko-konstruiert werden. Er zeigt, dass der erste Schritt zu Derivaten 1851 in den Vereinigten Staaten gemacht wurde, als sie dort standardisiert wurden. Dies ermöglichte den Handel. Die andauernden Aushandlungsprozesse, in denen Rollen und Produkte verändert und in Szene gesetzt werden, klären, worum es sich bei dem Produkt handelt. Die Produkte sind, mit anderen Worten, das Ergebnis organisierter Anstrengungen, die man aller-

Tabelle 7.1 Phasen der spontanen und der organisierten Marktschaffung. Das leere Feld weist darauf hin, dass der spontane Prozess analytisch und historisch der organisierten Marktschaffung vorausgeht.

Grad der Ordnung	Phasen der Marktschaffung	Spontane Schaffung	Organisierte Schaffung
›Chaos‹ ↑ ›Ordnung‹ ↓	1. Orientierung	Begreifen, was in dem Setting geschieht und wer man darin ist	
	2. Kontraktion	Wechselseitige Beobachtung und Interaktion	Gemeinsam entscheiden, was zu tun ist
	3. Kohäsion	Geordneter Markt	
[Chaos] Krise/Wandel	4. Krise/Wandel	Zurück zu Phase 2, Kontraktion	

dings als Prozess betrachten muss und nicht als eine schlichte Entscheidung zur Implementierung einer einzigen Theorie. Diese Phasen werden in Tabelle 7.1 zusammengefasst.

Märkte als Produkte von Theorien *(performing markets)*

Wir haben uns schon mehrfach mit der Situation befasst, in der Märkte Produkte von Theorien sind; die einschlägige Literatur hat die Diskussion über Märkte stark beeinflusst (Barry und Slater 2005; Callon 1998b; MacKenzie 2006; Miller 2002, 2005). Die Konstruktion eines Marktes orientiert sich, so das Argument, am Marktmodell der neoklassischen Markttheorie, das bei der Schaffung oder Veränderung realer Märkte als Blaupause verwandt wird. Dieser Organisationsprozess kann mit oder ohne staatliche Beteiligung stattfinden. Callon sagt »Economics, in the broad sense of the term, performs, shapes and formats the economy.« In dieser Sicht ist klar, dass Märkte organisiert worden sind und sich nicht spontan herausbilden; Callon fährt fort: »der Markt setzt eine Organisation voraus, sodass man von einem organisierten Markt (und der möglichen Mannigfaltigkeit von Organisationsformen) sprechen muss, um die Vielfalt und Verteilung der kalkulierenden Agenturen zu berücksichtigen« (Callon 1998a: 3).

Die Idee der Performativität hat zur Untersuchung von Prozessen der Marktformierung geführt, bei denen die Akteure zusammenkommen und einen bestehenden Markt gestalten oder einen neuen einrichten. In diesem Prozess spielen die Ökonomen eine entscheidende Rolle (Guala 2007). Interessant an der Perspektive der Performativität ist, dass in ihrem Fokus die Profession der Ökonomen steht. Sozialwissenschaftler sollten diese Profession studieren, da sie das Wissen produziert, das die Akteure bei ihrer Konstruktion der Wirtschaft anwenden (Callon 1998a: 30). Soziologische Untersuchungen sollten daher »nicht einen komplexeren homo oeconomicus [hervorbringen], sondern die Einsicht in seine Simplizität und Dürftigkeit« (Callon 1998a: 50). Callons Haupt-anliegen ist nicht, den *homo oeconomicus* anzureichern oder zu ersetzen. Man sollte vielmehr untersuchen, wie diese Figur zustande kommt.

Callon betont die für die Märkte zentrale Rolle der ökonomischen Theorie. Wir ha-ben gesehen, dass die soziologische Literatur, mit Ausnahme der Arbeiten von White, der Tatsache, dass es unterschiedliche Formen von Märkten gibt, nicht genügend Auf-merksamkeit widmet. Das hat dazu geführt, dass Soziologen entweder Produzenten-märkte oder Finanzmärkte erforschen. Callon und seine Anhänger haben nur die Märkte untersucht, deren Organisation den Annahmen des neoklassischen Modells ent-sprechen; die Mehrheit der Märkte, die Produzentenmärkte sind, betrachten sie nicht. Es sei jedoch daran erinnert, dass nur ein sehr kleiner Teil dieser Märkte eine Geschichte hat, die dem ähnelt, was die Performativitäts-Literatur, mit Ausnahme von MacKenzie (2006), der auch Counter-Performativität erörtert, wieder und wieder erzählt: Zuerst haben wir eine Theorie, dann richten wir die Märkte entsprechen ein. Wir haben gese-hen, dass sich die Anfänge der neoklassischen Theorie bei Walras und Marshall eindeu-tig auf reale Märkte bezogen haben. Marshall bemerkte beispielsweise, dass »Börsen … das Muster [sind], nach dem Märkte geformt wurden und geformt werden, um mit vie-lerlei Produktarten zurechtzukommen, die leicht und exakt beschrieben werden kön-nen, transportierbar sind und allgemein nachgefragt werden« (Marshall 1961: 328). Die meisten Märkte wurden anderen Märkten nachgebildet oder haben ähnlich funktioniert wie die Märkte in der neoklassischen Theorie – sogar bevor diese Theorie richtig formu-liert worden war. So ist beispielsweise die Börse in Chicago der New Yorker Börse nach-gebildet (Merrill und Palyi 1938: 561, Fußnote 1). Bekannt ist außerdem, dass die Londo-ner Börse bereits 1712 »aktiv und organisiert« (Carruthers 1994: 170) war.

Marktschaffung und Kontrolle der Marktformen

Wir sind nun bereit, einige Ideen darüber zu formulieren, wie und wann wir erwarten können, dass Märkte organisiert sind, und wann sie eher das Resultat wechselseitiger Anpassung sind. Wenn Märkte sich nur selten spontan herausbilden, können sie dann sich selbst überlassen bleiben? Nach der Finanzkrise, die 2008 die Welt erschütterte, wird diese Frage von den meisten Leuten verneint. Ganz offensichtlich muss in allen Le-bensphären ein Minimum an Recht und Ordnung aufrechterhalten werden und sind für die Wirtschaft besondere Gesetze erforderlich. Der Staat muss alle Bereiche des so-zialen Lebens überwachen, aber was ist mit den Märkten? Es muss klar sein dass wir es hier mit zwei verschiedenen Dingen zu tun haben; das eine ist Regulierung von Geset-zen, Zugang zu Märkten und das andere ist unterschiedliche Formen von Regeln und von Konkurrenz, die nicht das Resultat einer politischen Entscheidung sind.

Die Politik spielt im Marktschaffungsprozess oft eine Rolle (Bourdieu 2005; Fligstein 2011). Das ist beispielsweise bei umkämpften Märkten wie Wohnungsmärkten der Fall, die zumindest in vielen europäischen Ländern reguliert worden sind. Es ist jedoch fast paradox, dass viele Ökonomen die spontane Herausbildung von Märkten unterstellen, dass aber der reale Markt, auf dem ihr Modell basiert, der wohl am stärksten organisierte ist. Alfred Marshall ist sich darüber im Klaren: »Die am stärksten organisierten Tauschprozesse sind die der Börsen« (1920: 256–257). Walras stimmt dem offensichtlich zu: »Die Märkte, die unter dem Gesichtspunkt der Konkurrenz am besten organisiert sind, sind jene, in denen Käufe und Verkäufe per Auktion erfolgen.[..] Auf diese Weise werden die Geschäfte an der Börse und auf Endverbrauchermärkten, Getreidemärkten, Fischmärkten etc. abgewickelt« (Walras 1954: 83–84).

Die Ordnung der in Börsenmärkten manifestierten Kombination aus Standardmärkten und Märkten mit Rollenwechsel erfordert vermutlich ein hohes Maß an Organisation. Alle Vorbedingungen für diese Art von Markt müssen im Wesentlichen auf organisierte Weise geschaffen werden und auch seine Kontrolle und Aufrechterhaltung bedarf der Organisation.

Märkt ohne Rollenwechsel, und vor allem Statusmärkte, können nicht vollständig durch Organisation geordnet werden. Das sieht man auf Produzentenmärkten, wie etwa den Märkten für modische Bekleidung. Produktdifferenzierung gehört auf diesen Märkten zum Wesen der Konkurrenz (Chamberlin 1953) und sie kann nicht organisiert werden; andernfalls hört sie auf, *Konkurrenz* zu sein. Darüber hinaus muss Status, wenn er nicht bloß durch eine durch Beschluss erzeugte Rangordnung ersetzt werden soll, das Ergebnis der Entscheidungen von Akteuren – Verkäufern wie Käufern – sein. Es ist somit zu erwarten, dass einige Märkte stark organisiert sind, während andere weniger oder zumindest anders organisiert sein müssen.

Die Kontrolle von Märkten folgt dem gleichen Muster. Es gibt zwei Aspekte der Kontrolle, die man auseinanderhalten sollte, nämliche passive und aktive Kontrolle. Passive Kontrolle bezieht sich auf das Rechtswesen und die Überwachung der Gesetzestreue, inklusive der Gesetze für Wirtschaft und Märkte. Aktive Kontrolle bezieht sich auf die Formatierung des Marktes und seiner Bedingungen, und es kann einen Bereich geben, in dem dies der Veränderung von Märkten gleichkommt.

Standardmärkte mit wechselnden Rollen, wie etwa eine Börse, brauchen viel Überwachung, während auf anderen Märkten, deren Ordnung durch Status geschaffen wird, gewöhnlich weniger Überwachung stattfindet. Merrill und Palyi (1938) zufolge ist umso mehr Organisation und Kontrolle nötig, je näher man dem durch Wettbewerb charakterisierten ›vollkommenen Markt‹ kommt. In diesem Fall wird Kontrolle über die gelisteten Firmen, über die Mitglieder (diejenigen, welche Handel betreiben) und durch die Regierung über die Börse ausgeübt. Abschließend sei gesagt, dass der Marktwettbewerb eine von vielen Formen ist, in der Akteure ihre Handlungen koordinieren können. Der Interessenkonflikt zwischen Akteuren im sozialen Leben und auf Märkten kann sie zu Netzwerkbeziehungen oder zu Organisationen innerhalb von Märkten treiben.

Marktwandel

Wie sollen wir Wandel auf Märkten erklären? Die Ideen der Marktschaffung und des Marktwandels hängen zwar zusammen, unterscheiden sich aber deutlich voneinander. Obwohl die meisten Märkte im Zeitablauf stabil sind (Burt 1988), schließt dies Wandel nicht aus. Veränderung ist eine graduelle Angelegenheit, und gewisse Veränderungen sind immer zu beobachten (Djelic und Quack 2007: 163–168). Beim Thema Marktwandel denkt man gewöhnlich an radikalen Wandel. Ein so verstandener Wandel auf einem Markt ist das Ergebnis von äußerem Druck – beispielsweise von Regulierungen –, kann aber auch auf eine unternehmerische Marktinnovation zurückgehen (Schumpeter 2000) oder von Marktakteuren gemeinsam organisiert werden. Der Wandel von Märkten und die Schaffung neuer Märkte beruhen auf menschlicher Interaktion, Unternehmertum, Wettbewerb und Kreativität (Schumpeter 2000; Stark 2009; Utterback und Abernathy 1975).

In diesem Buch haben wir auch gesehen, dass Unternehmer entweder Gelegenheiten auf Märkten ergreifen oder aber ihre besondere strukturelle Position zwischen verschiedenen Märkten nutzen können (Burt 1992), die es ihnen ermöglicht, aus ihrem Wissen über die auf verschiedenen Feldern herrschenden Bedingungen Profit zu schlagen. Dabei kann es sich um einen Akteur handeln, der, nachdem er sich eine zeitlang in einem Land aufgehalten hat, nach und nach Güter in ein anderes Land exportiert, in dem diese Güter noch nicht eingeführt worden sind. Zur Erklärung von Wandel und Dynamik auf Märkten müssen sowohl die Interpretationen der Akteure als auch ihre strukturelle Positionierung berücksichtigt werden; der in diesem Buch vorgestellte Begriff der Identität als ein Mittel der Reflexivität ist dieser Aufgabe angemessen.

Zusammenfassung

Gegenstand dieses Kapitels war die Art und Weise wie Märkte geschaffen werden. Dabei wurden die in den ersten sechs Kapiteln eingeführten Instrumente und Erkenntnisse angewandt. Im Unterschied zu unserer historischen Darstellung der Marktschaffung in Kapitel 3 haben wir in diesem Kapitel den Prozess der wechselseitigen Anpassung hervorgehoben. Das ist aus zwei Gründen geschehen, nämlich erstens, weil es wahrscheinlich ist, dass sich Märkte als ein nicht-intendiertes Resultat von Akteuren herausbilden, die sich in ihrem Verhalten wechselseitig aneinander anpassen, und, zweitens, weil die Idee, wie die Akteure in diesem Prozess ko-konstruiert werden, in der bisherigen Forschung ausgeklammert wird. Wir haben darauf hingewiesen, dass die organisierte Marktschaffung üblich ist, und dass die Schaffung von einigen Märkten mehr Organisation erfordert als die von anderen. Eine soziologische Annäherung an die spontane Marktschaffung muss die wechselseitige Konstitution und Schaffung des Marktes und der Identitäten der Marktakteure in die Betrachtung einbeziehen. Es ist natürlich möglich, dies weiter zu erörtern und detailliertere Hypothesen zu bilden (Aspers 2009a; Möllering 2009), und offensichtlich kann auch viel mehr zum Wandel im Allgemeinen gesagt werden und darüber, wie er mit der Dynamik von Märkten zusammenhängt (White 2002b).

Schlussfolgerungen und künftige Forschung   8

Dieses Buch ist bestrebt, Märkte zu verstehen und erklären. Das ist für Leute aus der Praxis interessant und wertvoll; allerdings werden die Fragen des Buches in einer wissenschaftlichen Perspektive gestellt. Wir haben uns zwar auf Alltagsbegriffe bezogen, wie etwa ›Konsumentenmarkt‹ und ›Rohstoffmarkt‹, aber das Ziel dabei war, diese Begriffe dem Untersuchungsgegenstand zuzuschlagen und mithilfe theoretischer Konzepte zu erklären. Nicht die Praktiker auf dem Markt brauchen abstraktes Wissen in Gestalt von Theorien, sondern die Sozialwissenschaftler. Ein qualifizierter Verkäufer muss auch nicht in der Lage sein, seinen Verkäuferkollegen oder seinen Kunden den Markt zu erklären. Dieses Buch geht allerdings davon aus, dass Akteure, die in Märkte involviert sind, von einem größeren Wissen über den Markt profitieren werden. Angesichts der zentralen Bedeutung von Märkten im heutigen gesellschaftlichen Lebenszusammenhang sollten die Regulatoren und die Kritiker der Märkte, aber auch die Laien etwas über Märkte wissen.

Wir haben in diesem Buch versucht, über die zahlreichen Texte hinauszugehen, die nur einen Überblick über die Forschung zu Märkten geben. Das geschah hauptsächlich, um der trostlosen Forschungslage abzuhelfen: »Das Studium des Marktverhaltens ist ein wesentliches Thema, wenn nicht das Hauptthema der Wirtschaftswissenschaft, wie wir sie kennen […] Doch wenn wir eine elementare Frage stellen wie – ›Was ist ein Markt‹? – werden wir kurz abgefertigt« (Hodgson 1988: 172). In dem gesamten Buch haben wir uns ausführlich mit dieser Frage befasst und sie auch beantwortet: Ein Markt ist eine soziale Struktur für den Austausch von Rechten, in dem angebotene Güter bewertet und mit einem Preis versehen werden und miteinander konkurrieren.

In diesem Schlusskapitel fassen wir kurz den Inhalt des Buches zusammen. Zuerst stellen wir fest, was wir wissen, und decken damit zugleich die blinden Flecken in der Literatur über Märkte auf. Das Buch endet mit einer Reihe abschließender Bemerkungen sowie einem Vorschlag, wie Märkte erforscht werden sollten, und stellt schließlich einige Ideen darüber vor, was noch zu tun bleibt.

Alltagsinteraktion und Märkte

Märkte sind für die meisten von uns, die wir den Globus bevölkern, ein integraler Bestandteil der Lebenswelt. Viele Arten von Ressourcen, die früher von Gruppen genutzt wurden, unterstehen heutzutage der Verfügung von Individuen und werden zunehmend in Geldgrößen gemessen. Märkte ersetzen allmählich andere Koordinationsmittel – auf Kosten von Netzwerken, aber auch von Hierarchien. Wenn Effizienz und Geldmaximierung zum ›Benchmark‹ für Märkte und Nicht-Märkte werden, kann man von einer Ökonomisierung unserer Alltagsinteraktionen sprechen.

Viele Soziologen haben unglücklicherweise die ökonomische Sicht akzeptiert, dass die Wirtschaft eine Arena rationalen Handelns ist, statt sie als eine Arena zu betrachten, die so sozial ist wie jede andere auch, aber einen anderen Gegenstand und Stil hat. Die Sichtweise dieses Buchs basiert demgegenüber auf dem Konzept der Identität und betrachtet Emotionen als integralen Bestandteil des menschlichen Handelns. Die Einbeziehung von Identität und Emotionen in den konzeptionellen Rahmen ist eine Möglichkeit, einen theoretischen Ausgangspunkt für eine soziologische Theorie des wirtschaftlichen Handelns zu schaffen.

Dieses Buch verfolgt die Linie, die unterschiedlichen Identitäten, die menschliche Wesen im sozialen Leben zugewiesen bekommen und selbst herstellen – inklusive der Identitäten im wirtschaftlichen Leben – in Beziehung zueinander zu setzen und als wesentlichen Bestandteil unseres Seins zu begreifen. Auf diese Weise ist die Verbindung von wirtschaftlichem Handeln mit Emotionen – eine Sicht, der jeder zustimmen kann, der einmal an wirklichen Auktionen beteiligt war (vgl. Smith 1989). Dieser Ansatz ist nicht der Psychologie verhaftet, da er davon ausgeht, dass die strukturelle Positionierung der Akteure ihr Sein konditioniert. Überdies haben mehrere Autoren in jüngerer Zeit versucht, Emotionen (Barbalet 2001) in die Wirtschaftssoziologie zu integrieren (z. B. Bandelj 2009a; Berezin 2009; Illouz 2008).

Verstehen und analytische Reflexion

Die Soziologie nimmt aufgrund ihrer Rolle, selbstreflexives Wissen zu erzeugen, in den Sozialwissenschaften einen Sonderplatz ein. Zwar streben alle Wissenschaften nach neuem Wissen, aber viele lassen den reflexiven Aspekt der Wissensproduktion außer Betracht. Genauer gesagt: Die meisten Wissenschaftler sind daran interessiert, Wissen zu produzieren, machen aber den Prozess der Wissensproduktion als solchen nicht zum

Gegenstand ihrer Theorieproduktion. Die Ökonomik ist vielleicht das schlagendste Beispiel für diese Unterlassung. Das formalisierte Wissen der Ökonomik hat wohl mehr dazu beigetragen die Welt zu formen als dazu, unser Verständnis der Welt zu fördern. Vor allem durch die Arbeit von Soziologen, die der langen, mit Marx einsetzenden, Tradition der Wissenssoziologie folgen, verstehen wir heute besser, wie dieses Wissen die Wirtschaft beeinflusst (Callon 1998b; MacKenzie 2006). Wir sollten allerdings nicht vergessen, dass frühen Ökonomen wie Keynes die Auswirkungen des wirtschaftswissenschaftlichen Denkens sehr wohl bewusst war: »die Ideen von Ökonomen und politischen Philosophen, ob richtig oder falsch, sind wirkungsmächtiger als gemeinhin gesehen« (Keynes 1973: 283).

Die ökonomische Theorie handelt von Märkten und wie sie funktionieren; unausgesprochen geht es aber auch darum, wie Märkte noch besser funktionieren können. Unserer Auffassung nach sollte das Ziel in erster Linie sein, Instrumente anzubieten, mit denen man Märkte verstehen kann. Dabei müssen wir zwar die Lebenswelt in die Betrachtung einbeziehen, brauchen aber ein theoretisches Instrumentarium für die Reflexion, da wir dafür nicht genau dieselben Instrumente und Konzepte verwenden können, die Gegenstand unserer Analyse sind. Wir haben uns in diesem Buch darum bemüht, Instrumente der Abstraktion und Reflexion anzubieten.

Dies ist eine Form der analytischen Reflexion, die auf der einen Seite ihren Gegenstand – die Märkte – auseinandernimmt und zu verstehen versucht und auf der anderen Seite über das in demselben Prozess erzeugte Wissen nachdenkt. Welche Konsequenzen hat nun das produzierte Wissen?

Was wissen wir?

Die Ausführungen in diesem Buch stützen sich auf die soziologische Forschung über Märkte, beziehen aber auch das von Anthropologen, Wirtschaftshistorikern und Geografen erzeugte Wissen ein. Dieses Wissen verlangt von uns, den Markt nicht auf einen Güter- und Dienstleistungsstrom zu reduzieren, sondern auch die Institutionen, die Markttransaktionen ermöglichen, in die Betrachtung einzubeziehen. Wir müssen also den Markt im Zusammenhang mit den formalen und informalen Institutionen der für ihn relevanten außermarktlichen Kultur analysieren. Und so haben wir zum Schluss untersucht wie Märkte mit anderen Formen der Koordination – hierarchischen Unternehmen und Netzwerken – zusammenhängen.

Einige Sachverhalte verdienen es, ausdrücklich hervorgehoben zu werden. Diese Untersuchung hat zweierlei gezeigt: Es gibt tatsächlich Elemente, die allem gemeinsam sind, was wir Märkte nennen, aber es gibt auch verschiedene Markttypen. Der letzte dieser beiden Aspekte ist sehr viel umstrittener als der erste, zumal wir nicht versucht haben, Märkte nach den gehandelten Gütern zu unterscheiden, wie es die Ökonomen tun.

Im Folgenden stellen wir kurz einige allgemeine Erkenntnisse der soziologischen For-schung über Märkte zusammen. Dabei handelt es sich nicht um eine vollständige Liste dessen, was wir über Märkte wissen.

1) Eine Einsicht der Soziologie war von allem Anfang an, dass Märkte Teil eines Größe-ren Ganzen sind. Diese Idee war auch ein leitender Gesichtspunkt in den Arbeiten von Parsons und Smelser (1956), deren Versuche zur Entwicklung einer umfassenden Theorie oft vergessen werden.[33]
2) Wir haben gezeigt, dass sich der Markt in seiner idealtypischen Form zwar von Netz-werken und hierarchischen Organisationen unterscheidet, dass wirkliche Märkte aber oft auf Netzwerke und Organisationen angewiesen sind. Viele Märkte sind or-ganisiert und oft werden Netzwerke gebraucht, um einen Markt in der Wirtschaft zu koordinieren.
3) Märkte sind großenteils das Ergebnis organisierter Bemühungen, aber es sei nicht vergessen, dass sie auch die Identitäten derer beeinflussen, die sich an der Markt-schaffung beteiligen.
4) Soziologen haben den Zusammenhang zwischen Märkten und Werten untersucht und verdeutlicht. Die Erörterung von Werten beinhaltet auch die Rolle von Politik und Ideologie. Dies war schon ein Leitthema in den Werken von Marx, Weber und Simmel.
5) Wir haben gezeigt, dass es viele verschiedene Formen von Märkten gibt.
6) Wir haben gesehen, dass Wirtschaftsakteure ein Interesse an der Schaffung von Monopolen haben. Der Staat strebt oft einen vollkommenen Markt an und die Kon-sumenten ziehen häufig die monopolistische Konkurrenz vor, um sich von anderen abzugrenzen.
7) Das Konzept der Identität ist näher an der Realität als das des ›ökonomischen Men-schen‹. Es hat Erklärungskraft und stellt eine Beziehung zwischen der Wirtschaft und der gesamten Existenz menschlicher Wesen, inklusive den Emotionen, her.

Wie man Märkte studiert – sieben Fragen

Auf der Grundlage unseres Wissens über Märkte können wir nun einen Ansatz für das Studium dessen skizzieren, was wir nicht über sie wissen. Wir haben hier nicht genü-gend Platz, um unseren Ansatz im Einzelnen durchzuspielen, aber unsere Fragen sind natürlich auch als Anleitung für jene gedacht, die existierende Märkte untersuchen wol-len. Der Ansatz nimmt einen einzelnen Markt als Ausgangspunkt, übersieht dabei aber nicht, dass Märkte ineinander eingebettet sind. Die folgenden Fragen sind pragmatisch geordnet und nicht logisch oder hierarchisch nach ihrer Wichtigkeit (da diese von der Forschungsfrage abhängt).

1) Was wird auf dem Markt gehandelt? (Vorbedingung 1)
2) Ist es ein Statusmarkt oder ein Standardmarkt?
3) Ist es ein Markt mit oder ohne Rollenwechsel?
4) Welche institutionellen Fundamente hat der Markt und welche Regeln gelten auf ihm? (Vorbedingung 2)
5) Wie werden auf dem Markt die Preise bestimmt? (Vorbedingung 3)
6) Was konstituiert die Umwelt des Marktes?
7) Ist der Markt das Ergebnis organisierter Bemühungen oder spontaner wechselseitiger Anpassungsprozesse von Akteuren?

Die Behandlung dieser Fragen ist in vielen Fällen, und unabhängig von der Untersuchungsfrage, ein erster Schritt zu einer empirischen Analyse zum Verständnis von Märkten.

Was bleibt zu tun?

Dieses Buch gibt einen Überblick über die Literatur zu Märkten, der sehr deutlich macht, dass es hier viele blinde Flecken gibt. Viele soziologische Texte über Märkte wurden nicht behandelt – und erst recht nicht Texte aus anderen Feldern. Wir haben vielmehr versucht, uns auf die Kernprobleme von Märkten zu konzentrieren. Es gibt natürlich viele andere Wissenschaftler, die relevante Aspekte von Märkten untersuchen; einschlägige Übersichten finden sich zum Beispiel bei Aldridge (2005), Fligstein (2011), Fligstein und Dauter (2007), Lie (1997), Plattner (1989), Slater und Tonkiss (2001) und Swedberg (1994, 2003, 2005b).

Jeder blinde Fleck sollte in ein Forschungsfeld verwandelt werden, damit wir mehr über Märkte lernen. Wir wollen diese Forschungsfelder kurz erwähnen und, über die bloße Forderung nach ›mehr Forschung‹ hinaus, einige konkrete Wege zur Verbesserung des gegenwärtigen Zustands aufzeigen. Es gibt, wie auch immer, eine Reihe allgemeiner Probleme und strategischer Anliegen, die von höchster Bedeutung für die Zukunft des ›Soziologie des Marktes‹ genannten Feldes sind.

An erster Stelle gilt es, die Theorie weiterzuentwickeln. Wir haben uns in diesem Buch auf den Fortschritt konzentriert, der während der vergangenen 30 Jahre in der soziologischen Forschung über Märkte zu verzeichnen ist. Die Anwendung der neoklassischen Ökonomik auf soziologische Marktstudien war zwar in den achtziger und neunziger Jahren ein Sprungbrett, ist aber inzwischen zu einem Hemmschuh für die Entwicklung originärer soziologischer Beiträge geworden. Die Soziologen befassen sich größtenteils mit den von Ökonomen definierten Problemen und versuchen bloß, den ›ökonomischen Menschen‹ und den Markt mit soziologischem ›Fleisch und Blut‹ zu versehen. Diese Zwangsjacke, zu der sich die Ökonomik für die Soziologen entwickelt hat, gilt es abzuwerfen. Eine soziologische Alternative muss auch die Prämissen

betrachten und in Frage stellen, die so lange die meisten soziologischen Forschungs-
arbeiten über Märkte geleitet haben. Das erfordert wahrscheinlich ein fundamentales
Umdenken, in dem viele unserer für selbstverständlich gehaltenen Annahmen in Frage
gestellt werden dürften. Im Folgenden nennen wir sieben Punkte oder Forschungsberei-
che, für die wir einen Bedarf an zusätzlicher Forschung sehen.

1) Im Grunde verstehen Ökonomen die Realität als eine objektive Entität, die von der
   sozialwissenschaftlichen Wissensproduktion getrennt und unbeeinflusst ist. Soziologen haben zwar begonnen, dieses Verständnis zu reflektieren, aber es könnte mehr
   getan werden.
2) Wirtschaftssoziologen haben zu zeigen versucht, dass das Handeln des ›ökonomischen Menschen‹ durch soziale Beziehungen beschränkt und konditioniert wird. Allerdings haben sich nur wenige von ihnen ernsthaft bemüht, den ›ökonomischen
   Menschen‹ komplett durch den ›sozialen Menschen‹ zu ersetzen. Wir haben in diesem Buch darauf hingewiesen, dass der Identitätsbegriff einen möglichen Ausgangspunkt für eine soziologisch fundierte Theorie des wirtschaftlichen Handelns bietet.
3) Der Arbeitsmarkt ist kein besonderer Markt. Die bisherige Arbeitsmarktforschung
   hat erstaunlich wenig theoretischen Fortschritt gemacht. Sie hat weitgehend das neoklassische Marktmodell übernommen. Dieses Buch bietet Instrumente an, die auch
   für die Analyse von Arbeitsmärkten genutzt werden könnten.
4) Globale Märkte sind von Soziologen noch nicht in dem Maße untersucht worden,
   wie sie es eigentlich verdienten.
5) Wir haben gesehen, wie Soziologen, die Finanzmärkte untersuchen, sich von denen
   separiert haben, die sich mit Produzentenmärkten befassen. In keinem dieser beiden
   Forschungsstränge wurde allerdings dem Geld genügend Aufmerksamkeit gewid-
   met. Geld ist in erster Linie das auf fast allen Märkten herrschende Transaktionsmit-
   tel, aber wir wissen wenig darüber, wie es sich auf die Markttransaktionen auswirkt.
   Wie sehr beeinflusst es den Wert, dass das Geld als Wertmaß fungiert? Welche Rolle
   spielt Geld bei der Ausbreitung von Märkten in andere Lebenssphären?
6) Der Mangel sowohl an Studien zur Beziehung zwischen Märkten und Nicht-Märkten als auch an den zum Verständnis dieser Beziehung erforderlichen Instrumenten
   stellt einen weiteren blinden Fleck bei der Erforschung von Märkten dar. Obwohl
   alle Märkte in die Lebenswelt eingebettet sind und die Umwelt eines Marktes aus der
   Arena der anderen Märkte besteht, in die er eingebettet ist, gibt es obendrein eine
   nicht-marktliche Umwelt. Wie können wir am besten die Kommunikationsbezie-
   hungen sowie die ›Wechselkurse‹ für Wertschätzung und Bewertung verstehen, die
   zwischen Märkten und außerhalb der Wirtschaft angesiedelten sozialen Formationen bestehen?
7) Ein anderes vernachlässigtes Forschungsfeld sind illegale Märkte. Bei diesem For-
   schungsgegenstand dürfte die Forschung höchstwahrscheinlich auch auf andere Koordinationsformen wie Netzwerke stoßen. Illegale Märkte sind nicht nur an sich

wichtig, sondern auch aus theoretischen Gründen. Welche Unterschiede sehen wir, wenn wir überhaupt Unterschiede sehen, beim Vergleich von illegalen und legalen Märkten?

Dieses Buch endet also mit neuen Fragen. Ich hoffe, dass das auch andere zum Studium der Märkte inspiriert.

Anmerkungen

1   In theoretischer Hinsicht ist es wichtig, die Zentralität der Eigentumsrechte zu begreifen, aber es ist genauso wichtig, die empirische Tatsache anzuerkennen, dass Eigentumsrechte nicht, wie es uns heute scheint, durch den Staat gewährleistet werden müssen. In einer Clan-Gesellschaft können das Familienoberhaupt oder die Clanchefs die Entscheidungen in allen möglichen Streitigkeiten samt den wirtschaftlichen Auseinandersetzungen treffen. In New York kodifizierte das Eigentumsrecht erst 1909 Börsentransaktionen als Handelsverträge (Preda 2009: 61–62). Natürlich wurde schon zuvor an der Börse gehandelt und gab es in dem System Regeln zur Durchsetzung von Eigentumsrechten, aber ohne dass der Staat eingriff. Vor dem zwanzigsten Jahrhundert regulierten sich Börsen im Wesentlichen selbst, wobei allerdings ihre Legitimität durch staatlich verliehene Monopole gesteigert wurde.

2   Bei Marktdefinitionen fehlt oft der Hinweis auf die Konkurrenz (Lindblom 2001), was es schwierig macht, eine brauchbare Unterscheidung zwischen Handel und Markt zu treffen.

3   In einem Produzentenmarkt für Fahrräder konkurrieren verschiedene Hersteller miteinander, da alle möchten, dass die Käufer ihre Produkte wählen. In diesem Fall hält der Wettbewerb an und ist nicht eingegrenzt oder an einen besonderen Kunden gebunden. Beim Wettbewerb um einen Gegenstand in einer Auktion gibt es nur einen Gewinner.

4   Im ganzen Buch habe ich für die Etymologie des Englischen den *Oxford English Dictionary (online)* benutzt.

5   Friedrich A. von Hayek 2003: Recht, Gesetz und Freiheit. Eine Neufassung der liberalen Grundsätze der Gerechtigkeit und der politischen Ökonomie. Tübingen: Mohr-Siebeck.

6   Carl Menger 1871: Grundsätze der Volkswirthschaftslehre. Wien: Braumüller.

7   Der Begriff ›Mensch‹ *(man)* oder ›ökonomischer Mensch‹ *(economic man)* wird benutzt, wenn wir uns auf die in der neoklassischen Ökonomik verwandte Idee des ›Menschen‹ *(man)* beziehen.

8   In der populationsökologischen Literatur, die untersucht, wie Populationen von Unternehmen in Wettbewerbsumwelten funktionieren, ist der aus der Biologie übernommene Begriff des Überlebens zentral (Caroll 1985; Greve 1996; Hannan und Freeman 1977). Diese Schule betont auch die Rolle der Anpassung von menschlichen Wesen und ihren Organisationen an die Umwelt.

9   Wenn Ungewissheit in Risiko verwandelt wird, ist es möglich, die Eintrittswahrscheinlichkeit von Ereignissen zu beziffern. Dafür müssen die Ursache-Wirkung-Beziehungen drei Bedingungen erfüllen: »(1) Gleichartigkeit der Fälle; (2) Gleichartigkeit im Zeitablauf; (3) und ausreichend viele Beobachtungen in der Vergangenheit« (Guseva und Rona-Tas 2001: 626). Es versteht sich von selbst, dass Berechenbarkeit die Bedingung der Vorhersage ist, obwohl die Differenz zwischen den beiden in gewissem Sinn semantischer Natur ist.

10 Soziogramme sind analytisch gesehen etwas anderes als Netzwerke, da sie nicht auf Gegenseitigkeit beruhen. Dass A gerne mit B befreundet sein möchte, bedeutet noch nicht einmal, dass B überhaupt von As Existenz weiß.

11 Obwohl man Granovetters Arbeit loben muss, geht seine Unterscheidung zwischen starken und schwachen Verbindungen an der Tatsache vorbei, dass nicht unbedingt die Strukturbeziehung (Häufigkeit und Dichte der Kontakte) der Grund dafür ist, dass Akteure die gleiche Information haben, sondern der Umstand, dass sie in der gleichen Domäne sind. Diese Idee ist Bestandteil der Simmel'schen Analyse.

12 Bronislaw Malinowski 1979: Argonauten des westlichen Pazifik. Ein Bericht über Unternehmungen und Abenteuer der Eingeborenen in den Inselwelten von Melanesisch-Neuguinea. Frankfurt am Main: Syndikat.

13 Neil Fligstein 2011: Die Architektur der Märkte. Wiesbaden: VS Verlag für Sozialwissenschaften.

14 Friedrich A. von Hayek 2007: Die Verwertung des Wissens in der Gesellschaft. In Friedrich A. von Hayek: Wirtschaftstheorie und Wissen. Aufsätze zur Erkenntnis- und Wissenschaftslehre, S. 57–70. Tübingen: Mohr-Siebeck.

15 So wird etwa auf die Unübersetzbarkeit des abstrakten Begriffs Markt in die Sprache und den Kontext des antiken Griechisch oder Latein hingewiesen (Finley 1973: 22).

16 Fernand Braudel 1990: Sozialgeschichte des 15.–18. Jahrhunderts. Band 2: Der Handel. München: Kindler.

17 Max Weber 1981: Wirtschaftsgeschichte. Abriß der universalen Sozial- und Wirtschaftsgeschichte. Aus den nachgelassenen Vorlesungen herausgegeben von S. Hellmann und M. Palyi. 4. Auflage. Berlin: Duncker & Humblot.

18 Der Einbettungsbegriff im ursprünglichen Polanyi'schen Sinn bezieht sich auf die Art und Weise, in der gewisse Güter, wie zum Beispiel Arbeit, in Waren verwandelt wurden. Dieser Begriff unterstellt, dass man Arbeit von anderen Aktivitäten trennen kann. Nach allem, was wir wissen, ist genau das fraglich. Wir sind der Auffassung, dass das soziale Leben ursprünglich ›religiös‹ war. Damit meinen wir, dass alle Aktivitäten Teil eines größeren Ganzen waren, das zur Gänze mithilfe von Begriffen interpretiert wurde, die wir heute ›religiös‹ nennen würden.

19 Max Weber 1972: Wirtschaft und Gesellschaft, 5. revidierte Auflage, Studienausgabe, Tübingen: J. C. B. Mohr.

20 *Economy and Sociology 1978*: S. 1214.

21 Max Weber 1920: Die protestantische Ethik und der Geist des Kapitalismus. In: Gesammelte Aufsätze zur Religionssoziologie Band I (S. 1–206), Tübingen: J. C. B. Mohr.

22 Friedrich A. von Hayek 1971: Der Weg zur Knechtschaft. Den Sozialisten in allen Parteien. Landsberg am Lech: Verlag moderne Industrie.

23 Stigler (1982): The Economists and the Problem of Monopoly, American Economic Review.

24 Die deutsche Übersetzung des Zitats wurde übernommen von Gebhard Kirchgässner (1991): Homo oeconomicus: Das ökonomische Modell individuellen Verhaltens und seine Anwendung in den Wirtschafts- und Sozialwissenschaften, Tübingen, S. 28. (Anm. der Ü.)

25 Obwohl Aspekte dieses Ansatzes im amerikanischen Pragmatimus zu finden sind (Beckert 2009a) haben sich nicht einmal Pragmatisten wie Mead ganz dem egologischen Ansatz entziehen können – zumindest, wenn man ihre Ideen den Heidegger'schen gegenüberstellt.

26 John Maynard Keynes 1936: Allgemeine Theorie der Beschäftigung, des Zinses und des Geldes. Berlin: Duncker & Humblot.

27 Verfügbar unter: <http://www.justice.gov/atr/public/guidelines/horiz_book/toc.html> (letzter Zugriff 25. Januar 2010).

28 Lügen und Betrugsversuche sind somit ›Teil des Spiels‹. Es kann sein, dass diese Logik von Leuten, die in der Basarökonomie verwurzelt sind, auch in westlichen Ländern angewandt wird und eine mögliche Ursache von widerstreitenden Geschäftskulturen ist.

29 Damit soll nicht bestritten werden, dass einige Makler vielleicht vertrauenswürdiger sind als andere, und gewiss wird ein Wohnungsmakler, der normalerweise Spitzenimmobilien vermittelt, auch weniger luxuriösen Immobilien ein gewisses Flair verleihen. Allerdings wird dieser ›Effekt‹ nach dem Verkauf nicht lange anhalten und den Preis wahrscheinlich nicht sehr beeinflussen.

30 Peter L. Berger/Thomas Luckmann 1991: Die gesellschaftliche Konstruktion der Wirklichkeit. Eine Theorie der Wissenssoziologie, Frankfurt am Main: Fischer.

31 Adam Smith 2009: Der Wohlstand der Nationen. Eine Untersuchung seiner Natur und seiner Ursachen. 12. Auflage, München: dtv.

32 Robert Nozick o. J., Anarchie, Staat, Utopia. München: Moderne Verlagsgesellschaft.

33 David Stark behauptet unter Bezugnahme auf Olav Velthuis, dass Parsons einen Pakt mit den Ökonomen schloss (Stark 2009: 7), demzufolge die Ökonomen den Preis und die Soziologen die Werte (die soziale Struktur, in die das wirtschaftliche Handeln eingebettet ist) untersuchen. Obwohl wir uns darin einig sind, dass wir Soziologen die Werte nicht so gründlich studiert haben, wie wir eigentlich sollten, widerspricht Parsons' (1956) eigenes Werk dieser Idee, als Parsons nicht die soziologische Analyse von Werten vernachlässigt hat.

Literatur

Abolafia, Mitchel. 1996. *Making Markets*. Cambridge MA: Harvard University Press.

Ahrne, Göran. 1994. *Social Organizations. Interaction Inside, Outside and Between Organizations*. London: Sage.

Ahrne, Göran and Nils Brunsson. 2008. *Meta-Organizations*. Cheltenham: Edward Elgar.

Akerlof, George. 1970. »The Market for ›Lemons‹: Quality Uncertainty and the Market Mechanism.« *Quarterly Journal of Economics* 84: 488–500.

Akerlof, George and Rachel Kranton. 2000. »Economics and Identity.« *Quarterly Journal of Economics* 105: 715–53.

Akerlof, George A. and Rachel E. Kranton. 2002. »Identity and Schooling: Some Lessons for the Economics of Education.« *Journal of Economic Literature* 40: 1167–1201.

Akerlof, George A. and Rachel E. Kranton. 2005. »Identity and the Economics of Organization.« *Journal of Economic Perspectives* 19: 9–32.

Akerlof, George A. and Rachel E. Kranton. 2010. *Identity Economics: How Our Identities Shape Our Work, Wages, and Well-being*. Princeton, NJ: Princeton University Press [dt.: Identity Economics. Warum wir ganz anders ticken, als die meisten Ökonomen denken. München: Hanser, 2011].

Aldridge, Alan 2005. *The Market*. Cambridge: Polity.

Almeling, Rene. 2007. »Selling Genes, Selling Gender: Egg Agencies, Sperm Banks, and the Medical Market in Genetic Material.« *American Sociological Review* 72: 319–40.

Arrow, Kenneth. 1974. *The Limits of Organization*. New York: W. W. Norton & Company [dt.: Wo Organisation endet. Management an den Grenzen des Machbaren. Wiesbaden: Gabler, 1980].

Aspers, Patrik. 2001. »A Market in Vogue, Fashion Photography in Sweden.« *European Societies* 3: 1–22.

Aspers, Patrik. 2006. *Markets in Fashion, A Phenomenological Approach*. London: Routledge.

Aspers, Patrik. 2009a. *How Are Markets Made?* Cologne: Max Planck Institute for the Study of Society, Working Paper 3/09.

Aspers, Patrik. 2009b. »Knowledge and Value in Markets.« *Theory and Society* 38: 111–31.

Aspers, Patrik. 2010. *Orderly Fashion: A Sociology of Markets*. Princeton, NJ: Princeton University Press.

Aspers, Patrik, Sebastain Kohl, Jesper Roine, and Philippe Wichard. 2008. »An Economic Sociological Look at Economics.« *Economic Sociology: The European Electronic Newsletter* 9: 5–15.

Augustsson, Fredrik. 2005. *They Did It: The Formation of Interactive Media Production of Sweden*. Stockholm: National Institute for Working Life.

Azarian, Reza. 2003. *The General Sociology of Harrison White*. Stockholm: Department of Sociology, Stockholm University.

Backhouse, Roger. 1996. »Economics is a Historical Process.« In *Foundations of Research in Economics: How Do Economists Do Science?*, ed. S. Medema and W. Samules. Cheltenham: Edward Elgar, pp. 7–17.

Baker, Wayne E. 1984. »The Social Structure of a National Securities Market.« *The American Journal of Sociology* 89: 775–811.

Baker, Wayne E. 1990. »Market Networks and Corporate Behavior.« *The American Journal of Sociology* 96: 589–625.

Baker, Wayne and Robert Faulkner. 1993. »The Social Organization of Conspiracy: Illegal Networks in the Heavy Electrical Equipment Industry.« *American Sociological Review* 58: 837–60.

Baker, Wayne E., Robert R. Faulkner, and Gene A. Fisher. 1998. »Hazards of the Market: The Continuity and Dissolution of Interorganizational Market Relationships.« *American Sociological Review* 63: 147–77.

Bal, Venkatesh and Sanjeev Goyla. 1994. »The Birth of a New Market.« *The Economic Journal* 104: 282–90.

Bandelj, Nina. 2009a. »Emotions in Economic Action and Interaction.« *Theory and Society* 38: 347–66.

Bandelj, Nina 2009b. »The Global Economy as Instituted Process: The Case of Central and Eastern Europe.« *American Sociological Review* 74: 128–49.

Barbalet, Jack. 2001. *Emotion, Social Theory, and Social Structure, A Macrosociological Approach*. Cambridge: Cambridge University Press.

Barry, Andrew and Don Slater. 2005. *The Technological Economy*. London: Routledge.

Beckert, Jens. 1996. »What is Sociological about Economic Sociology? Uncertainty and the Embeddedness of Economic Action.« *Theory and Society* 25: 803–40.

Beckert, Jens. 2006. »The Ambivalent Role of Morality in Markets.« In *The Moralization of the Markets*, ed. N. Stehr, C. Henning, and B. Weiler. New Brunswick, NJ: Transaction Publishers, pp. 109–28.

Beckert, Jens. 2007. *The Great Transformation of Embeddedness: Karl Polanyi and the New Economic Sociology. MPIfG Discussion Paper 07/1*. Cologne: Max Planck Institute for the Study of Societies.

Beckert, Jens. 2009a. *Pragmatismus und wirtschaftliches Handeln. MPIfG Working Paper 09/4*. Cologne: Max-Planck-Institut für Gesellschaftsforschung.

Beckert, Jens. 2009b. »The Social Order of Markets.« *Theory and Society* 38: 245–69.

Beckert, Jens and Mark Lutter. 2009. »The Inequality of Fair Play: Lottery Gambling and Social Stratification in Germany.« *European Sociological Review* 25: 475–88.

Beckert, Jens and Jörg Rössel. 2004. »Reputation als Mechanismus der Reduktion von Ungewissheit am Kunstmarkt.« *Kölner Zeitschrift für Soziologie und Sozialpsychologie* 56: 32–50.

Bell, Daniel. 1979. *The Cultural Contradictions of Capitalism*. London: Heinemann [dt.: Die kulturellen Widersprüche des Kapitalismus. Frankfurt am Main und New York: Campus, 1991].

Benjamin, Walter. 2002. *The Arcades Project*. Cambridge, MA: Harvard University Press [dt.: Das Passagen-Werk (2 Bde., hrsg. von Rolf Tiedemann). Frankfurt am Main: Suhrkamp, 1983].

Berezin, Mabel. 2009. »Exploring Emotions and the Economy: New Contributions from Sociological Theory.« *Theory and Society* 38: 335–46.

Berger, Peter and Thomas Luckmann. [1966] 1991. *The Social Construction of Reality: A Treatise in the Sociology of Knowledge*. London: Penguin Books [dt.: Die gesellschaftliche Konstruktion der Wirklichkeit. Eine Theorie der. Wissenssoziologie. Frankfurt am Main: Fischer, 1991].

Bernstein, Lisa. 1992. »Opting out of the Legal System: Extralegal Contractual Relations in the Diamond Industry.« *The Journal of Legal Studies* 21: 115–57.

Beunza, Daniel and David Stark. 2003. »The Organization of Responsiveness: Innovation and Recovery in the Trading Rooms of Lower Manhattan.« *Socio-Economic Review* 1: 135–64.

Birtwistle, Grete and Linda Shearer. 2001. »Consumer Preference of Five UK Fashion Retailers.« *Journal of Fashion Marketing and Management* 5: 9–18.

Blaug, Mark. 1992. *The Methodology of Economics: How Economists Explain*. Cambridge: Cambridge University Press.

Boltanski, Luc and Laurent Thévenot. 2006. *On Justification, Economies of Worth*. Princeton, NJ: Princeton University Press [dt.: Über die Rechtfertigung. Eine Soziologie der kritischen Urteilskraft. Hamburg: Hamburger Edition, 2007].

Boone, Christophe, Arjen van Witteloostuijn, and Glenn R. Carroll. 2002. »Resource Distributions and Market Partitioning: Dutch Daily Newspapers, 1968 to 1994.« *American Sociological Review* 67: 408–31.

Booth, William James. 1994. »Household and Market: On the Origins of Moral Economic Philosophy.« *The Review of Politics* 56: 207–35.

Bourdieu, Pierre. 1977. *Outline of a Theory of Practice*. Cambridge: Cambridge University Press [dt.: Entwurf einer Theorie der Praxis auf der ethnologischen Grundlage der kabylischen Gesellschaft. Frankfurt am Main: Suhrkamp, 1976].

Bourdieu, Pierre. 1984. *Distinctions: A Social Critique of the Judgement of Taste*. Cambridge, MA: Harvard University Press [dt.: Die feinen Unterschiede. Kritik der gesellschaftlichen Urteilskraft. Frankfurt am Main, 1982].

Bourdieu, Pierre. 1990. *The Logic of Practice*. Cambridge: Polity [dt.: Sozialer Sinn. Kritik der theoretischen Vernunft. Frankfurt am Main: Suhrkamp, 1987].

Bourdieu, Pierre. 1996. *The Rules of Art, Genesis and Structure of the Literary Field*. Stanford, CA: Stanford University Press [dt.: Die Regeln der Kunst. Genese und Struktur des literarischen Feldes. Frankfurt am Main: Suhrkamp, 1999].

Bourdieu, Pierre. 2005. *The Social Structures of the Economy*. Cambridge: Polity.

Bowles, Samuel and Herbert Gintis. 2000. »Walrasian Economics in Retrospect.« *The Quarterly Journal of Economics* 115: 1411–39.

Boyer, Robert. 1990. *The Regulation School: A Critical Introduction*. New York: Columbia University Press.

Braudel, Fernand. 1982. *Civilization and Capitalism 15th–18th Century, Volume II, The Wheels of Commerce*. London: Fontana Press [dt.: Sozialgeschichte des 15.–18. Jahrhunderts. Band 2: Der Handel. München: Kindler, 1986].

Braudel, Fernand. 1992. *Civilization and Capitalism 15th–18th Century, Volume II, The Wheels of Commerce*. Berkeley, CA: University of California Press [dt.: Sozialgeschichte des 15.–18. Jahrhunderts. Band 2: Der Handel. München: Kindler, 1990].

Britnell, R. H. 1978. »English Markets and Royal Administration before 1200.« *The Economic History Review* 31: 183–96.

Brooks, Geoffrey. 1995. »Defining Market Boundaries.« *Strategic Management Journal* 16: 535–49.

Brunsson, Nils, et al.. 2000. *A World of Standards*. Oxford: Oxford University Press.

Burt, Ronald S. 1988. »The Stability of American Markets.« *The American Journal of Sociology* 94: 356–95.

Burt, Ronald. 1992. *Structural Holes, The Social Structure of Competition*. Cambridge, MA: Harvard University Press.

Burt, Ronald S. and Debbie S. Carlton. 1989. »Another Look at the Network Boundaries of American Markets.« *The American Journal of Sociology* 95: 723–53.

Calıskan, Koray and Michel Callon. 2009. »Economization, Part 1: Shifting Attention from the Economy Eowards Processes of Economization.« *Economy and Society* 38: 369–98.

Callon, Michel. 1998a. »Introduction: The Embeddedness of Economic Markets in Economics.« in M. Callon, ed., *The Laws of the Market*, pp. 1–58.

Callon, Michel. 1998b. *The Laws of the Market*. Oxford: Blackwell.

Callon, Michel and Fabian Muniesa. 2005. »Economic Markets as Calculative Collective Devices.« *Organization Studies* 26: 1229–50.

Callon, Michel, Yuval Millo, and Fabian Muniesa. 2007. *Market Devices*. Oxford: Blackwell.

Carroll, Glenn R. 1985. »Concentration and Specialization: Dynamics of Niche Width in Populations of Organizations.« *The American Journal of Sociology* 90: 1262–83.

Carroll, Glenn R. 1993. »A Sociological View on Why Firms Differ.« *Strategic Management Journal* 14: 237–49.

Carroll, Glenn R. and Anand Swaminathan. 2000. »Why the Microbrewery Movement? Organizational Dynamics of Resource Partitioning in the U.S. Brewing Industry.« *The American Journal of Sociology* 106: 715–62.

Carruthers, Bruce. 1994. »*Homo Economicus* and *Homo Politicus*: Non-Economic Rationality in the Early 18th Century London Stock Market.« *Acta Sociologica* 37: 165–94.

Carruthers, Bruce. 2005. »The Sociology of Money and Credit.« In *Handbook of Economic Sociology*, ed. N. Smelser and R. Swedberg. Princeton, NJ: Princeton University Press, pp. 354–74.

Carruthers, Bruce and Laura Ariovich. 2004. »The Sociology of Property Rights.« *Annual Review of Sociology* 30: 23–46.

Chamberlin, Edward. 1948. *The Theory of Monopolistic Competition, A Re-orientation of the Theory of Value*. Cambridge, MA: Harvard University Press.

Chamberlin, Edward. 1953. »The Product as an Economic Variable.« *Quarterly Journal of Economics* 67: 1–29.

Coase, R. H. 1937. »The Nature of the Firm.« *Economica* 4: 386–405.

Coase, R. H. 1988. *The Firm, The Market, and The Law*. Chicago, IL: Chicago University Press.

Commons, John. 1909. »American Shoemakers, 1648–1895: A Sketch of Industrial Evolution.« *The Quarterly Journal of Economics* 24: 39–84.

Dalton, George and Paul Bohannan. 1971. »Markets in Africa: Introduction.« In *Economic Anthropology and Development, Essays on Tribal and Peasant Economies*, ed. G. Dalton. London: Basic Books, pp. 143–66.

Darr, Asaf. 2006. *Selling Technology, The Changing Shape of Sales in an Information Economy*. Ithaca, NY: Cornell University Press.

Darr, Asaf and Limor Zer-Gutman. 2007. »Lawyers, Public Relations and the Media: A Changing Barter Economy within a Community of Practioce.« *International Journal of the Legal Profession* 14: 215–35.

Djelic, Marie-Laure and Sigrid Quack. 2007. »Overcoming Path Dependency: Path Generation.« *Theory and Society* 36: 161–86.

Dodd, Nigel. 2005. »Reinventing Monies in Europe.« *Economy and Society* 34: 558–83.

Durkheim, Émile. 1984. *The Division of Labour in Society*. London: Macmillan [dt.: Über die Teilung der sozialen Arbeit. Frankfurt am Main: Suhrkamp, 1977].

Durkheim, Émile. 1992. *Suicide a Study in Sociology*. London: Routledge [dt.: Der Selbstmord. Neuwied/Berlin: Luchterhand, 1973].

Earl, Timothy. 2000. »Archeology, Property and Prehistory.« *Annual Review of Anthropology* 29: 39–60.

Eighmy, Thomas H. 1972. »Rural Periodic Markets and the Extension of an Urban System: A Western Nigeria Example.« *Economic Geography* 48: 299–315.

Emirbayer, Mustafa. 1997. »Manifesto for a Relational Sociology.« *American Journal of Sociology* 103: 281–317.

Entwistle, Joanne. 2002. »The Aesthetic Economy: The Production of Value in the Field of Fashion Modeling.« *Journal of Consumer Culture* 2: 317–40.

Entwistle, Joanne. 2009. *The Aesthetic Economy of Fashion: Markets and Value in Clothing and Modelling*. Oxford: Berg.

Etzioni, Amitai. 1988. *The Moral Dimension*. New York: The Free Press [dt.: Die faire Gesellschaft. Jenseits von Sozialismus und Kapitalismus. Frankfurt am Main: Fischer, 1996].

Faulkner, Robert. 1971. *Hollywood Studio Musicians, Their Work and Careers in the Recording Industry*. Chicago, IL: Aldine Atherton.

Faulkner, Robert. 1983. *Music on Demand. Composers and Careers in the Hollywood Film Industry*. New Brunswick, NJ: Transaction Books.

Faulkner, Robert R. and Andy B. Anderson. 1987. »Short-Term Projects and Emergent Careers: Evidence from Hollywood.« *The American Journal of Sociology* 92: 879–909.

Favereau, Olivier, Olivier Biencourt, and Francois Eymard-Duvernay. 2002. »Where do Markets Come From? From (Quality) Conventions!« In *Conventions and Structures in Economic Organization: Markets, Networks and Hierarchies*, ed. Olivier Favereau and E. Lazega. Cheltenham: Edward Elgar, pp. 213–52.

Fevre, Ralph. 2003. *The New Sociology of Economic Behaviour*. London Sage.

Fine, Ben and Ellen Leopold. 1993. *The World of Consumption*. London: Routledge.

Finley, Moses. 1973. *The Ancient Economy*. London: Chatto and Windus [dt.: Die antike Wirtschaft. München: dtv, 1977].

Fiss, Peer and Mark Kennedy. 2008. *Of Porkbellies and Professions: Market Framing and the Creation of Online Advertising Exchange*. Working Paper. Los Angeles, CA: University of Southern California.

Fligstein, Neil. 2001. *The Architecture of Markets, An Economic Sociology for the Twenty-First Century Capitalist Societies*. Princeton, NJ: Princeton University Press [dt.: Die Architektur der Märkte. Wiesbaden: VS Verlag für Sozialwissenschaften, 2011].

Fligstein, Neil. 2008. *Euroclash, The EU, European Identity, and the Future of Europe*. Oxford: Oxford University Press.

Fligstein, Neil and Luke Dauter. 2007. »The Sociology of Markets.« *Annual Review of Sociology* 33: 105–28.

Fligstein, Neil and Iona Mara-Drita. 1996. »How to Make a Market: Reflections on the Attempt to Create a Single Market in the European Union.« *The American Journal of Sociology* 102: 1–33.

Foucault, Michel. 2002. *The Order of Things: An Archaeology of the Human Sciences*. London: Routledge [dt.: Die Ordnung der Dinge. Eine Archäologie der Humanwissenschaften. Frankfurt am Main: Suhrkamp, 1971].

Fourcade, Marion. 2009. *Economists and Societies: Discipline and Profession in the United States, Britain and France, 1890s–1990s*. Princeton, NJ: Princeton University Press.

Gadamer, Hans Georg. 1990. *Wahrheit und Methode, Grundzüge einer philosophischen Hermeneutik, Band 1, Hermeneutik*. Tübingen: J. C. B. Mohr.

Gambetta, Diego. 1996. *The Sicilian Mafia: The Business of Private Protection*. Cambridge, MA: Harvard University Press [dt.: Die Firma der Paten. Die sizilianische Mafia und ihre Geschäftspraktiken. München: dtv, 1994].

Garcia-Parpet, Marie-France. 2007. »The Social Construction of a Perfect Market, The Strawberry Auction at Fontaines-en-Sologne.« In D. MacKenzie, F. Muniesa, and L. Siu, eds, *Do Economists Make Markets? On the Performativity of Economics*. Princeton, NJ: Princeton University Press, pp. 20–53.

Garud, Raghu, Cynthia Hardy, and Steve Maguire. 2007. »Institutional Entrepreneurship as Embedded Agency: An Introduction to the Special Issue.« *Organization Studies* 28: 957–69.

Geertz, Clifford. 1963. *Peddlers and Princes, Social Change and Economic Modernization in Two Indonesian Towns*. Chicago, IL: Chicago University Press.

Geertz, Clifford. 1992. »The Bazaar Economy: Information and Search in Peasant Marketing.« In M. Granovetter and R. Swedberg, eds, *The Sociology of Economic Life*. Boulder, CO: Westview Press, pp. 225–32.

Gemici, Kurtulus. 2008. »Karl Polanyi and the Antinomies of Embeddedness.« *Socio-Economic Review* 6: 5–33.

Gereffi, Gary, John Humphrey, and Timothy Sturgeon. 2005. »The Governance of Global Value Chains.« *Review of International Political Economy* 12: 78–104.

Glamann, Kristof. 1977. »The Changing Pattern of Trade.« In E. E. Rich and C. H. Wilson, eds, *The Cambridge Economic History, Volume V, The Economic Organization of Early Modern Europe*. Cambridge: Cambridge University Press, pp. 185–289.

Goffman, Erving. 1968. *Stigma, Notes on the Management of Spoiled Identity*. Harmondsworth: Penguin Books [dt.: Stigma. Über Techniken der Bewältigung beschädigter Identität. Frankfurt am Main: Suhrkamp, 1975].

Goffman, Erving. 1974. *Frame Analysis, An Essay on the Organization of Experience*. Cambridge, MA: Harvard University Press [dt.: Rahmen-Analyse. Ein Versuch über die Organisation von Alltagserfahrungen. Frankfurt am Main: Suhrkamp, 1977].

Granovetter, Mark. 1974. *Getting a Job, A Study of Contacts and Careers*. Cambridge, MA: Harvard University Press.

Granovetter, Mark. 1985. »Economic Action and Social Structure: The Problem of Embeddedness.« *American Journal of Sociology* 91: 481–510.

Granovetter, Mark. 1992. »Economic Institutions as Social Framework for Analysis.« *Acta Sociologica* 35: 3–11.

Granovetter, Mark. 2007. »The Social Construction of Corruption.« In V. Nee and R. Swedberg, eds, *On Capitalism*. Stanford, CA: Stanford University Press, pp. 152–72.

Greenfeld, Liah. 2001. *The Spirit of Capitalism, Nationalism and Economic Growth*. Cambridge, MA: Harvard University Press.

Greenwood, Royston and Roy Suddaby. 2006. »Institutional Entrepreneurship in Mature Fields: The Big Five Accounting Firms.« *Academy of Management Journal* 49: 27–48.

Greve, Henrich R. 1996. »Patterns of Competition: The Diffusion of a Market Position in Radio Broadcasting.« *Administrative Science Quarterly* 41: 29–60.

Grimm, Jacob and Wilhelm Grimm. 1971. *Deutsches Wörterbuch*. Leipzig: Deutsche Forschungsgemeinschaft.

Gronow, Jukka. 2003. *Caviar with Champagne: Common Luxury and the Ideals of the Good Life in Stalin's Russia*. Oxfrod: Berg.

Guala, Francesco. 2007. »How To Do Things with Experimental Economics.« In D. MacKenzie, F. Muniesa, and L. Siu, eds, *Do Economists Make Markets? On the Performativity of Economics*, 128–62. Princeton, NJ: Princeton University Press.

Gupta, Anil K. and Lawrence J. Lad. 1983. »Industry Self-Regulation: An Economic, Organizational, and Political Analysis.« *The Academy of Management Review* 8: 416–25.

Guseva, Alya and Akos Rona-Tas. 2001. »Uncertainty, Risk and Trust: Russian and American Credit Card Markets Compared.« *American Sociological Review* 66: 623–46.

Habermas, Jürgen. 1984. *Theory of Communicative Action, Volume One, Reason and the Rationalization of Society*. Cambridge: Polity [dt.: Theorie des kommunikativen Handelns. Bd. 1: Handlungsrationalität und gesellschaftliche Rationalisierung. Frankfurt am Main: Suhrkamp, 1981].

Hall, Peter and David Soskice. 2001. *Varieties of Capitalism, The Institutional Foundations of Comparative Advantages*. Oxford: Oxford University Press.

Hann, Chris and Keith Hart. 2009. *Market and Society: The Great Society Today*. Cambridge: Cambridge University Press.

Hannan, Michael T. and John Freeman. 1977. »The Population Ecology of Organizations.« *The American Journal of Sociology* 82: 929–64.

Hannan, Michael, Glenn Carroll, and Laszlo Polos. 2003. »The Organizational Niche.« *Sociological Theory* 21: 309–40.

Harrington, Brooke. 2008. *Pop Finance: Investment Clubs and the New Investor Populism*. Princeton, NJ: Princeton University Press.

Hasselström, Anna. 2003. *On and Off the Trading Floor, An Inquiry into the Everyday Fashioning of Financial Market Knowledge*. Stockholm: Department of Social Anthropology, Stockholm University.

Hassoun, Jean-Pierre. 2005. »Emotions on the Trading Floor: Social and Symbolic Expressions.« In K. Knorr Cetina and A. Preda, eds, *The Sociology of Financial Markets*. Oxford: Oxford University Press, pp. 102–20.

Hatch, Mary and Majken Schultz. 2004. *Organizational Identity, A Reader*. Oxford: Oxford University Press.

Hausman, Daniel. 1992. *The Inexact and Separate Science of Economics*. Cambridge: Cambridge University Press.

Haveman, Heather A. 1993. »Follow the Leader: Mimetic Isomorphism and Entry Into New Markets.« *Administrative Science Quarterly* 38: 593–627.

Hayek, Friederich. 1975. »The Pretence of Knowledge.« *The Swedish Journal of Economics* 77: 433–42.

Hayek, Friedrich. 1991. *The Road To Serfdom*. London: Routledge [dt.: Der Weg zur Knechtschaft. Den Sozialisten in allen Parteien. Landsberg am Lech: Verlag moderne Industrie, 1971].

Hayek, Friedrich von. 1945. »The Use of Knowledge in Society.« *The American Economic Review* 35: 519–30 [dt.: Die Verwertung des Wissens in der Gesellschaft. In: Friedrich A. von Hayek: Wirtschaftstheorie und Wissen. Aufsätze zur Erkenntnis- und Wissenschaftslehre. Tübingen: Mohr Siebeck, S. 57–70, 2007].

Hayek, Friedrich von. 1973. *Law, Legislation and Liberty, A New Statement of the Liberal Principles of Justice and Political Economy, Volume 1, Rules and Order*. Chicago, IL: University of Chicago Press [dt.: Recht, Gesetz und Freiheit. Eine Neufassung der liberalen Grundsätze der Gerechtigkeit und der politischen Ökonomie. Tübingen: Mohr-Siebeck, 2003].

Hayek, Friedrich von. 1976. *Law, Legislation and Liberty, A New Statement of the Liberal Principles of Justice and Political Economy, Volume 2, The Mirage of Social Justice*. Chicago, IL: University of Chicago Press [dt.: Recht, Gesetz und Freiheit. Eine Neufassung der liberalen Grundsätze der Gerechtigkeit und der politischen Ökonomie. Tübingen: Mohr-Siebeck, 2003].

Hayek, Friedrich von. 1988. *The Collected Works of Friedrich August Hayek, Volume I, The Fatal Conceit, The Errors of Socialism*. London: Routledge [dt.: Die verhängnisvolle Anmaßung. Die Irrtümer des Sozialismus. Tübingen: Mohr-Siebeck, 2011].

Healy, Kieran. 2006. *Last Best Gifts, Altruism and the Market for Human Blood and Organs*. Chicago, IL: Chicago University Press.

Hedeager, Lotte. 1994. »Warrior Economy and Trading Economy in Viking-Age Scandinavia.« *Journal of European Archeology* 2: 130–47.

Heidegger, Martin. 2001a. *Einleitung in die Philosophie, Gesamtausgabe, II. Abteilung: Vorlesungen, Band 27*. Frankfurt am Main: Vittorio Klostermann.

Heidegger, Martin. 2001b. *Sein und Zeit*. Tübingen: Max Niemeyer Verlag.

Hellman, Kai-Uwe. 2007. »Bewegung im Markt.« *Berliner Journal für Soziologie* 17: 511–29.

Hirsch, Paul. 1992. »Processing Fads and Fashions: An Organization-Set Analysis of Cultural Industry Systems.« In M. Granovetter and R. Swedberg, eds, *The Sociology of Economic Life*. Boulder, CO: Westview Press, pp. 363–83.

Hirschman, Albert. 1986. *Rival Views of Market Society and Other Essays*. New York: Elisabeth Sifton Books.

Hobbes, Thomas. 1968. *Leviathan*. London: Penguin Books [dt.: Leviathan oder Stoff, Form und Gewalt eines kirchlichen und bürgerlichen Staates. Frankfurt am Main: Suhrkamp, 1984].

Hodgson, Geoffrey. 1988. *Economics and Institution: A Manifesto for a Modern Institutional Economics*. Cambridge: Polity.

Hogdson, Geoffrey. 1996. *Economics and Evolution, Bringing Life Back into Economics*. Ann Arbor, MI: University of Michigan Press.

Hodgson, Geoffrey. 2007. »The Revival of Veblenian Institutional Economics.« *Journal of Economic Issues* XLI: 325–40.

Holm, Petter. 2008. »Which Way is Up on Callon.« In D. MacKenzie, F. Muniesa, and L. Siu, eds, *Do Economists Make Markets? On the Performativity of Economics*. Princeton, NJ: Princeton University Press, pp. 225–43.

Illouz, Eva. 2008. *Saving the Modern Soul. Therapy, Emotions, and the Culture of Self-Help*. Berkeley, CA: University of California Press [dt.: Die Errettung der modernen Seele. Therapien, Gefühle und die Kultur der Selbsthilfe. Berlin: Suhrkamp, 2011].

Ingram, Paul and Peter Roberts. 2000. »Friendship among Competitors in the Sydney Hotel Industry.« *American Journal of Sociology* 106: 342–87.

Jeggle, Christof 2009. »Leinenherstellung und regionale Migration nach Münster/Westfalen von 1580 bis 1635.« In D. Dahlmann and M. Schulte Beerbühl, eds, *Migration und Arbeitsmarkt vom 17. bis zum 20. Jahrhundert, Gesellschaft für Historische Migrationsforschung*. Essen: Klartext.

Karp, Aaron. 1994. »The Rise of Black and Gray Markets.« *Annals of the American Academy of Political and Social Science* 535: 175–89.

Karpik, Lucien. 2010. *Valuing the Unique: The Economics of Singularities*. Princeton, NJ: Princeton University Press [dt.: Mehr Wert – die Ökonomie des Einzigartigen. Frankfurt am Main und New York: Campus, 2011].

Katsenelinboigen, Aron. 1977. »Coloured Markets in the Soviet Union.« *Soviet Studies* 29: 62–85.

Kawamura, Yuniya. 2004. *The Japanese Revolution in Paris Fashion*. Oxford: Berg.

Kennedy, Mark. 2005. »Behind the One-way Mirror: Refraction in the Construction of Product Market Categories.« *Poetics* 33: 201–26.

Kennedy, Mark Thomas. 2008. »Getting Counted: Markets, Media, and Reality.« *American Sociological Review* 73: 270–95.

Keynes, John Maynard. 1973. *The General Theory of Employment, Interest and Money*. London: Macmillan [dt.: Allgemeine Theorie der Beschäftigung, des Zinses und des Geldes. Berlin: Duncker & Humblot, 1936].

Kiely, Ray. 2007. *The New Political Economy of Development, Globalization, Imperialism, Hegemony*. New York: Palgrave Macmillan.

Kirman, Alan. 1991. »Market Organization and Individual Beavior: Evidence from Fish Markets.« In J. Rauch and A. Casella, eds, *Network and Markets*. New York: Russel Sage Foundation, pp. 155–95.

Kirzner, Israel. 1973. *Competition and Entrepreneurship*. Chicago, IL: Chicago University Press.

Knight, Frank. 1921. *Risk, Uncertainty and Profit*. Boston, MA: Houghton Mifflin Company.

Knorr Cetina, Karin. 2005. »How Are Global Markets Global? The Architecture of a Flow World.« In K. Knorr Cetina and A. Preda, eds, *The Sociology of Financial Markets*. Oxford: Oxford University Press, pp. 38–61.

Knorr Cetina, Karin and Bruegger. 2002. »Global Microstructures: The Virtual Societies of Financial Markets.« *American Journal of Sociology* 107: 905–50.

Knorringa, Peter. 1995. *Economics of Collaboration in Producer-Trader Relations, Transaction Regimes Between Markets and Hierarchy in the Agra Footwear Cluster*. Den Haag: CIP-DATA, Koninklijke Bibliotheek.

Kochan, Thomas and Saul Rubinstein. 2000. »Toward a Stakeholder Theory of the Firm: The Saturn Partnership.« *Organization Science* 11: 367–86.

Korpi, Walter. 1983. *The Democratic Class Struggle*. London: Routledge & Keegan Paul.

Korpi, Walter. 1985. »Power Resources vs Action and Conflict: On Causal and Intentional Explanations in the Study of Power.« *Sociological Theory* 3: 31–45.

Kregel, Jan. 1998. »Financial Markets and Economic Development: Myth and Institutional Reality.« In K. Nielsen and B. Johansson, eds, *Institutions and Economic Change, New Perspectives on Markets, Firms and Technology*. Cheltenham: Edward Elgar, pp. 243–57.

Krippner, Greta R. 2001. »The Elusive Market: Embeddedness and the Paradigm of Economic Sociology.« *Theory and Society* 30: 775–810.

Krishna, Vijay. 2009. *Auction Theory*. San Diego, CA: Academic Press.

Kuhn, Thomas. 1962. *The Structure of Scientific Revolutions*. Chicago, IL: Chicago University Press [dt.: Die Struktur wissenschaftlicher Revolutionen. Frankfurt am Main: Suhrkamp, 1967].

Lakatos, Imre. 1970. »Falsification and the Methodology of Scientific Research Program.« In I. Lakatos and A. Musgrave, eds, *Criticism and the Growth of Knowledge*. Cambridge: Cambridge University Press, pp. 91–196.

Lie, John. 1997. »Sociology of Markets.« *Annual Review of Sociology* 23: 241–60.

Lindblom, Charles. 2001. *The Market System: What It Is, How It Works, and What to Make of It*. New Haven, CT: Yale University Press.

Lipsey, Richard et al. 1990. *Economics*. New York: Harper & Row.

Luhmann, Niklas. 1981. *Gesellschaftsstruktur und Semantik, Studien zur Wissenssoziologie der modernen Gesellschaft, Band 2*. Frankfurt am Main: Suhrkamp.

Luhmann, Niklas. 1988. *Die Wirtschaft der Gesellschaft*. Frankfurt am Main: Suhrkamp.

Luhmann, Niklas. 1995. *Social Systems*. Stanford, CA: Stanford University Press [dt.: Soziale Systeme. Grundriß einer allgemeinen Theorie. Frankfurt am Main: Suhrkamp, 1984].

Lury, Celia. 2004. *Brands: The Logos of the Global Economy*. London: Routledge.

Lynn, Freda, Joel Podolny, and Lin Tao. 2009. »A Sociological (De)Construction of the Relationship between Status and Quality.« *American Journal of Sociology* 115: 755–804.

Macaulay, Stewart. 1963. »Non-contractual Relations in Business: A Preliminary Study.« *American Sociological Review* 29: 55–67.

McCracken, Grant. 1988. *Culture and Consumption: New Approaches to the Symbolic Character of Consumer Goods and Activities*. Bloomington, IN: Indiana University Press.

MacKenzie, Donald. 2006. *An Engine, Not a Camera, How Financial Models Shape Markets*. Cambridge: Cambridge University Press.

MacKenzie, Donald. 2009. *Material Market: How Ecnomic Agents are Constructed*. Oxford: Oxford University Press.

MacKenzie, Donald and Yuval Millo. 2003. »Constructing a Market, Performing Theory: The Historical Sociology of a Financial Derivatives Exchange.« *The American Journal of Sociology* 109: 107–45.

MacKenzie, Donald, Fabian Muniesa, and Lucia Siu. 2007a. »Do Economists Make Markets, On the Performativity of Economics.« Princeton, NJ: Princeton University Press.

MacKenzie, Donald, Fabian Muniesa, and Lucia Siu. 2007b. »Introduction.« In D. MacKenzie, F. Muniesa, and L. Siu, eds, *Do Economists Make Markets? On the Performativity of Economics*. Princeton, NJ: Princeton University Press, pp. 1–19.

Maitland, Frederic. 1907. *Doomsday Book and Beyond, Three Essays in the Early History of England*. Cambridge: Cambridge University Press.

Malhotra, Valerie 1987. »A Comparison of Mead's ›Self‹ and Heidegger's ›Dasein‹: Toward a Regrounding of Social Psychology.« *Human Studies* 10: 357–82.

Malinowski, Bronislaw. 1922. *Argonauts of the Western Pacific, An Account of Native Enterprise and Adventure in the Archipelagoes of Melanesian New Guinea*. London: Routledge [dt.: Argonauten des westlichen Pazifik. Ein Bericht über Unternehmungen und Abenteuer der Eingeborenen in den Inselwelten von Melanesisch-Neuguinea. Frankfurt am Main: Syndikat, 1979].

Mandeville, Bernard. 1924. *The Fable of the Bees, or Private Vices, Publick Benefits*. Oxford: Oxford University Press [dt.: Die Bienenfabel oder private Laster, öffentliche Vorteile. Frankfurt am Main: Suhrkamp, 1980].

Marshall, Alfred. 1896. *Elements of Economics, Being the First Volume of Elements of Economics*. London: Macmillan.

Marshall, Alfred. 1907. »The Social Possibilities of Economic Chivalry.« *The Economic Journal* 17: 7–29.

Marshall, Alfred. 1920. *Industry and Trade, A Study of Industrial Technique and Business Organization; of Their Influences on the Conditions of Various Classes and Nations*. London: Macmillan.

Marshall, Alfred. 1961. *Principles of Economics, edited with annotations by C. W. Guillebaud*, 2 volumes. London: Macmillan.

Marx, Karl. 1978. »Capital.« In R. Tucker, ed., *The Marx-Engels Reader*. New York: Norton, pp. 294–442 [dt.: Das Kapital. Bd. 1: Kritik der politischen Ökonomie, Berlin: Dietz, 1962].

Masschaele, James. 1992. »Market Rights in Thirteenth-Century England.« *The English Historical Review* 107: 78–89.

Mauss, Marcel. 2002. *The Gift, The Form and Reason for Exchange in Archaic Societies*. London: Routledge [dt.: Die Gabe – Form und Funktion des Austauschs in archaischen Gesellschaften. Frankfurt am Main: Suhrkamp, 1968].

Menger, Carl. 1994. »The General Theory of the Good.« In I. Kirzner, ed., *Classics in Austrian Economics: A Sampling in the History of Tradition*, vol. I. London: William Pickering, pp. 37–90.

Merrill, Francis and Melchior Palyi. 1938. »The Stock Exchange and Social Control.« *American Journal of Sociology* 43: 560–77.

Miller, Daniel. 1987. *Material Culture and Mass Consumption*. Oxford: Blackwell.

Miller, Daniel. 2002. »Turning Callon the Right Way up.« *Economy and Society* 31: 218–33.

Miller, Daniel. 2005. »Reply to Michel Callon.« *Economic Sociology, European Electronic Newsletter* 6: 3–13.

Miller, Daniel, Peter Jackson, Nigel Thrift, Beverly Holbrook, and Michael Rowlands. 1998. *Shopping, Place and Identity*. London: Routledge.

Millo, Yuval. 2007. »Making Things Deliverably: The Origin of Index-based Derivatives.« In F. Muniesa, Y. Millo, and M. Callon, eds, *Market Devices*. Oxford: Blackwell, pp. 196–214.

Mises, Ludwig von. 1981. *Socialism: An Economic and Sociological Analysis*. Indianapolis, IN: Liberty Fund [dt.: Die Gemeinwirtschaft – Untersuchungen über den Sozialismus. Jena: G. Fischer, 1922].

Möllering, Guido. 2006. *Trust: Reason, Routine, Reflexivity*. Oxford: Elsevier.

Möllering, Guido. 2009. *Market Constitution Processes: The Case of Solar Power Technology Markets*. In Paper Presented at the 2009 EGOS Colloquium. Barcelona.

Mollgaard, H. Peter. 1997. »A Squeezer Round the Corner? Self-Regulation and Forward Markets.« *The Economic Journal* 107: 104–12.

Mützel, Sophie. 2007. »Marktkonstitution durch narrativen Wettbewerb.« *Berliner Journal für Soziologie* 17: 451–64.

Nee, Victor and Rebecca Matthews. 1996. »Market Transition and Societal Transformation in Reforming State Socialism.« *Annual Review of Sociology* 22: 401–35.

Nee, Victor and Sonja Opper. 2006. »Economic Transformation in Post-Communist Societies.« In J. Beckert and M. Zafirowski, eds, *International Encyclopedia of Economic Sociology*. London: Routledge, pp. 93–127.

Nelson, Richard. 2005. »Introduction.« In R. Nelson, ed., *The Limits of Market Organization*. New York: Russel Sage Foundation, pp. 1–24.

Nelson, Richard R. and Sidney G. Winter. 2002. »Evolutionary Theorizing in Economics.« *The Journal of Economic Perspectives* 16: 23–46.

Ng. C. L., Irene and Lu-Ming Tseng. 2008. »Learning to be Sociable: The Evolutioon of Homo Economicus.« *American Journal of Economics and Sociology* 67: 265–86.

North, Douglass. 1990. »Institutions and Their Consequences for Economic Performance.« In K. Cook and M. Levi, eds, *The Limits of Rationality*. Chicago, IL: Chicago University Press, pp. 383–401.

North, Douglass. 2003. »Markets.« In J. Mokyr, ed., *The Oxford Encyclopedia of Economic History*, vol. 3. Oxford: Oxford University Press, pp. 432–9.

Nozick, Robert. 1974. *Anarchy, State, and Utopia*. New York: Basic Books [dt.: Anarchie, Staat, Utopia. München: Moderne Verlagsgesellschaft, o. J.].

Pareto, Vilfredo. 1935. *Mind and Society, A Treatise on General Sociology*. New York: Dover Publications [dt.: Allgemeine Soziologie. Tübingen: Mohr, 1955].

Park, Robert Ezra. 1936. »Human Ecology.« *The American Journal of Sociology* 42: 1–15.

Park, Siyoung. 1981. »Rural Development in Korea: The Role of Periodic Markets.« *Economic Geography* 57: 113–26.

Parsons, Talcott. 1929. »›Capitalism‹ In Recent German Literature: Sombart and Weber (Concluded).« *The Journal of Political Economy* 37: 31–51.

Parsons, Talcott and Neil Smelser. 1956. *Economy and Society*. Glencoe, IL: The Free Press.

Phillips, Damon J. and Ezra W. Zuckerman. 2001. »Middle-Status Conformity: Theoretical Restatement and Empirical Demonstration in Two Markets.« *The American Journal of Sociology* 107: 379–429.

Plattner, Stuart. 1989. »Markets and Marketplaces.« In S. Plattner, ed., *Economic Anthropology*. Stanford, CA: Stanford University Press, pp. 171–208.

Plattner, Stuart. 1996. *High Art Down Home, An Economic Ethnography of a Local Art Market*. Chicago, IL: University of Chicago Press.

Podolny, Joel. 1993. »A Status-based Model of Market Competition.« *American Journal of Sociology* 98: 829–72.

Podolny, Joel. 1994. »Market Uncertainty and the Social Character of Economic Exchange.« *Administrative Science Quarterly* 39: 458–83.

Podolny, Joel. 2005. *Status Signals, A Sociological Study of Market Competition*. Princeton, NJ: Princeton University Press.

Podolny, Joel and Greta Hsu. 2003. »Quality, Exchange, and Knightian Uncertainty.« *Research in Sociology of Organizations* 20: 77–103.

Polanyi, Karl. 1957a. »The Economy as Instituted Process.« In K. Polanyi, C. Arensberg, and H. Pearson, eds, *Trade and Market in the Early Empires, Economies in History and Theory*. New York: The Free Press, pp. 243–69.

Polanyi, Karl. 1957b. *The Great Transformation*. Boston, MA: Beacon [dt.: The Great Transformation. Politische und ökonomische Ursprünge von Gesellschaften und Wirtschaftssystemen. Frankfurt am Main: Suhrkamp, 1978].

Polanyi, Karl. 1957c. »Marketless Trading in Hammurabi's Time.« In K. Polanyi, C. Arensberg, and H. Pearson, eds, *Trade and Market in the Early Empires, Economies in History and Theory*. New York: The Free Press, pp. 12–26.

Polanyi, Karl. 2001. *The Great Transformation*. Boston, MA: Beacon [dt.: The Great Transformation. Politische und ökonomische Ursprünge von Gesellschaften und Wirtschaftssystemen. Frankfurt am Main: Suhrkamp, 1978].

Popper, Carol, Will Bartlett, and Deborah Wilson. 1994. »Introduction.« In C. Popper, W. Bartlett, D. Wilson, and J. Le Grand., eds, *Quasi Markets in the Welfare State: The Emerging Findings*. Bristol: SAUS.

Porac, Joseph and Howard. Thomas. 1990. »Taxonomic Mental Models in Competitor Definition.« *The Academy of Management Review* 5: 224–40.

Powell, Walter. 1990. »Neither Market nor Hierarchy: Network Forms of Organization.« *Research in Organizational Behavior* 12: 295–356.

Power, Dominic and Johan Jansson. 2008. »Cyclical Clusters in Global Circuits: Overlapping Spaces and Furniture Industry Trade Fairs.« *Economic Geography* 84: 423–48.

Preda, Alex. 2005. »Legitimacy and Status Groups in Financial Markets.« *The British Journal of Sociology* 56: 451–7.

Preda, Alex. 2009. *Framing Finance*. Chicago, IL: Chicago University Press.

Quine, Willard. 1961. »Two Dogmas of Empiricism.« In W. Quine, ed., *From a Logical Point of View*. Cambridge, MA: Harvard University Press.

Quine, Willard. 1964. *Word and Object*. Cambridge, MA: MIT Press [dt.: Wort und Gegenstand. Stuttgart: Reclam, 1980].

Robbins, Lionel. 1935. *An Essay on the Nature and Significance of Economic Science*. London: Macmillan.

Rosa, José, Joseph Porac, Jelena Runser-Spanjol, and Michael Saxon. 1999. »Sociocognitive Dynamics in a Product Market.« *Journal of Marketing* 63: 64–77.

Rosenberg, Alexander. 1992. *Economics – Mathematical Politics or Science of Diminishing Returns*. Chicago, IL: University of Chicago Press.

Ruggiero, Vincenzo and Nigel South. 1997. »The Late-Modern City as a Bazaar: Drug Markets, Illegal Enterprise and the ›Barricades‹.« *The British Journal of Sociology* 48: 54–70.

Samuelson, Paul. 1969. *Economics, An Introductory Analysis*, 6th edn. New York: McGraw Hill [dt.: Volkswirtschaftslehre, 2 Bde., 6. Aufl. Köln: Bund-Verlag, 1975].

Sawyer, R. Keith. 2001. »Emergence in Sociology: Contemporary Philosophy of Mind and Some Implications for Sociological Theory.« *The American Journal of Sociology* 107: 551–85.

Schmid, Hans Bernhard. 2005. *Wir-Intentionalität. Kritik des ontologischen Individualismus und Rekonstruktion der Gemeinschaft*. Freiburg/München: Verlag Karl Alber.

Schumpeter, Joseph. 1975. *Capitalism, Socialism and Democracy*. New York: Harper and Row [dt.: Kapitalismus, Sozialismus und Demokratie, 2., erw. Aufl. Bern: Francke, 1950].

Schumpeter, Joseph. 1981. *History of Economic Analysis*. London: Routledge [dt.: Geschichte der ökonomischen Analyse, 2 Bde. Göttingen: Vandenhoeck & Ruprecht, 1965].

Schumpeter, Joseph. 2000. »Entrepreneurship as Innovation.« In R. Swedberg, ed., *Entrepreneurship, The Social Science View*. Oxford: Oxford University Press, pp. 51–75.

Simmel, Georg. 1923. *Soziologie, Untersuchungen über die Formen der Vergesellschaftung*. München und Leipzig: Duncker & Humblot.

Simmel, Georg. 1955. *Conflict & The Web of Group-Affiliations*. New York: The Free Press [dt.: Kapitel IV: Der Streit. In: Soziologie, Untersuchungen über die Formen der Vergesellschaftung. München und Leipzig: Duncker & Humblot, 1923].

Simmel, Georg. 1964. *The Sociology of Georg Simmel*. New York: The Free Press [dt.: Soziologie, Untersuchungen über die Formen der Vergesellschaftung. München und Leipzig: Duncker & Humblot, 1923].

Simmel, Georg. 1978. *The Philosophy of Money*. London: Routledge [dt.: Gesamtausgabe, Bd. 6: Philosophie des Geldes. Frankfurt am Main: Suhrkamp, 1989].

Simmel, Georg. 1983. *Soziologie, Untersuchungen über die Formen der Vergesellschaftung, Georg Simmel Gesammelte Werke, 2*. Berlin: Duncker & Humblot.

Simon, Herbert. 1955. »A Behavioral Model of Rational Choice.« *The Quarterly Journal of Economics* 69: 99–118.

Sklair, Leslie. 1997. »Review Essay: The Nature and Significance of Economic Sociology.« *Review of international Political Economy* 4: 239–47.

Skov, Lise. 2006. »The Role of Trade Fairs in the Global Fashion Business.« *Current Sociology* 54: 764–83.

Skre, Dagfinn. 2007. »Towns and Markets, Kings and Central Places in South Western Scandinavia c. A. D. 800–950.« In D. Skre, ed., *Kaupang in Skiringssal, Kaupang Excavation Project, Publication Series, Volume 1*. Aarhus: Aarhus University Press, pp. 445–70.

Slater, Don. 1997. *Consumer Culture and Modernity*. Cambridge: Polity.

Slater, Don and Fran Tonkiss. 2001. *Market Society, Markets and Modern Social Theory*. Cambridge: Polity.

Smelser, Neil and Richard Swedberg. 1994. *The Handbook of Economic Sociology*. Princeton, NJ: Princeton University Press [dt.: Das Handbuch der Neuen Wirtschaftssoziologie. Graz: Nausner & Nausner, 2009].

Smith, Adam. 1981. *An Inquiry into the Nature and Causes of the Wealth of Nations*. Indianapolis, IN: Liberty Press [dt.: Der Wohlstand der Nationen. Eine Untersuchung seiner Natur und seiner Ursachen. 12. Aufl. München: dtv, 2009].

Smith, Charles. 1981. *The Mind of the Market, A Study of Stock Market Philosophies, Their Use, and Their Implication*. Totowa, NJ: Rowman and Littlefield.

Smith, Charles. 1989. *Auctions, The Social Construction of Value*. Berkeley, CA: University of California.

Smith, Charles. 2007. »Markets as Definitional Practices.« *Canadian Journal of Sociology* 32: 1–39.

Southerton, Dave. 2001. »Consuming Kitchens: Taste, Context and Identity Formation.« *Journal of Consumer Culture* 1: 179–204.

Spence, Michael. 1979. »Investment Strategy and Growth in a New Market.« *The Bell Journal of Economics* 10: 1–19.

Spence, Michael. 2002. »Signaling in Retrospect and the Informational Structure of Markets.« *The American Economic Review* 92: 434–59.

Stark, David. 2009. *The Sense of Dissonance: Accounts of Worth in Economic Life*. Princeton, NJ: Princeton University Press.

Stehr, Nico, Christoph Henning, and Bernd Weiler. 2006. *The Moralization of the Markets*. London: Transaction Press.

Stigler, George J. 1982. »Economics: the Imperial Science?« *The Scandinavian Journal of Economics* 86: 310–313.

Stigler, George and Robert Sherwin. 1985. »The Extent of the Market.« *Journal of Law and Economics* 28: 555–85.

Stinchcombe, Arthur. 1992. »Bureaucratic and Craft Administration of Production: A Comparative Study.« In M. Granovetter and R. Swedberg, eds, *The Sociology of Economic Life*. Boulder, CO: Westview Press, pp. 345–61.

Streeck, Wolfgang. 2005. »The Sociology of Labor Markets and Trade Unions.« In N. Smelser and R. Swedberg, eds, *The Handbook of Economic Sociology. Second Edition*. Princeton, NJ: Princeton University Press, pp. 254–83.

Swedberg, Richard. 1990. *Economics and Sociology. On Redefining Their Boundaries: Conversations with Economists and Sociologists*. Princeton, NJ: Princeton University Press.

Swedberg, Richard. 1994. »Markets as Social Structures.« In N. Smelser and R. Swedberg, eds, *Handbook of Economic Sociology*. Princeton, NJ: Princeton University Press, pp. 255–82.

Swedberg, Richard. 1998. *Max Weber and the Idea of Economic Sociology*. Princeton, NJ: Princeton University Press.

Swedberg, Richard. 1999. *Orientation to Others and Social Mechanisms*. Stockholm: Stockholm University: Department of Sociology. Working Papers in Social Mechanisms (2).

Swedberg, Richard. 2003. *Principles of Economic Sociology*. Princeton, NJ: Princeton University Press [dt.: Grundlagen der Wirtschaftssoziologie. Wiesbaden: VS Verlag für Sozialwissenschaften, 2009].

Swedberg, Richard. 2004. *Interest*. London: Open University Press.

Swedberg, Richard. 2005a. *Hope and Economic Development: The Case of 18th-Century Sweden*. Ithaca, NY: Cornell Universtity, CSES Working Paper Series (#28).

Swedberg, Richard. 2005b. »Markets in Society.« In N. Smelser and R. Swedberg, eds, *Handbook of Economic Sociology*. Princeton, NJ: Princeton University Press, pp. 233–53.

Swedberg, Richard. 2005c. »Towards an Economic Sociology of Capitalism.« *L'Année sociologique* 55: 419–50.

Swidler, Ann. 1986. »Culture in Action: Symbols and Strategies.« *American Sociological Review* 51: 273–86.

Thompson, Grahame. 2003. *Between Hierarchies and Markets: The logic and Limits of Network Forms of Organization*. Oxford: Oxford University Press.

Thompson, Homer and R. E Wycherley. 1972. *The Agora of Athens: The Athenian Agora Volume 14*. Princeton, NJ: American School of Classical Studies at Athens.

Thurnwald, Richard. 1969. *Economics in Primitive Societies*. London: Oxford University Press [dt.: Werden, Wandel und Gestaltung der Wirtschaft im Lichte der Völkerforschung. Berlin und Leipzig: de Gruyter, 1932].

Trigilia, Carlo. 2002. *Economic Sociology: State, Market, and Society in Modern Capitalism.* Oxford: Blackwell.

Troy, Irene and Raymund Werle. 2008. *Uncertainty and the Market for Patents.* Cologne: MPIfG Working Paper 2/08.

Utterback, James and William Abernathy. 1975. »A Dynamic Model of Process and Product Innovation.« *Omega* 3: 639–56.

Uzzi, Brian. 1997. »Social Structure in Interfirm Networks: The Paradox of Embeddedness.« *Administrative Science Quarterly* 42: 35–67.

Varian, Hal. 1996. »What Use is Economic Theory.« In S. Medema and W. Samuels, eds, *Foundations of Research in Economics: How do Economists Do Economics?* Cheltenham: Edward Elgar, pp 238–47.

Veblen, Thorstein. 1898. »Why is Economics Not an Evolutionary Science?« *Quarterly Journal of Economics* 12/3: 373–97.

Veblen, Thorstein. 1953. *The Theory of the Leisure Class, An Economic Study of Institutions.* New York: New American Library [dt.: Theorie der feinen Leute. Eine ökonomische Untersuchung der Institutionen. Frankfurt am Main: Fischer, 1997].

Velthuis, Olav. 2005. *Talking Prices, Symbolic Meanings of Prices on the Market for Contemporary Art.* Princeton, NJ: Princeton University Press.

Volckart, Oliver and Antje Mangels. 1999. »Are the Roots of the Modern Lex Mercatoria Really Medieval?« *Southern Economic Journal* 65: 427–50.

Walker, Donald. 1996. *Walra's Market Models.* Cambridge: Cambridge University Press.

Walras, Léon. [1926] 1954. *Elements of Pure Economics, or The Theory of Social Wealth.* London: George Allen and Unwin Ltd.

Warde, Alan. 1994. »Consumption, Identity-formation and Uncertainty.« *Sociology* 25: 878–98.

Weber, Max. 1922. »Wirtschaft und Gesellschaft.« In *Grundriss der Sozialökonomik, III. Abteilung.* Tübingen: Verlag von J. C. B. Mohr.

Weber, Max. 1946. *From Max Weber: Essays in Sociology.* Ed. H. Gerth and C. Wright Mills. London: Routledge.

Weber, Max. [1904–5] 1968. *The Protestant Ethic and the Spirit of Capitalism.* London: Unwin University Books [dt.: Die protestantische Ethik und der Geist des Kapitalismus. In: Gesammelte Aufsätze zur Religionssoziologie Band I. Tübingen: J. C. B. Mohr, 1920, S. 1–206].

Weber, Max. 1978. *Economy and Society, An Outline of Interpretive Sociology.* Berkeley, CA: University of California Press [dt.: Wirtschaft und Gesellschaft, 5. revidierte Aufl., Studienausgabe. Tübingen: J. C. B. Mohr, 1972].

Weber, Max. [1923] 1981. *General Economic History.* New Brunswick, NJ: Transaction Publishers [dt.: Wirtschaftsgeschichte. Abriß der universalen Sozial- und Wirtschaftsgeschichte. Aus den nachgelassenen Vorlesungen herausgegeben von S. Hellmann und M. Palyi. 4. Aufl. Berlin: Duncker & Humblot, 1981].

Weber, Max. 1998. *The Agrarian Sociology of Ancient Civilization*. London: Verso [dt.: (1) Agrarverhältnisse im Altertum, in: Handwörterbuch der Staatswissenschaften, Band 1, 3. Aufl. Jena: G. Fischer, 1909, S. 52–188. (2) Die sozialen Gründe des Untergangs der antiken Kultur. In: Die Wahrheit. Band 3, H. 63, 1896, S. 57–77.].

Weber, Max. 2000. »Stock and Commodity Exchanges.« *Theory and Society* 29: 305–38 [dt.: Die Börse. In: Gesammelte Aufsätze zur Soziologie und Sozialpolitik. Tübingen: J. C. B. Mohr, 1924, S. 256–88].

White, Harrison. 1970. *Chains of Opportunity, System Models of Mobility in Organizations*. Cambridge, MA: Harvard University Press.

White, Harrison. 1981. »Where do Markets Come From?« *The American Journal of Sociology* 87: 517–47.

White, Harrison. 1988. »Varieties of Markets.« In B. Wellman and S. Berkowitz, eds, *Social Structures: A Network Approach*. Cambridge: Cambridge University Press, pp. 226–60.

White, Harrison. 1992. *Identity and Control, A Structural Theory of Social Action*. Princeton, NJ: Princeton University Press.

White, Harrison. 1993. »Markets in Production Networks.« In R. Swedberg, ed., *Explorations in Economic Sociology*. New York: Russel Sage Foundation, pp. 161–75.

White, Harrison. 1995. »Social Networks Can Resolve Actor Paradoxes in Economics and in Psychology.« *Journal of Institutional and Theoretical Economics* 151: 58–74.

White, Harrison. 2002a. »Markets and Firms: Notes Toward the Future of Economic Sociology.« In M. Guillén, R. Collins, P. England, and M. Meyer, eds, *The New Economic Sociology, Developments in an Emerging Field*. New York: Russel Sage Foundation, pp. 129–47.

White, Harrison. 2002b. *Markets from Networks, Socioeconomic Models of Production*. Princeton, NJ: Princeton University Press.

White, Harrison. 2008. *Identity and Control, How Social Formations Emerge*. Princeton, NJ: Princeton University Press.

White, Harrison and Robert Eccles. 1987. »Producers' Market.« In J. Eatwell, et al., eds, *The New Palgrave: A Dictionary of Economic Theory and Doctrine*. London: Macmillan, pp. 984–6.

Williamson, Oliver. 1975. *Markets and Hierarchies: Analysis and Antitrust Implication*. New York: Free Press.

Williamson, Oliver E. 1981. »The Economics of Organization: The Transaction Cost Approach.« *The American Journal of Sociology* 87: 548–77.

Williamson, Oliver. 1991. »Comparative Economic Organization: The Analysis of Discrete Structural Alternatives.« *Administrative Science Quarterly* 36: 269–96.

Withford, Josh. 2002. »Pragmatism and the Untenable Dualism of Means and Ends: Why Rational Choice Theory does not Deserve Paradigmatic Privilige.« *Theory and Society* 31: 325–63.

Xenophon. 1970. *Xenophon's Socratic Discourse, An Interpetation of the Oeconomics by Leo Strauss*. South Bend, IN: St Augustine's Press.

Zelizer, Viviana A. 1979. *Morals and Markets. The Development of Life Insurance in the United States*. New York: Columbia University Press.

Zelizer, Viviana. 1981. »The Price and Value of Children: The Case of Children's Insurance.« *The American Journal of Sociology* 86: 1036–56.

Zelizer, Viviana. 2005a. »Circuits Within Capitalism.« In R. Swedberg and V. Nee, eds, *The Economic Sociology of Capitalism*. Princeton, NJ: Princeton University Press, pp. 289–322.

Zelizer, Viviana. 2005b. »Culture and Consumption.« In N. Smelser and R. Swedberg., eds, *The Handbook of Economic Sociology*. Princeton, NJ: Princeton University Press, pp. 331–54.

Zelizer, Viviana A. 2005c. *The Purchase of Intimacy*. Princeton, NJ: Princeton University Press.

Zuckerman, Ezra W. 1999. »The Categorical Imperative: Securities Analysts and the Illegitimacy Discount.« *The American Journal of Sociology* 104: 1398–438.

Zuckerman, Ezra W. 2000. »Focusing the Corporate Product: Securities Analysts and De-Diversification.« *Administrative Science Quarterly* 45: 591–619.

Zuckerman, Ezra W., Tai-Young Kim, Kalinda Ukanwa, and James von Rittmann. 2003. »Robust Identities or Nonentities? Typecasting in the Feature-Film Labor Market.« *The American Journal of Sociology* 108: 1018–74.